Le bonheur en 36 vertus

DU MÊME AUTEUR

ROMANS

La Grande Triche, Grasset, 1977.
Une voix, la nuit, Grasset, 1979.
La Rumeur de la ville, Grasset, 1981.
Maria Vandamme, Grasset, 1983, Prix Interallié.
Alice Van Meulen, Grasset, 1985.
Au début d'un bel été, Grasset, 1988.
Catherine Courage, Grasset, 1991.
Laura C., Grasset, 1994.
Théo et Marie, Robert Laffont, 1996.

BIOGRAPHIES

Saint Éloi, Fayard, 1985.
Jean Bart, Le Seuil, 1992.

ESSAIS

Les Prêtres, Grasset, 1965.
Les Catholiques français sous l'Occupation, 1966, nouvelle édition Grasset, 1986.
Demain une Église sans prêtres ?, Grasset, 1968.
Dieu pour l'homme d'aujourd'hui, Grasset, 1970.
La Gauche du Christ, Grasset, 1972.
Les 13/16 ans, Grasset, 1973.
Les vents du Nord m'ont dit, Albin Michel, 1989.
Jésus, Flammarion, 1994.
Le Dieu de Jésus, Grasset, 1977.

Jacques Duquesne

Le bonheur en 36 vertus

Albin Michel

22, rue Huyghens, 75014 Paris

ISBN 2-226-10667-7

« Le vrai bonheur coûte peu ; s'il est cher, il n'est pas d'une bonne espèce. »

Chateaubriand, *Mémoires d'outre-tombe*

Sommaire

– C'EST pas juste !

Il a crié. Hurlé plutôt. Ivre d'indignation quand les policiers – d'ordinaire, il dit plutôt les keufs, quelquefois les flics – ont emmené le gamin. Un gosse de onze ou douze ans qui n'avait rien fait. Qui se contentait de regarder. Comme halluciné. Un peu rigolard aussi. Mais innocent.

Innocent, lui, le crieur, il ne l'était pas. Il avait même prêté main-forte au groupe qui, le premier, avait cassé les vitres d'une voiture avant de la faire basculer comme un gros insecte qui se retrouve les pattes en l'air, ridicule. Elle avait flambé presque aussitôt. Une autre aussi. Alors, les scènes habituelles : l'arrivée des voitures blanc et noir de la police, sirènes hurlantes, gyrophares en folie comme dans les films américains, la fumée qui brûlait les gorges et brouillait les yeux. Les policiers, nombreux tout à coup, harponnaient à tout va. Il avait appelé le gamin : « Viens ! » Mais l'autre ne courait pas assez vite. Trop petit. Pas assez d'expérience. Il s'était fait prendre, attraper par le col.

Lui, au risque d'être embarqué à son tour, s'était retourné. Un quart de seconde. Pour crier que ce n'était pas juste. Avant de disparaître dans la nuit. Il connaissait les bons coins. Et tout le quartier le connaissait, lui. Un voyou, disaient les bonnes gens de la cité. Un caïd pour les garçons et les filles de sa bande, un mec, un « keum » champion de la « choucroute », de l'escroquerie, ou de la « chourave », du vol.

Les psychologues, eux, l'auraient jugé atteint d'anomie, le mot savant qui signifie l'ignorance des règles morales. Pourtant, il avait eu ce cri : « C'est pas juste ! »

Justice. Ouvrons un dictionnaire : « Principe moral qui exige le respect du droit et de l'équité. » On a bien lu : principe moral. Donc, ce champion de la choucroute et de la chourave, qui juge tout à fait normal d'attaquer un bus, de faire brûler des voitures, de jeter à l'occasion des pierres aux pompiers, de casser et de dérober, respecte encore, ou revendique, le respect d'un principe moral au moins. D'instinct peut-être. Mais il en connaît la valeur (quitte à l'oublier si son propre intérêt l'exige).

C'est que l'humanité ne peut ignorer toute règle. « Il est interdit d'interdire », avait écrit un inconnu, un jour de mai 1968, sur un mur de Paris. Et des imbéciles, qui se prenaient souvent pour des intellectuels, s'étaient extasiés, admiratifs. Comme s'il n'était pas interdit de violer, de mutiler, de torturer, d'assassiner. « Il est interdit d'interdire » est un principe, si l'on peut ainsi l'appeler, qui ne sert qu'aux puissants, aux forts, aux brutaux. La règle morale, elle, interdit parfois, mais c'est pour protéger les petits, les faibles, les pas malins.

Pour disqualifier la morale on l'a parfois traitée de « bourgeoise ». Paradoxe apparent : c'est souvent la progéniture des bourgeois qui parle ainsi. Peut-être parce qu'elle a connu – accordons-lui cette excuse – le mensonge, l'hypocrisie, la pudibonderie qui se cachent derrière des propos moralisateurs.

D'autres, plus futés, ont dénoncé l'« ordre moral ». Ils n'avaient pas tort s'ils visaient tout ce qui, sous le prétexte de morale, vise à restreindre les libertés les plus élémentaires et les plus justifiées, à imposer une sorte de pensée unique dans la vie sociale, à faire marcher tout le monde d'un même pas.

Mais préféreraient-ils le désordre immoral ? Ce qui menace notre époque, semble-t-il, n'est pas l'ordre moral, c'est plutôt la violence, et même la violence « gratuite » comme on dit, la barbarie, le racisme, la corruption, la tricherie, le mépris de l'autre et ce mépris de soi qui s'appelle lâcheté.

D'autres encore, plus futés eux aussi, ont décrit les méfaits psychologiques d'une morale répressive, culpabilisatrice. Ils n'avaient pas tout à fait tort. Mais ils se méprenaient sur l'objectif : la morale existe pour aider à vivre ensemble, non pour gêner. La morale est la monnaie qui permet d'acheter le bonheur.

Et tous ceux qui, au long des siècles, en ont fait une liste d'interdits, tous ces moralisateurs, lui ont rendu un bien mauvais service.

Il y a eu aussi des intellectuels pour dire, ou pour écrire, que la morale varie suivant les siècles et les lieux, qu'elle n'a donc pas de règle absolue. Ainsi, Montaigne, dans ses *Essais*. « Ici, écrit-il, on vit de chair humaine ; là c'est office de piété de tuer son père d'un certain âge ; ailleurs, les pères ordonnent des enfants encore au ventre des mères ceux qu'ils veulent être nourris et conservés, et ceux qu'ils veulent être abandonnés et tués ; ailleurs les vieux maris prêtent leurs femmes à la jeunesse pour s'en servir. » Et ainsi de suite. Pour choisir les exemples qui justifient ce qu'on appelle le relativisme moral, il n'y allait pas de main morte, Michel de Montaigne !

Ces exemples sont-ils concluants ? Jean-Pierre Changeux, neurobiologiste, qui enquête sur ce qui se passe à l'intérieur de nos crânes, note que tous les hommes, à tous les horizons du monde, sont dotés de cerveaux organisés de la même manière. D'ailleurs, que l'on lise Confucius, Mahomet ou la Bible, on y trouve à peu près les mêmes préceptes : il faut faire le bien, pas le mal.

Mais les autres comprennent-ils le bien et le mal comme nous ? Ce qui est jugé « bien » par l'un est-il aussi bien aux yeux de l'autre ? Ce qui est mal pour l'un l'est-il pour l'autre ?

Une réponse simple consisterait à dire que le bien est ce qui fait plaisir et le mal ce qui crée une souffrance. Ce n'est pas absurde. Mais chacun le sait : on peut, hélas, se faire plaisir en provoquant la souffrance d'un autre. Il faut donc aller plus loin : considérer le plaisir, ou le bonheur, ou la satisfaction de l'autre. Le philosophe Paul Ricœur a souligné que la vie doit être « bonne » mais que la vie bonne doit être menée « avec et pour les autres ».

C'est, en somme, ce que nous ont appris nos ancêtres (même s'ils ne respectaient pas toujours – loin de là – ces beaux principes), ce que nous ont enseigné aussi la plupart des philosophies et des religions. Si bien que ces idées sont, dirait-on, inscrites dans nos gènes.

Albert Camus, romancier et philosophe, raconte dans un livre publié après sa mort, *Le Premier Homme*, l'histoire d'un petit Jacques qui lui ressemble vraiment beaucoup et qui s'en va faire les courses pour la famille. Celles-ci terminées, il perd sur le chemin du retour deux francs – une petite somme, déjà, à l'époque – qui s'échappent de sa poche trouée. Par chance, il les retrouve. Et il rêve à ce qu'il pourrait faire avec ces deux francs : s'il disait les avoir perdus, il se ferait peut-être tirer les oreilles, mais il aurait, par exemple, le moyen d'assister à un match de football qui le passionne, comme tous les gamins de son quartier. « Personne en vérité, écrit Camus, n'avait jamais appris à l'enfant ce qui était bien ou ce qui était mal. Certaines choses étaient interdites et les infractions rudement sanctionnées. D'autres pas. Seuls ses instituteurs, lorsque le programme leur en laissait le temps, leur parlaient parfois de morale, mais là encore les interdictions étaient plus précises que les explications [...] Pourtant, Jacques savait qu'il était mal de dissimuler ces deux francs[1]. »

On ne lui a pas appris, mais il sait que c'est mal. Dans la suite de l'histoire, ce mal, il va le faire en inventant une histoire compliquée dont il ne sera pas fier du tout. Mais retenons ceci : bien qu'on ne lui ait pas appris la « morale », il connaît la différence entre le mal et le bien. Le mal lui fait honte.

L'Italien Francesco Alberoni, dont la plupart des livres sont des best-sellers, a écrit de son côté : « Pour la morale, la méchanceté reste la méchanceté, la tromperie la tromperie, la trahison la trahison, la cruauté, cruauté, et la bonté, bonté[2]. »

C'était vrai au siècle dernier, ce le sera encore au prochain. Alberoni n'hésite pas à écrire : « Quelque chose d'éternel et d'absolu transparaît toujours dans la morale. »

En somme, la morale, c'est ce que nous souhaitons trouver chez les autres. Comme nos parents l'ont souhaité. Comme leurs ancêtres l'ont souhaité avant nous. Nous souhaitons avoir affaire à des gens qui ne soient ni méchants, ni mensongers, ni traîtres, ni cruels. Et nous savons qu'un monde dont la morale aurait disparu serait un monde barbare, invivable.

Mais nous savons aussi que, dans la vie courante, rien n'est simple. Il existe des problèmes moraux. Qui dit problème dit difficulté, solution à rechercher. Et certains problèmes moraux sont aussi compliqués, voire davantage, qu'une équation à trois inconnues. Une bonne action peut avoir des conséquences nuisibles, un revers de la médaille. Chaque situation mérite donc d'être examinée pour elle-même, sans naïveté (ce n'est pas une vertu), mais avec lucidité (c'est une vertu, trop ignorée), et avec des principes, ou des valeurs.

Ce livre, qu'il faut « consommer » par petites doses, ne prétend évidemment pas apporter des solutions à tous les problèmes. Une telle ambition serait folle. Je souhaite, en revanche, rappeler les principes, les préciser. Non en philosophant sur eux – j'en serais bien incapable –, mais en rassemblant quelques textes, des récits, des histoires, des poèmes, des chansons, qui les mettent en valeur, ou « font réfléchir » comme on dit. Et parfois en les commentant. Car les principes sont une aide. Et la morale, il faut le répéter à cor et à cri, est faite pour aider, non pour gêner.

1

L'amour de la vie

POURQUOI commencer par l'amour ?

Parce que l'ordre alphabétique le place au premier rang et que cet ordre en vaut bien un autre. Il évite, par exemple, de se casser la tête pour savoir si le pardon doit passer avant la discrétion, et le courage avant la politesse.

C'est une vraie chance que l'ordre alphabétique place ainsi l'amour en tête. Car toute la morale en dépend. Albert Camus, encore lui, a dit quelque part : « Si j'avais à écrire un livre de morale, il aurait cent pages. Quatre-vingt-dix-neuf seraient blanches et sur la dernière j'écrirais : "Je ne connais qu'un seul devoir, c'est d'aimer". »

Saint Augustin, évêque d'Hippone (en Afrique du Nord, aujourd'hui Annaba, ex-Bône), au IVe siècle, a écrit : « Aime et fais ce que tu veux. »

Une phrase qui libère : l'homme n'est pas ligoté par une multitude de règlements. Mais elle ne signifie pas : fais n'importe quoi. Au contraire. Aimer, ce n'est pas penser d'abord à soi, mais à l'autre, aux autres. Il faut pourtant s'aimer soi-même. Quand la Bible dit : « Tu aimeras ton prochain comme toi-même », il est clair que l'auteur de ce commandement considère que l'on doit aussi s'aimer.

Le verbe aimer peut donc avoir bien des compléments. Commençons par le plus général : la vie.

Voici une belle déclaration d'amour de la vie, celle de la romancière Françoise Mallet-Joris :

> « J'aime "la vie"... j'aime aimer, j'aime écrire, j'aime avoir des enfants et j'aime une belle manifestation de rue, un bal de 14 juillet, j'aime être en colère et transportée de joie, j'aime boire et manger trop. J'aime nager et marcher dans le vent, faire des scènes et pleurer au cinéma. J'aime par-dessus tout les fêtes, les longs repas prémédités, les bougies dans le chandelier en bois coloré, trop de fruits sur un énorme plat, trop de vin dans les cruches en terre, trop de gens, trop de fumée, une tarte gigantesque, la surexcitation des enfants, une gifle donnée à la hâte, les crêpes fumantes, les boules brillantes de l'arbre de Noël et je voudrais me couper moi-même en tranches comme le pain de seigle sur la table de bois, et me distribuer à tous ceux qui sont là. J'aime mes parents parce qu'ils sont mes parents, mes enfants parce qu'ils sont mes enfants, j'aime mon mari et moi-même, mon travail, mes amis, le monde, et les hommes...
>
> J'aime "la vie" donc. Dirais-je : je l'aimais ? Et j'aimais, j'aime l'idée de mort qui met un terme convenable à cette aventure qu'il ne conviendrait pas de poursuivre indéfiniment. Ce que je n'aime pas, c'est cette tendance (la mienne autant que celle des autres) à se noyer dans cette vie, à s'y perdre, à en faire une mort prématurée, même si ce n'est qu'une "petite mort" [1]. »

Aimer la vie, donc, mais à condition de ne pas s'y « noyer », dit-elle. De ne pas s'y perdre.

Comment faire, alors ? Andrée Chedid, dans un très joli poème, donne peut-être la recette. Il faut toujours être aux aguets, prêt à recevoir, à accueillir, à saisir toutes les bontés de la vie. Ce poème a pour titre, justement, « Saisir »[2] :

> Recueillir le grain des heures
> Étreindre l'étincelle
> Ravir un paysage
> Absorber l'hiver avec le rire
> Dissoudre les nœuds du chagrin
> S'imprégner d'un visage
> Moissonner à voix basse
> Flamber pour un mot tendre
> Embrasser la ville et ses reflux
> Écouter l'océan en toutes choses
> Entendre les sierras du silence
> Transcrire la mémoire des miséricordieux
> Relire un poème qui avive
> Saisir chaque maillon d'amitié.

Celui qui sait ainsi cueillir les roses de la vie n'aura rien à regretter quand viendra son terme, constatait Claude Roy, deux ans avant de mourir :

> Je sais bien que tout ça est un peu mélancolique
> et pourtant je sais que si le temps me verse à la fin
> comme il est normal et pas vraiment injuste
> dans le cadre de réserve des anciens combattants
> je garderai un bon souvenir de tout le velouté du monde
> la peau des abricots   les joues des jeunes filles
> l'odeur de la lavande   la langue toscane de Dante
> Le français de Maître François Villon
> et la fourrure de mon chat qui ronronne près de moi[3].

Aimer la vie permet de regarder la mort en face. J'apprécie beaucoup cet extrait, poignant, de *Love Story*, le roman d'Erich Segal qui fut un best-seller mondial[4]. L'histoire, qui se déroule dans l'Amérique des années 70, est donc connue de beaucoup : ils sont jeunes ; il est riche, il se nomme Oliver Barrett IV (elle le surnomme Ollie ou Preppie) ; elle est pauvre et s'appelle Jenny Cavilleri. Ils s'aiment. Comme dans l'histoire classique du prince et de la bergère. Ils se marient. Mais, contrairement à ce qui se passe dans les contes, ils n'auront pas beaucoup d'enfants. Car, presque aussitôt, apparaissent les signes de la maladie : un cancer. Jenny va mourir. Ils le savent. Ils ne pourront même pas s'offrir ce voyage à Paris dont ils avaient tellement rêvé. La fin est proche, très proche, quand il va la retrouver dans sa chambre :

> – Ferme cette bon Dieu de porte, m'ordonna-t-elle quand j'entrai dans la pièce. J'obéis et fermai la porte sans bruit et, en revenant m'asseoir auprès de son lit, je vis Jenny plus totalement. Je veux dire avec les tubes qui lui entraient dans le bras droit et qu'elle gardait généralement sous ses couvertures. J'aimais m'asseoir tout près d'elle et simplement regarder son visage car, aussi pâle qu'elle fût, ses yeux y brillaient toujours.
>
> Je revins donc vite et m'assis très près.
>
> – Ça ne fait pas mal, Ollie, je t'assure, dit-elle. Tu sais, c'est comme tomber d'une falaise au ralenti.
>
> Quelque chose s'agita tout au creux de mon estomac. Quelque chose qui allait me remonter tout droit dans la gorge et me faire pleurer. Mais je ne pleurerais pas. Je n'ai jamais pleuré. Je suis un coriace, moi. Je ne pleurerai pas.
>
> Mais si je ne pleure pas, je ne peux pas ouvrir la bouche. Je vais donc faire oui de la tête et c'est tout. Je fis oui de la tête.

– Foutaise ! dit-elle.

– Hum ? fis-je. C'était plus un grognement qu'un mot.

– Tu ne sais pas ce que c'est que de tomber d'une falaise, Preppie, dit-elle. Ça ne t'est jamais arrivé dans ta bon Dieu de vie.

– Si, dis-je, recouvrant l'usage de la parole. Quand je t'ai rencontrée.

– Oui, dit-elle. Et un sourire passa sur son visage. « Oh ! quelle chute ce fut. » Qui a dit ça déjà ?

– Je ne sais pas, répondis-je. Shakespeare.

– Oui, mais qui ? dit-elle, un peu plaintivement. Je n'arrive pas à me rappeler dans quelle pièce. Je suis allée à Radcliffe. Je devrais me rappeler des trucs. Dans le temps, je connaissais tout Köchel par cœur.

– Chapeau, dis-je.

– Parfaitement, dit-elle puis elle plissa le front et demanda :

– Le concerto pour piano en do mineur, c'est quel numéro ?

– Je vérifierai, dis-je.

Je savais où c'était. À la maison, sur un rayonnage à côté du piano. Je vérifierais et je le lui dirais dès demain matin.

– Je le savais, dit Jenny. Je les savais tous.

– Écoute, dis-je, à la Bogart, c'est de la musique que tu as envie de parler ?

– Tu préférerais parler d'enterrements ?

– Non, dis-je, désolé de t'avoir interrompue.

– J'en ai discuté avec Phil. Tu m'écoutes, Ollie ?

J'avais détourné la tête.

– Oui, Jenny, je t'ecoute.

– Je lui ai dit qu'il pouvait faire un service catholique, que tu serais d'accord. OK ?

– OK, dis-je.

J'éprouvais à ce moment un léger soulagement car, après tout, quoi que nous puissions nous dire maintenant ça ne pouvait pas être pire.

Je me trompais.

– Écoute, Oliver, dit Jenny, cette fois de la voix qu'elle avait quand elle était furieuse, mais douce quand même. C'est malsain ce que tu fais, je veux que ça cesse.

– Qu'est-ce que je fais ?

– Cet air coupable que tu traînes sur ta figure, Oliver, c'est malsain.

Je fis un effort sincère pour changer d'expression mais mes muscles faciaux étaient figés.

– Ce n'est la faute de personne, Preppie, disait-elle, alors cesse de te le reprocher, veux-tu ?

J'avais envie de continuer à la regarder parce que j'avais envie de ne jamais la quitter des yeux mais je fus quand même obligé de baisser un peu la tête. J'avais terriblement honte que, même maintenant, Jenny continue encore à lire si parfaitement ce qui se passait en moi.

– Écoute, c'est la seule et unique chose que je te demande, Ollie, bon Dieu. À part ça, je sais que tu seras OK.

La chose au creux de mon estomac se remit à s'agiter de sorte que je ne me risquai même pas à prononcer « OK ». Je regardai Jenny sans rien dire, c'est tout.

– Merde pour Paris, dit-elle brusquement.

– Hein ?

– Merde pour Paris et pour la musique et pour toutes ces conneries que tu crois m'avoir volées. Je m'en fous, Preppie. Tu ne me crois pas ?

– Non, dis-je sincèrement.

– Alors, fous le camp, dit-elle. Je ne veux pas de toi à mon lit de mort, bon Dieu.

Elle le pensait. Je savais quand Jenny pensait ce qu'elle

disait. J'achetai donc par un mensonge la permission de rester.

– Je te crois, dis-je.

– J'aime mieux ça, dit-elle. Maintenant, veux-tu me rendre un service ?

De quelque part à l'intérieur de moi monta cette effroyable force qui cherchait à me faire pleurer. Mais je résistai. Je ne pleurerais *pas*. J'allais tout simplement faire comprendre à Jenny – par un signe de tête affirmatif – que j'étais prêt à lui rendre tout service qu'elle me demanderait.

– Voudrais-tu, s'il te plaît, me serrer très fort ? demanda-t-elle.

Je plaçai ma main sur son avant-bras – comme il était maigre, Seigneur ! et serrai un peu.

– Non, Oliver, dit-elle, serre vraiment. Bien fort.

Je fis très attention – aux tubes et à tout le reste – en m'allongeant sur le lit à côté d'elle et en la prenant dans mes bras.

– Merci, Ollie.

Ce furent ses dernières paroles.

2

L'amour des siens

VOICI un amour d'un type particulier : celui qui unit une mère, un père, à leurs enfants. Et réciproquement.

S'agit-il d'un sentiment spontané, naturel, instinctif, autant dire animal ? Ou, surtout, d'une qualité ? À regarder un bébé qui se jette, avide, sur le sein de sa mère, on peut penser qu'il n'y a là, en effet, qu'un rapport animal. Mais non si l'on regarde à ce moment la mère et le geste qu'elle a pour s'offrir.

L'amour des parents peut être possessif. Si le père, ou la mère, se contemple lui-même dans l'enfant, comme Narcisse admirait son reflet dans l'eau. Ou s'il l'enferme dans un mode de vie, un projet. « La plupart des pères, écrivait Hervé Bazin (qui gardait de son enfance, il est vrai, des souvenirs pour le moins amers), aiment se répéter chez leurs enfants, préparer leur avenir avec du passé[1] ». Et le philosophe Bertrand Russell : « Le défaut fondamental des pères est de vouloir que leurs rejetons leur fassent honneur. »

Maurice Genevoix a bien décrit cette situation dans un épisode de *Marcheloup*. Son personnage principal, Chambarcaud, dirige, dans un gros village qui porte ce nom, une usine de traitement du bois, « La Forestière ». Arrive la crise. Il se bat – pour les siens, pour ses ouvriers, assurerait-il, mais aussi par orgueil, volonté de gagner toujours –, et il réussit. Quand son peu reluisant beau-frère a des ennuis, il « désintéresse » les créanciers, comme on dit : non par affection pour le beau-frère ou sa sœur ; pour l'honneur du nom. Le nom que porte son fils, Bernard, auquel il est tellement attaché et qu'il prépare pour sa succession. Avec grand soin. Le garçon s'y prête volontiers, aide même son père lors d'un vif dialogue avec les ouvriers. Il a retenu ses leçons. Tout va bien. Apparemment. Car voilà Chambarcaud, cet infatigable, qui rentre de voyage le lendemain, plutôt joyeux, sur le point de signer un gros contrat, content de lui comme toujours. Il trouve, dans le salon, son épouse Antoinette avec leur fils :

> Antoinette était dans la bergère, Bernard avait tiré un tabouret contre ses jambes et s'y était pelotonné. Il avait appuyé sa tête au creux des genoux de sa mère. Antoinette souriait et lui caressait les cheveux.
>
> – Bonjour ! cria Chambarcaud.
>
> Ils avaient tressailli tous les deux. Bernard s'était levé brusquement, comme si son père l'eût pris en faute. Mais lui, avec un gros rire heureux :
>
> – Je dérange des effusions, il paraît ?
>
> Il était déjà devant son fils, l'attirait contre lui avec une tendre rudesse :
>
> – Embrasse-moi aussi, clampin !
>
> Il ne sentit même pas le raidissement du corps de Bernard. Il ne vit pas la crispation soudaine qui avait altéré son visage. Il le tenait serré sur sa poitrine, se livrait tout entier au

bouillonnement de joie qu'il refoulait depuis la veille, qui n'attendait que cet instant pour déferler enfin librement.

– Je suis content de toi, tu sais.

Il l'avait détaché de lui, mais le maintenait encore en le serrant fortement aux deux bras :

– Hein ? Tu as vu ce que ça pouvait être ? Tu as compris qu'à de certains moments ça pouvait devenir difficile, se tendre à rompre, terriblement ? On parle de baptême du feu... Te voilà baptisé, Bernard. Plus tôt même que je ne l'avais prévu. Tant mieux donc ! Ta première affaire était rude, tu as tenu comme un vétéran. Mais gare ! Pendant que nous y sommes, nous allons retourner sur la brèche, tous les deux. Ah ! nom d'un petit bonhomme, ça va barder, ou je ne suis plus Chambarcaud. Voyez-vous ce gaillard, qui menaçait de me gagner à la main ? Halte-là, je prends l'initiative. Aujourd'hui même pour commencer. À trois heures dans mon bureau, Bernard ; quelques minutes avant trois heures, compris ? Tu verras ça, une grosse partie à jouer. Tu ouvriras tes yeux, tes oreilles. Le type qui va venir tantôt, c'est un client qui a un stylo dans sa poche. Tout le problème, c'est d'arriver à lui faire sortir ce stylo, à le lui mettre au bout des doigts : quelques secondes, le temps exact de tracer une signature, un paraphe au bas d'un marché. Tu te rappelles, mon vieux, l'été dernier... quand tu m'as demandé à ne plus retourner en taupe ? Tu voulais « mettre la main à la pâte, tâter des réalités vivantes ». Voilà tes mots, des mots de gosse à ce moment-là. Tu étais loin de te douter, n'est-ce pas ? Tu prévoyais une partie de plaisir ? Eh bien ! voilà, tu as été servi. Qu'est-ce que tu en penses, à présent ? Du plaisir ? Ah ! bien mieux que ça ! Un envoûtement : la fièvre, le cœur qui bat, qui s'arrête, qui repart au galop !

[...]

Je ne veux pas préparer mes effets ; il faut pourtant que

je te prévienne, pour que tu juges en connaissance de cause et que la leçon te profite : il s'agit d'un marché capital, comme on en rencontre un ou deux en toute une vie d'industriel : actuellement pour la Forestière, un virage terriblement sec ; celui, je crois, qui décidera de toute la course. Alors, voilà : il faut réussir le virage. Et je veux que tu sois là, Bernard.

Il parlait dans une excitation sourde, en proie à cet envoûtement, à cette fièvre qu'il avait tout à l'heure évoqués. Antoinette, à deux pas de lui, le regardait sans précaution, avec une fixité tendue, comme si elle l'eût surveillé. On la sentait tout entière en alerte, prête à intervenir tout à coup, s'il le fallait, s'il l'y obligeait.

Bernard, les bras serrés dans les deux puissantes mains, ressemblait à un prisonnier. Peu à peu, inconsciemment, il avait cambré le buste, rejeté en arrière les épaules et cependant il baissait le front, dérobait constamment son regard. Son visage blêmi, diminué, avait pris une dureté immobile, une expression de souffrance aveugle, sans recours. Mais cela même, aux yeux d'un homme possédé par la violence de ses propres pensées, pouvait passer pour un air d'attention profonde, presque fervente. Et de fait, en cette minute, Chambarcaud était incapable de regarder réellement son fils, de concevoir seulement qu'il pût ne pas être entraîné avec lui dans la grande vague de joie qui le portait et le soulevait. Il n'était pas jusqu'au frémissement qu'il sentait dans les bras de Bernard, sous ses paumes, qui n'ajoutât en passant dans sa chair à l'ardeur de sa propre ivresse. Il répéta :

– Je veux que tu sois là. Tu l'as mérité mon petit. Et sais-tu ? Je vais tout de suite te dire une chose : dès ton retour du régiment, je t'associe, c'est décidé. On s'épaulera, mon vieux, ça fera bisquer Audrouard, ça l'invitera à la circonspection. Tu le connaîtras, Audrouard. Il est redoutable, le bougre ; mais à nous deux, on le mettra dans notre poche. Figure-toi...

Il s'était mis à rire tout bas. Une expression d'astuce matoise plissait ses épaisses paupières brunes :

– Figure-toi qu'il se trompe sur ton compte. Il te croit une espèce d'amateur, un freluquet, quelque chose comme ça. Il oublie que tu es mon fils... Qu'est-ce que tu dis, Bernard ? Qu'est-ce que tu as ?

Il avait entrouvert les mains, surpris par la violence soudaine, effrayante, du tressaillement léger qu'il avait jusque-là perçu : un frisson brutal, saccadé, qui parcourait les épaules de Bernard, comme les secousses d'un être qui se débat. Au même moment, avec stupeur, il découvrait enfin son visage, sa pâleur blême, ses larges yeux traqués.

– Bernard ! cria Antoinette.

Il s'échappait, bondissait vers la porte.

– Bernard ! appela-t-elle de nouveau.

Sa voix avait l'accent du désespoir. Elle s'élança comme il disparaissait, heurta le corps massif de son mari.

– Ah ! ça, qu'est-ce que ça signifie ?

– Laisse-moi, dit-elle. Pour l'amour de Dieu, laisse-moi.

Mais il venait de la saisir, furieux soudain, lui barrant le passage :

– Est-ce que cette comédie va durer ? Est-ce que tu es folle, Antoinette ? Est-ce que tout le monde est fou, ici ?

Et cependant elle le repoussait, elle se débattait à son tour avec des élans des épaules, de grands sursauts désespérés :

– Laisse-moi... laisse-moi... laisse-moi...

Elle haletait, hors d'elle-même, le regardait avec des yeux de haine.

– Mais tu ne vois donc rien, malheureux ? Tu ne vois pas que tu l'as mis à bout, qu'il est capable...

– En voilà assez, dit-il.

Non, il ne voulait pas se fâcher. Il comprenait : les récents événements, l'inquiétude avaient fini par ébranler ces nerfs de femme. Antoinette devenait comme Pauline, prompte aux alarmes insensées : un travers qu'il faudrait combattre. On ferait venir Chapuis, pour la forme : du repos, peut-être un court voyage... Puisque demain les affaires s'arrangeraient...

– Calme-toi, dit-il plus doucement. Il n'y a pas de quoi dramatiser. Lui aussi, je le vois à présent, il a les nerfs un peu patraques. Mais tu le connais mal, Antoinette. Ce gamin-là, il est en fer. De l'énergie ? Il en a plus que moi.

Elle le considérait avec une dureté méprisante. Et lui, sous le regard de ses yeux clairs, éprouvait une gêne grandissante.

[...]

Quelques secondes passèrent encore dans un silence énorme, accablant. Antoinette tressaillit, fit de côté deux pas rapides. Elle s'élançait, lui échappait.

Il eut alors un sursaut de révolte, un réflexe d'une violence inouïe qui devança toute pensée consciente. Il lui saisit d'une main le poignet, de l'autre main ferma la porte à clé et retira la clé de la serrure.

– Brute ! Brute ! cria Antoinette.

Il soufflait bruyamment comme effaré de ce qu'il avait fait. Antoinette se tordait les mains, pleurait maintenant à grands sanglots secs. Il ne pouvait plus se méprendre à l'expression qu'avaient ses yeux : c'était bien de la haine, une haine élémentaire, animale, dont la révélation le stupéfiait et l'effrayait.

– Voyons, voyons..., balbutiait-il.

Elle ne l'entendait pas. Elle lui criait entre ses sanglots :

– Il va se tuer ! Je te dis qu'il n'y peut plus tenir ! Cette nuit déjà... j'ai cru devenir folle. Je l'ai maintenu, je l'ai sauvé. Des heures, quelles heures ! pour lui arracher cette promesse. Et tu reviens, tu recommences... Tu te jettes sur lui, tu l'étouffes. Tu n'as pas vu qu'il se défaisait sous tes yeux, qu'il recommençait à sombrer ?

Il dit tout haut, comme devant un cauchemar :

– Je rêve. Ce n'est pas possible : je rêve.

De nouveau sa colère grondait. Mais il ne voulait pas, il ne voulait pas y céder. Serrer les poings, hausser les épaules, ricaner, marcher à grands pas au hasard... Mais au moins garder son sang-froid devant cette malade, cette folle. Des mots pourtant lui jaillissaient des lèvres, des exclamations brèves où sa colère frémissait malgré lui :

– Je suis un monstre, alors, un monstre ? C'est admirable ! Je suis un monstre.

Et Antoinette, à ce mot qu'il disait, prononçait d'une voix changée, basse et farouche :

– Oui... oui... oui... C'est la vérité.

– Un oppresseur, un bourreau des miens, de ma femme, de mon petit ?

– Oui... oui..., répétait Antoinette.

– Et pendant vingt années, tu es restée, tu as pu résister ?

Elle dit alors, une lueur de pitié dans les yeux :

– Et tu n'as rien vu, rien senti. Tu as suivi ta route, ta route. Et que je sois restée dans ta maison...

– Eh bien ? dit-il, d'une voix qui s'étranglait. Ce n'est pas vrai. Tu n'as pas songé à partir, Antoinette, à me quitter ?

– Si, dit-elle. J'ai failli partir[2].

Plus tard, Chambarcaud méditera. Il travaillait pour les siens. Mais en suivant sa route, sans les regarder. Et durant ce temps leur tendresse pour lui s'épuisait. « Il avait cru que Bernard le jugeait ; il avait dit : “Je le dresserai”, quand il aurait suffi de le prendre par la main, de lui sourire, de seulement lui sourire. »

Cette rude scène ne doit pas, pour autant, cacher, faire oublier, l'autre aspect de l'amour paternel et maternel. Être père, mère, c'est aussi résister, quand il le faut, exister. Ne pas tout abandonner à l'enfant-roi. Car celui-ci, pour construire sa personnalité, a besoin de sentir une autorité, de se heurter parfois.

Résister, pour les parents, c'est une autre manière d'aimer.

Cet amour, maintenant, louons-en les vertus. Avec les vers de Victor Hugo d'abord :

> Oh ! l'amour d'une mère ! amour que nul n'oublie !
> Pain merveilleux qu'un Dieu partage et multiplie !
> Table toujours servie au paternel foyer !
> Chacun en a sa part, et tous l'ont tout entier.

Et retenons aussi l'une des plus belles célébrations de l'amour maternel, un texte écrit en 1954 par Albert Cohen :

> Louange à vous, mères de tous les pays, louange à vous en votre sœur ma mère, en la majesté de ma mère morte. Mères de toute la terre, Nos Dames les mères, je vous salue, vieilles chéries, vous qui nous avez appris à faire les nœuds des lacets de nos souliers, qui nous avez appris à nous moucher, oui, qui nous avez montré qu'il faut souffler dans le mouchoir et y faire feufeu, comme vous nous disiez, vous, mères de tous les pays, vous qui patiemment enfourniez, cuillère après cuillère, la semoule que nous, bébés, faisions tant de chichis pour accepter, vous qui, pour nous encourager

à avaler des pruneaux cuits, nous expliquiez que les pruneaux sont de petits nègres qui veulent rentrer dans leur maison et alors le petit crétin, ravi et soudain poète, ouvrait la porte de la maison, vous qui nous avez appris à nous gargariser et qui faisiez reureu pour nous encourager et nous montrer, vous qui étiez sans cesse à arranger nos mèches bouclées et nos cravates pour que nous fussions jolis avant l'arrivée des visites ou avant notre départ pour l'école, vous qui sans cesse harnachiez et pomponniez vos vilains nigauds petits poneys de fils dont vous étiez les bouleversantes propriétaires, vous qui nettoyiez tout de nous et nos sales genoux terreux et écorchés et nos sales petits nez de marmots morveux, vous qui n'aviez aucun dégoût de nous, vous, toujours si faibles avec nous, indulgentes qui plus tard vous laissiez si facilement embobiner et refaire par vos fils adolescents et leur donniez toutes vos économies, je vous salue, majestés de nos mères. Je vous salue, mères pleines de grâce, saintes sentinelles, courage et bonté, chaleur et regard d'amour, vous aux yeux qui devinent, vous qui savez tout de suite si les méchants nous ont fait de la peine, vous, seuls humains en qui nous puissions avoir confiance et qui jamais, jamais ne nous trahirez, je vous salue, mères qui pensez à nous sans cesse et jusque dans vos sommeils, mères qui pardonnez toujours et caressez nos fronts de vos mains flétries, mères qui nous attendez, mères qui êtes toujours à la fenêtre pour nous regarder partir, mères qui nous trouvez incomparables et uniques, mères qui ne vous lassez jamais de nous servir et de nous couvrir et de nous border au lit même si nous avons quarante ans, qui ne nous aimez pas moins si nous sommes laids, ratés, avilis, faibles ou lâches, mères qui parfois me faites croire en Dieu[3].

Un très joli conte perse, chargé de sens, célèbre à sa manière, l'amour paternel cette fois :

On demandait un jour
à un Perse dont on disait qu'il était un homme sage :
« Tu as de nombreux enfants,
quel est ton préféré ? »

L'homme répondit :
« Celui de mes enfants que je préfère,
c'est le plus petit,
jusqu'à ce qu'il grandisse,
celui qui est loin,
jusqu'à ce qu'il revienne,
celui qui est malade,
jusqu'à ce qu'il guérisse,
celui qui est prisonnier,
jusqu'à ce qu'il soit libéré,
celui qui est éprouvé,
jusqu'à ce qu'il soit consolé. »

Cet amour, l'enfant le recherche, l'enfant l'attend, l'appelle. Comme la petite fille d'Augustin Meaulnes, le grand Meaulnes, qu'il ne connaissait pas et que son ami François lui présente, après la mort de la mère, Yvonne de Galais :

– Voici ta fille, dis-je.

Il eut un sursaut et me regarda.

Puis il la saisit et l'enleva dans ses bras.

Il ne put pas bien la voir d'abord, parce qu'il pleurait. Alors, pour détourner un peu ce grand attendrissement et ce flot de larmes, tout en la tenant très serrée contre lui, assise sur son bras droit, il tourna vers moi sa tête baissée et me dit :

– Je les ai ramenés, les deux autres... Tu iras les voir dans leur maison.

Et en effet, au début de la matinée, lorsque je m'en allai, tout pensif et presque heureux vers la maison de Frantz, qu'Yvonne de Galais m'avait jadis montrée déserte, j'aperçus de loin une manière de jeune ménagère en collerette, qui balayait le pas de sa porte, objet de curiosité et d'enthousiasme pour plusieurs petits vachers endimanchés qui s'en allaient à la messe. Cependant, la petite fille commençait à s'ennuyer d'être serrée ainsi et, comme Augustin, la tête penchée de côté pour cacher et arrêter ses larmes, continuait à ne pas la regarder, elle lui flanqua une grande tape de sa petite main sur sa bouche barbue et mouillée.

Cette fois le père leva bien haut sa fille, la fit sauter au bout de ses bras et la regarda avec une espèce de rire. Satisfaite, elle battit des mains...

Je m'étais légèrement reculé pour mieux les voir. Un peu déçu et pourtant émerveillé, je comprenais que la petite fille avait enfin trouvé là le compagnon qu'elle attendait obscurément[4].

Mais cet amour est aussi souffrance. Pour les parents qui doivent accomplir un véritable travail de deuil, de dépossession, afin de laisser l'enfant, année après année, tracer lui-même son chemin, tout en le guidant, pourtant, en l'aidant. Pour l'enfant qui, plus tard, constate qu'il n'a pas été à la hauteur de cet amour. Comme le chante Georges Brassens :

Maman, maman, en faisant cette chanson
Maman, maman, je r'deviens petit garçon
Alors je suis sage en classe

Et, pour te fair' plaisir,
J'obtiens les meilleures places,
Ton désir.
Maman, maman, je préfère à mes jeux fous,
Maman, maman, demeurer sur tes genoux
Et, sans un mot dire, entendre tes refrains charmants,
Maman, maman, maman, maman.

Papa, papa, en faisant cette chanson
Papa, papa, je r'deviens petit garçon.
Et je t'entends sous l'orage
User tout ton humour
Pour redonner du courage
À nos cœurs lourds.
Papa, papa, il n'y eut pas entre nous,
Papa, papa, de tendresse ou de mots doux,
Pourtant on s'aimait, bien qu'on ne se l'avouât pas,
Papa, papa, papa, papa.

Maman, papa, en faisant cette chanson,
Maman, papa, je r'deviens petit garçon.
Et, grâce à cet artifice,
Soudain je comprends,
Le prix de vos sacrifices.
Mes parents,
Maman, papa, toujours je regretterai,
Maman, papa, de vous avoir fait pleurer
Au temps où nos cœurs ne se comprenaient encor'pas
Maman, papa, maman, papa[5].

Reste que la parole de l'Écriture, « Tu quitteras ton père et ta mère », fournit comme disait le philosophe Claude Lévi-Strauss une « règle d'or » pour la formation de la société[6]. Sans cette injonction, la famille demeurerait close, fermée sur elle-même. Elle est au contraire tenue de s'allier à d'autres familles, de s'ouvrir.

Bien que le mot « siens » indique évidemment la possession, l'amour des siens ne peut que s'ouvrir aux autres. Sinon il se nie. C'est ce qui fait sa grandeur, trop ignorée.

3

L'amour de soi

L'AMOUR de soi n'a pas très bonne réputation. Depuis longtemps. Blaise Pascal écrivit même, voici trois siècles, qu'il fallait se haïr : « Le moi est haïssable. » Et il n'était pas le premier.

Les anciens Grecs racontaient l'histoire, légendaire bien sûr, de Narcisse, jeune homme d'une grande beauté qui fut séduit par lui-même en voyant son image dans l'eau d'une fontaine et finit par mourir de la passion qu'il s'inspira : il tentait de saisir son reflet et se désespérait de ne pouvoir y parvenir. Il ne s'intéressait qu'à lui-même. En exclusivité. Ce narcissisme n'a rien à voir avec l'amour.

Saint Augustin, dont on a déjà cité le célèbre « Aime et fais ce que tu veux », ne se montrait guère plus favorable à l'amour de soi. Pour lui, en raison de la faute commise par Adam et Ève au début de l'histoire de l'humanité (faute qu'il fut le premier à appeler « péché originel »), ce que voudrait l'homme, poussé par l'amour de soi, serait presque fatalement le mal. Il ne pourrait faire le bien qu'en demandant l'aide de Dieu. Il faut donc, concluait ce Père de l'Église, se défier de l'amour de soi.

Augustin fut suivi par une foule de disciples. Ainsi, au

temps de Blaise Pascal, un certain Jacques Esprit, membre de l'Académie française alors toute jeunette, publia un gros livre sur *La Fausseté des vertus humaines*[1]. Très marqué par le jansénisme, un mouvement religieux qui jugeait l'homme absolument corrompu par le péché originel, Jacques Esprit ne faisait pas le détail : à ses yeux, nous sommes naturellement incapables de toute bonne action. Pour une simple raison : nous ne sommes guidés que par nos intérêts et nos passions. Il nous suppliait donc « de ne plus nous imaginer qu'il y ait dans notre cœur de la force, de la grandeur, de la bonté et de la générosité ; de reconnaître au contraire qu'il est malin, bas, faible et intéressé, et que l'état de l'homme, qui croit tout pouvoir par sa liberté, est d'autant plus étrange et plus pitoyable qu'il ne sait pas et qu'il ne sent pas qu'il est livré à l'avarice, à l'ambition, à l'amour, à l'envie, à la jalousie, à la haine et à la vengeance, comme à autant de furies qui par leur violence lui font faire ce qui leur plaît, et le font continuellement gémir sous leur tyrannie ».

Ce livre comporte des centaines de pages sur le même ton ! Jacques Esprit, bourgeois né à Béziers, avait d'ailleurs un ami bien plus célèbre, le duc de La Rochefoucauld, qui a tenu de semblables propos dans ses *Maximes*, sur un ton plus modéré quand même : « L'amour-propre est l'amour de soi-même, et de toutes choses pour soi : il rend les hommes idolâtres d'eux-mêmes, et les rendrait les tyrans des autres si la fortune leur en donnait les moyens ; il ne se repose jamais hors de soi, et ne s'arrête dans les sujets étrangers que comme les abeilles sur les fleurs, pour en tirer ce qui lui est propre. »

Tout un courant de pensée allait ensuite reprendre ce refrain. Notamment sous l'influence des Églises chrétiennes qui (en dépit de la condamnation du jansénisme par le Vatican) insistèrent longtemps – moins aujourd'hui, c'est vrai – sur le péché, le penchant de tout homme pour le mal, en oubliant parfois que si celui-là avait été créé à l'image de Dieu, il devait bien lui en rester quelques traits positifs.

Jean-Jacques Rousseau, un siècle après Jacques Esprit et La Rochefoucauld, eut beau écrire que l'amour de soi est un sentiment naturel, non condamnable dans son principe (malheureusement transformé en amour-propre sous l'influence de la société), il fut considéré par beaucoup comme un doux rêveur.

Rien d'étonnant, donc, si l'amour de soi a mauvaise presse. D'autant qu'on le confond aussi avec l'égoïsme, l'attachement porté à ses seuls intérêts au détriment de ceux des autres. Ou avec la paranoïa, la surestimation de soi, la « grosse tête » comme on dit aujourd'hui, qui amène, dans les cas extrêmes, à se croire mal jugé et donc persécuté par le monde entier.

Pourtant, il faut s'aimer. Chamfort, un Auvergnat qui se suicida sous la Révolution après l'avoir souhaitée, avait écrit comme La Rochefoucauld des *Maximes*. Mais pas sur le même ton. L'une d'entre elles en effet reprend, mais pour le retourner, le commandement de l'Écriture sainte cité ci-dessus (page 17) : « Si l'on doit aimer son prochain comme soi-même, il est au moins juste de s'aimer comme son prochain. »

Bien sûr, c'est habile et un peu facile. Mais comment pourrait-on aimer les autres si l'on était incapable de ce sentiment naturel qu'est l'amour de soi-même, si l'on avait le cœur sec ? Ce qui est détestable – et malheureusement assez répandu –, c'est l'amour *exclusif* de soi. Pas l'amour de soi.

Peu de textes osent parler de l'amour de soi de manière positive. En voici un pourtant, de Françoise Giroud. Elle parle plutôt d'amitié que d'amour. Mais ne chipotons pas sur les mots. C'est toujours le verbe aimer qui est à la base :

> Nous ne savons guère nous traiter nous-mêmes avec amitié [...] Eh bien quoi, qu'est-ce qu'il a, ce corps ? Trois centimètres de trop ici, trois centimètres qui manquent là, en voilà une affaire. Et ce cerveau ? Nous l'aurions voulu autrement fait. Et cette mémoire ? Ah ! la traîtresse ! Et cette volonté ? Faible, faible. Cette conscience ? Élastique. Ces succès ? Dérisoires. D'ailleurs, tout ce qui est atteint est détruit, il nous en faut d'autres.
>
> Aveugles et sourds aux messages de détresse que nous lancent les dos ronds, les pointes de pied tournées en dedans, les teints gris, tous ceux enfin dont la moelle épinière se flétrit faute d'un arrosage régulier de considération et de soleil de l'amour, nous allons le cœur chaviré de pitié envers nos précieuses personnes, pieux martyrs, tendres victimes, bouquets de vertus méconnues.
>
> Je crois qu'il faut apprendre à se voir avec les yeux de l'amitié, qui est lucide, bourrue, moqueuse, mais inébranlable, pour désapprendre à se prendre en pitié. Et pour ne plus rougir de soi. La marque de la « liberté réalisée ».
>
> C'est plus difficile que d'apprendre le chinois. Et pourtant[2]...

Un texte important, qui met le doigt sur l'un des principaux obstacles à l'amour de soi : l'orgueil. On ne s'aime pas parce que l'on se voudrait plus grand, plus beau, plus fort, plus intelligent. On n'est « pas bien dans sa peau ». Dès lors, tous nos rapports avec les autres sont faussés.

Andrée Chedid, elle, souligne un autre aspect positif de l'amour de soi : c'est le respect de soi et des autres. Il se manifeste, dans le très joli texte que voici, par le soin que la mère de l'auteur apportait à son corps :

> – Quel dommage, quel dommage ! marmonnait-elle, tapant du plat de la main sur ses cuisses, son ventre, ses épaules. Cette femme, qu'est-elle devenue !
>
> Se tournant vers son visiteur comme pour solliciter une confirmation :
>
> – C'était si beau tout ça. Si intelligent !
>
> Elle parlait souvent de ce corps malmené par l'âge comme d'une manière distincte, d'une substance bizarre, qui la concernait à peine. Une carapace qui l'aurait saisie à son insu ; une coquille qui la tenait captive et qui l'empaquetterait jusqu'au bout.
>
> Pour égayer la conversation, que ses paroles avaient rendue pesante, elle riait d'elle-même. Un rire éclatant qu'elle gardait en réserve. Se plaignant, avec drôlerie, de cette lamentable enveloppe qui l'accompagnait désormais, elle en dénombrait les failles, agrémentant sa critique de savoureuses anecdotes où ses yeux, ses jambes, son dos lui jouaient des tours pendables. Enfin, pour nous rassurer en se rassurant, elle concluait :
>
> – C'est tout de même du solide ! Mon père, ma mère m'ont bien dotée, ça tiendra encore longtemps.
>
> Bien que refusé, renié, ce corps l'attendrissait ; elle en prenait un soin infini. Contrainte de l'habiter, elle se le conciliait, le choyant comme une de ses demeures, attentive à le maintenir toujours net et paré.
>
> Ce temps qu'elle passait dans sa salle de bains devant son miroir – qui lui renvoyait une image de plus en plus ternie – pouvait paraître inutile. Il signifiait pourtant un respect des

autres et d'elle-même ; il démontrait une énergie, un courage qui m'émeuvent encore aujourd'hui[3].

Enfin, je ne puis me priver du plaisir de citer un poème de Jacques Prévert intitulé « Quelqu'un » :

Un homme sort de chez lui
C'est très tôt le matin
C'est un homme qui est triste
Cela se voit à sa figure
Soudain dans une boîte à ordures
Il voit un vieux Bottin Mondain
Quand on est triste on passe le temps
Et l'homme prend le Bottin
Le secoue un peu et le feuillette machinalement
Les choses sont comme elles sont
Cet homme si triste est triste parce qu'il s'appelle Ducon
Et il feuillette
Et continue à feuilleter
Et il s'arrête
À la page des D
Et il regarde la colonne des D-U du...
Et son regard d'homme triste devient plus gai plus clair
Personne
Vraiment personne ne porte le même nom
Je suis le seul Ducon
Dit-il entre ses dents
Et il jette le livre s'époussette les mains
Et poursuit fièrement son petit bonhomme de chemin[4].

En voilà un qui a trouvé au moins une bonne (?) raison de ne point se haïr ou se mésestimer.

4

L'amour de l'autre

TOUT a été dit, peut-être, sur l'amour de l'autre.

Les Grecs l'ont personnifié en un dieu, Éros. « Le tyran Éros », disait Platon, le philosophe qui lui consacra tant de pages, et qui le voyait s'introniser dans notre âme pour en gouverner tous les mouvements.

Vous avez bien lu : tous. Tous nos sentiments, nos idées, nos actions. Parce que l'amour est désir. L'amour, écrit aussi Platon, « aime ce dont il manque, ce qu'il ne possède pas ». Mais s'agit-il seulement d'un désir sexuel ? On le croirait ces années-ci, où le « tapage sexuel », comme dit Jean-Claude Guillebaud, nous assourdit. Il le constate avec raison : « Aucune société avant la nôtre [...] n'avait réservé à la sexualité une place aussi prépondérante, dans ses propos, ses images et ses créations [1]. »

Faut-il, parce que l'on en a les oreilles cassées, mépriser la sexualité ? Assurément non. Elle est belle et bonne, désir de fusion de l'un et de l'autre. Mais elle peut être altérée par des déviations, des perversions, dont l'origine est l'égoïsme, le désir de posséder, alors que l'amoureux véritable s'en remet à l'autre, cherche d'abord le plaisir, le bonheur de l'autre.

Tentons de résumer : il n'y a pas d'amour entre l'un et l'autre sans désir ; mais l'amour dépasse le désir, il peut aller, pour l'autre, jusqu'au sacrifice de soi, à l'offrande de soi.

Cela dit, et souligné, je ne vais pas citer ici les plus beaux textes sur l'amour. Une mission impossible évidemment.

Le choix qui va suivre est donc arbitraire, et orienté.

Commençons par un joyeux poème de Guillaume Apollinaire, joyeux bien qu'il ait été écrit pendant la guerre, celle qu'Apollinaire fit à partir de 1914, avant de mourir en 1918 – mais pas au combat : de la grippe.

Une femme qui pleurait
Eh ! Oh ! Ha !
Des soldats qui passaient
Eh ! Oh ! Ha !
Un éclusier qui pêchait
Eh ! Oh ! Ah !
Les tranchées qui blanchissaient
Eh ! Oh ! Ah !
Des obus qui pétaient
Eh ! Oh ! Ah !
Des allumettes qui ne prenaient pas
Et tout
A tant changé
En moi
Tout
Sauf mon Amour
Eh ! Oh ! Ah[2] !

Voici maintenant un texte « incontournable », comme on dit aujourd'hui, qui illustre bien ce qui est la passion, mais aussi le don de soi à l'autre – « C'est lui pour moi, moi pour lui, dans la vie » – qui est au cœur de tout amour véritable.

Ce texte, c'est celui de la chanson qu'écrivit Édith Piaf sur une musique de Louiguy :

> Des yeux qui font baisser les miens
> Un rire qui se perd sur sa bouche
> Voilà le portrait sans retouches
> De l'homme auquel j'appartiens.
>
> *Refrain*
> Quand il me prend dans ses bras
> Qu'il me parle tout bas
> Je vois la vie en rose
> Il me dit des mots d'amour
> Des mots de tous les jours
> Et ça m'fait quelque chose
> Il est entré dans mon cœur
> Une part de bonheur
> Dont je connais la cause
> C'est lui pour moi, moi pour lui, dans la vie
> Il me l'a dit, l'a juré, pour la vie
> Et dès que je l'aperçois
> Alors je sens en moi
> Mon cœur qui bat.
>
> Des nuits d'amour à plus finir
> Un grand bonheur qui prend sa place
> Les ennuis, les chagrins qui s'effacent
> Heureux, heureux à en mourir[3].

Ce que la chanson d'Édith Piaf ne dit pas, c'est que l'amour est toujours, aussi, privation, frustration. Parce que l'on ne parvient pas à la fusion totale dont on rêve. Rainer Maria Rilke le souligne dans sa célèbre *Lettre à un jeune poète* : « Le partage total entre deux êtres est impossible et chaque fois que l'on pourrait croire qu'un tel partage a été réalisé, il s'agit d'un accord qui frustre l'un des partenaires, ou même tous les deux, de la possibilité de se développer pleinement. Mais lorsque l'on a pris conscience de la distance infinie qu'il y aura toujours entre deux êtres humains, quels qu'ils soient, une merveilleuse vie "côte à côte" devient possible : il faudra que les deux partenaires deviennent capables d'aimer cette distance qui les sépare et grâce à laquelle chacun des deux aperçoit l'autre entier, découpé sur le ciel[4]. »

« Une merveilleuse vie côte à côte devient possible », dit Rilke. Oui, mais ça s'apprend. Hé oui, l'amour s'apprend. Et pas seulement les gestes de l'amour. La romancière Han Suyin le souligne :

> « Que m'arrive-t-il ? demanda Marc. Je frémis pour un rien. Je défaille au-dedans, comme si j'étais à bord d'un navire qui tangue. Tout est devenu si intense, si vif. Une phrase musicale, un vers, les voix, la teinte des fleurs, l'infinie variété de la mer. Je pleure et je ris tout à la fois... »
>
> « Que m'arrive-t-il ? demandai-je. Je suis comme la graine qui germe, j'éclate et les racines se pressent au-dehors, la tige s'élance, se saisissant de la vie, dont chaque instant est si bon que j'en ai mal tout le temps... Je ne savais pas qu'on pût être aussi endolorie à force de vivre ! »
>
> Nous étions assis sur une grande pierre plate, dans le sentier au-dessus de la morgue. C'était le seul endroit de Hong Kong où nous puissions nous retrouver... pour apprendre à nous connaître en paix, pour apprendre ce qu'est

> l'amour, pour apprendre à aimer. Car l'amour n'est pas accompli le jour où il naît. L'amour est un arbre qui pousse avec lenteur, une chose vivante, et la vie ne connaît point l'immobilité. Et ainsi laissions-nous l'amour croître tout doucement, arbre aux fortes racines, à mesure que chaque jour nous apprenions à aimer un peu mieux[5].

Cet arbre a peut-être de fortes racines, mais il demeure fragile. Pas seulement parce que l'on peut être détourné d'un amour par un autre, comme le soulignait la théologienne protestante France Quéré : « Nous avons tort d'appeler infidélité la seule défaillance sexuelle (ou sentimentale). Nous ne portons pas ce genre de reproche à un homme ou une femme qui, une fois mariés, se comportent comme s'ils étaient seuls et sont donc infidèles au couple qu'ils ont noué. L'égoïsme, l'humeur revêche, la désinvolture, le manque d'égard et de conversation n'ont jamais passé pour attenter à la fidélité. Le défaut d'amour, s'il n'y a pas à côté d'irrégularité, non plus. Et pourtant ces traits offensent l'union. Ils sont fréquents, impunis, quotidiens, et constituent, tout compte fait, des trahisons plus pénibles que celles auxquelles on pense d'ordinaire[6]. »

Plus pénibles ! Pourtant, bien souvent, l'on n'y prête guère attention. L'attention, justement, l'attention constante à l'autre, au bien de l'autre, est la marque vraie de l'amour.

Après toutes ces mises en garde et ces nuances, célébrons à nouveau la beauté de l'amour, et sa générosité. Avec Anne Philipe :

> Pendant des années nous avons ressenti qu'à partir de notre amour nous pourrions construire. Construire des enfants, un

métier, des amitiés, des maisons et peut-être aider à construire un monde meilleur. Le temps de l'accomplissement est venu.

Nous sommes des architectes émerveillés. Cette nuit, peut-être parce que le dépaysement nous donne une acuité plus vive et parce que la nuit est si belle, nous découvrons que nos projets sont devenus réalité[7].

L'amour enflamme, l'amour donne naissance, l'amour construit, l'amour apaise. Émile Verhaeren, poète flamand mort en 1916 et trop oublié, le montre bien :

Asseyons-nous tous deux près du chemin,
Sur le vieux banc rongé de moisissures,
Et que je laisse, entre tes deux mains sûres,
  Longtemps s'abandonner ma main.

Avec ma main qui longtemps s'abandonne
À la douceur de se sentir sur tes genoux,
Mon cœur aussi, mon cœur fervent et doux
  Semble se reposer, entre tes deux mains bonnes.

Et c'est la joie intense et c'est l'amour profond
Que nous goûtons à nous sentir si bien ensemble,
Sans qu'un seul mot trop fort sur nos lèvres ne tremble
Ni même qu'un baiser n'aille brûler ton front.

Et nous prolongerions l'ardeur de ce silence
Et l'immobilité de nos muets désirs,
N'était que tout à coup à les sentir frémir
Je n'étreigne, sans le vouloir, tes mains qui pensent :
Tes mains, où mon bonheur entier reste celé
  Et qui jamais, pour rien au monde,
  N'attenterait à ces choses profondes
  Dont nous vivons, sans en devoir parler[8].

Cet amour-là, l'« amour profond », amène à se soucier de l'autre jusqu'à l'heure de la mort. Le romancier américain William Faulkner en donne une image poignante .

> Ma vieille maman a vécu soixante-dix et quelques années. Elle travaillait tous les jours, sous la pluie comme sous le soleil. Pas un jour de maladie depuis la naissance de son dernier ; et puis, un beau jour, elle a comme qui dirait regardé tout autour d'elle ; elle est allée retirer du coffre la chemise de dentelle qu'elle gardait depuis quarante-cinq ans sans la porter. Elle l'a mise, et puis elle s'est couchée dans son lit, et puis elle a tiré les couvertures, et puis elle a fermé les yeux : « Faudra qu'vous preniez soin d'vot'père, qu'elle a dit, moi j'suis fatiguée[9] ».

Cet amour-là, l'amour vrai, résiste même à la mort. Suzanne Prou le montre en un très beau récit.

Simon est mort. Il repose au cimetière du Montparnasse, au cœur de sa ville, Paris. Anne, son épouse, entreprend alors un dernier voyage dans leur maison de campagne :

> Anne est venue pour la dernière fois dans la maison de Fenneville, accompagnée par ses amis les plus chers. Elle a convoqué le brocanteur qui doit débarrasser la vieille demeure afin de faire place nette pour les nouveaux occupants. Elle a peur. Elle a peur de tous les souvenirs qui vont se lever à mesure que disparaîtront les objets jadis aimés, placés là par Simon avec tant de soin. Le brocanteur est fruste et brutal, il manie sans précaution les coupes d'albâtre, les tables de chevet, les livres. Il ne fait pas de différence entre deux vieux parapluies et une gravure ancienne. Il enfourne tout dans sa camionnette. Ainsi

s'en vont une à une les dépouilles d'une vie. Anne ne dit rien. Même, elle est prise d'une sorte de rage de tout faire enlever, elle se débarrasse des scories, elle brade les vestiges du passé, elle veut en finir, le plus vite possible. Et tant pis si certains objets ont une valeur, si certains autres représentent des moments de joie, de tendresse, des plaisirs enfuis, des instants de bonheur. Tant pis si tout s'en va vers l'étalage d'un marché aux puces de campagne. Elle n'écoute pas ses amis qui lui conseillent de garder ceci ou cela, elle ne veut rien conserver. Simon est mort, la maison est vendue, rien ne doit demeurer de ce qui a tissé maille à maille, au cours des années, une joie de vivre. Elle donne comme elle jetterait, elle refuse de s'attendrir, de se rappeler que Simon avait longtemps voulu cette lampe à l'abat-jour de soie sur un pied de cristal, ce globe qui protège un bouquet de mariée d'autrefois sur son coussin de velours bleu, cette gravure qui représente une chasse à courre dans la campagne d'Angleterre... Elle est mortellement lasse. Et elle continue de se débarrasser de toutes les bribes du temps passé. Le brocanteur bourre sa camionnette. Anne voudrait qu'il aille plus vite, plus vite encore, pour qu'on en finisse, pour que rien ne reste, pour que la maison ne soit plus qu'une coque vide.

Le brocanteur s'en va, sa moisson terminée. À l'arrière de la camionnette un petit dressoir, fabriqué par Simon avec quelques planches, porte encore les ustensiles qui y étaient accrochés. Dans la voiture de ses amis Anne regarde le fourgon qui va lentement, ils le suivent comme on suit un convoi funèbre, et elle voit, dérisoire, une écumoire émaillée qui se balance suivant les cahots de la route.

La camionnette tourne, disparaît. Anne pense qu'elle n'oubliera pas la maison de Fenneville, elle la portera en elle, elle y pensera toujours. Comme elle pensera à Simon qui n'est pas mort pour elle, qui ne mourra pas, parce que son amour pour Simon ne passera pas [10].

5

L'amour des autres

J'HÉSITE à aligner encore quelques phrases sur l'amour. Le mot a été tellement ressassé, usé, bousculé, galvaudé. Les galets ronds que l'on trouve au bord des plages le sont aussi, l'ont été aussi, toujours poussés, balayés, noyés par la vague. Et justement, ils sont doux dans la main. Lourds et doux. Ainsi l'amour.

L'amour est la source. Mais aussi le fleuve. Si l'amour commandait tous nos actes, ce livre serait inutile, bien d'autres aussi, et l'on pourrait sacrifier d'immenses bibliothèques surchargées de textes, sur des kilomètres de rayonnages. Comme l'écrit excellemment André Comte-Sponville : « Nous n'avons besoin de morale que faute d'amour [...] La morale est un semblant d'amour : agir moralement, c'est agir *comme si* l'on aimait[1]. » S'il existe des devoirs, des règles et des obligations, c'est parce que l'amour est absent, ou insuffisant.

L'amour de l'autre peut être spontané : celui d'une mère, d'un père, pour son enfant. L'amour des autres peut-il être volontaire ? Le philosophe allemand de Königsberg, Emmanuel Kant, expliquait que l'on ne pouvait commander à quelqu'un d'aimer – « L'amour envers les hommes est possible, à vrai dire, mais il ne peut être commandé, car il n'est au pouvoir d'aucun homme d'aimer quelqu'un simplement par ordre » – mais il ne jugeait pas impossible de vouloir librement aimer. Il considérait l'amour comme un idéal, un objectif à poursuivre, « l'idéal de la sainteté », disait-il. C'est, en effet, l'esprit des Évangiles, que traduit magnifiquement un texte bien connu de saint Paul, dans sa première lettre aux Corinthiens.

J'aurais beau parler toutes les langues de la terre et du ciel,
si je n'ai pas la charité, s'il me manque l'amour,
je ne suis qu'un cuivre qui résonne,
une cymbale retentissante.
J'aurais beau être prophète, avoir toute la science des mystères
et toute la connaissance de Dieu
et toute la foi jusqu'à transporter les montagnes,
s'il me manque l'amour,
je ne suis rien.
J'aurais beau distribuer toute ma fortune aux affamés
J'aurais beau me faire brûler vif,
s'il me manque l'amour,
cela ne me sert à rien.
L'amour prend patience ;
l'amour rend service ;
l'amour ne jalouse pas ;
il ne se vante pas, ne se gonfle pas d'orgueil ;
il ne fait rien de malhonnête ;
il ne cherche pas son intérêt ;
il ne s'emporte pas ;
il n'entretient pas de rancune ;
il ne se réjouit pas de ce qui est mal ;
mais il trouve sa joie dans ce qui est vrai ;

il supporte tout, il fait confiance en tout,
il espère tout, il endure tout.
L'amour ne passera jamais.

L'amour est tout entier tourné vers les autres. Parce qu'il sait qu'en chaque homme, serait-il le plus mauvais, le plus méchant, existe une lumière. Sourde, tremblante, vacillante peut-être mais une lumière. Pour les croyants, elle est le reflet du visage de Dieu. Mais tous peuvent reconnaître son existence, admettre qu'en chacun vit, survit, difficilement peut-être, un sentiment, une qualité, une musique, une image dont il a l'exclusivité, qui sont sa propre richesse. Si l'on méprise l'autre, si on l'ignore, si on le détruit, c'est toujours, pour reprendre une formule célèbre, Mozart qu'on assassine. Ou Michel-Ange. Ou Léonard de Vinci. Ou le héros que vous admirez entre tous.

Dès lors qu'on le sait, que l'on s'en persuade, alors on peut vouloir aimer. L'amour peut être le fruit de la volonté. Mais c'est au prix d'un effort de chaque instant. Tournons-nous cette fois vers Confucius et ses disciples : « Fan-Chiang demanda : "Qu'est-ce que l'amour ?" Le Maître dit : "Donner plus de prix à l'effort qu'à la récompense. Cela s'appelle l'amour." »

Et Jésus, le premier, alla jusqu'au bout du commandement d'amour : « Aimez vos ennemis. » C'est-à-dire : aimez ceux qui vous haïssent, ceux qui vous insultent, ceux qui vous humilient, ceux qui vous torturent. Ce qui ne signifie évidemment pas qu'il faut laisser n'importe qui faire n'importe quoi. Il m'est arrivé, pour illustrer ce principe, de citer l'exemple d'Estienne d'Orves, un résistant, officier de marine qui, en 1940, avait rejoint à Londres le général de Gaulle. Il fut envoyé en mission clandestine dans la France occupée et très vite pris par les Allemands qui le condamnèrent à mort : au matin de son exécution, il embrassa l'officier qui commandait le peloton.

Un tel exemple constitue, certes, un cas extrême. Chacun de nous n'est pas environné d'ennemis acharnés, irréductibles, déterminés. Mais chacun rencontre des rivaux, des malfaisants, des ennuyeux, des casse-pieds. Les aimer tous ! Aimer ceux qui nous gênent, puis tentent de nous passer devant, les injustes, les menteurs, les cupides. Ne pas les laisser agir. Mais les aimer. Pas facile, vraiment !

Y parvenir, c'est lutter contre nos instincts, nos penchants « naturels », maîtriser toujours nos réactions premières, nos peurs, nos désirs de vengeance que nous confondons volontiers avec la justice. Croyants ou non, nous ne sommes pas des anges. Cela signifie qu'il faut toujours « tendre vers cet amour », essayer de nous rendre capables d'amour. La bonne recette consiste peut-être à nous rêver objet de cet amour que nous devrions avoir pour tous les autres. Il exista, en 1795 (an III de la République), une Constitution française qui disait à peu près cela dans ses premières lignes : « Ne faites pas à autrui ce que vous ne voudriez pas qu'on vous fît ; faites constamment aux autres le bien que vous voudriez en recevoir. »

Pour finir – mais nous n'allons pas en finir avec l'amour, nous allons le retrouver presque à chaque page de ce livre –, je voudrais rappeler une histoire que raconte le Russe Vassili Grossman[2].

Cette histoire se déroule dans une ville libérée par l'armée russe. Sous les yeux de la population, des prisonniers allemands sont obligés de sortir des cadavres de civils d'une cave située sous une maison qu'avait occupée la Gestapo. Un spectacle insoutenable, des cadavres d'une effrayante maigreur, mutilés, martyrisés. Parmi les prisonniers qui se livrent à cette horrible besogne, un jeune officier semble plus effrayé, écœuré, bouleversé que les autres. Pour échapper à l'odeur, il s'est voilé le bas du visage d'un mouchoir. Et c'est justement parce qu'il détourne la tête que toute la haine des spectateurs se porte d'abord sur lui : parce que, vaincu, il ne supporte plus ce que, vainqueur, il tolérait peut-être, pratiquait peut-être. Un gamin lui jette une pierre, alors qu'il retourne vers la cave chercher d'autres cadavres, la cave où les autres prisonniers tentent de le dissuader de remonter vers la rue et cette foule gonflée de haine. « Non, non, répond l'officier, il ne faut pas se cacher, c'est le Jugement dernier. » Et il remonte, en compagnie d'un soldat qui porte avec lui un cadavre sur un brancard.

Ce cadavre, c'est celui d'une jeune fille torturée, à la bouche tordue à jamais, aux traits horribles. La foule étouffe un cri d'horreur. Une vieille femme alors s'avance, cherche une brique. Tous comprennent ce qui va arriver. Tous croient comprendre. La plupart attendent avec impatience, figés par le froid, l'horreur, un désir de vengeance presque palpable, matériel.

La femme avance encore. Alors, écrit Grossman, « sans comprendre ce qui lui arrivait, objet de cette force qui assujettissait tout à la ronde, elle sortit de sa poche un morceau de pain que lui avait donné la veille un soldat russe, le tendit à l'Allemand et dit :

– Tiens, prends, bouffe ».

Une petite étincelle d'amour, de bonté, dans un monde déshumanisé.

6

L'amitié

CERTAINS auront sans doute peine à le croire, mais l'amitié est suspecte. Presque autant que l'amour de soi. Et pas seulement aux yeux de ce Jacques Esprit que nous avons déjà rencontré. Bien entendu, il lui consacre de longues pages pour expliquer qu'elle n'est qu'égoïsme déguisé, faux-semblant qui poursuit un seul objectif : obtenir de l'autre, l'ami, faveurs, appuis et bienfaits. « L'amitié qui nous paraît la plus pure, écrit-il, est la recherche de quelques biens qu'on souhaite et qu'on espère obtenir par celui que l'on fait aux autres. » Bref, un commerce.

Montesquieu ajoute même qu'il s'agit d'un commerce inégal : « L'amitié est un contrat par lequel nous nous engageons à rendre de petits services afin que l'on nous en rende de grands[1]. »

Alexandre Dumas, le père, l'auteur des *Trois Mousquetaires*, renchérit : « Pour bien des hommes, l'amitié n'est qu'un mot qui déguise la tyrannie en moyen d'imposer son opinion et ses habitudes aux autres[2]. »

Ils sont donc légion, les sceptiques qui se défient de l'amitié. Ou ceux qui hésitent. Ainsi La Fontaine écrivant : « Qu'un ami véritable est une douce chose ! » (dans la fable

« Les deux amis »), mais aussi : « Il n'est meilleur ami ni parent que soi-même » (« L'alouette et ses petits avec le maître d'un champ »), et enfin : « Chacun se dit ami ; mais fou qui s'y repose : / Rien n'est plus commun que ce nom /, Rien n'est plus rare que la chose » (« Parole de Socrate »).

Voilà qui nous met sur la voie ; la véritable amitié est une grande vertu, mais elle est rare. Raison de plus pour s'y intéresser, et la pratiquer.

À en croire Montaigne, cela ne se commande pas. Chacun sait comment il expliquait – ou n'expliquait pas – son amitié pour La Boétie : « Si on me presse de dire pourquoi je l'aimais, je sens que cela ne se peut exprimer qu'en répondant : "Parce que c'était lui, parce que c'était moi." » Montaigne laisse même entendre que leur amitié résulta d'une sorte de coup de foudre. Certes, ils avaient entendu parler l'un de l'autre. Mais, écrit notre auteur : « À notre première rencontre qui fut par hasard en une grande fête et compagnie de ville, nous nous trouvâmes si pris, si connus, si obligés entre nous, que rien dès lors ne nous fut si proche que l'un à l'autre[3]. »

En réalité, l'amitié, le plus souvent, se construit, progresse par étapes, actes de volonté. Dans son célébrissime *Petit Prince*, Antoine de Saint-Exupéry le montre bien.

On connaît l'histoire : sur sa minuscule planète, le petit prince n'avait qu'une compagnie, une rose. Il la considérait comme un trésor merveilleux, un miracle unique, puisqu'il n'avait jamais pu la comparer à quoi que ce soit d'autre. Voilà qu'il traverse l'espace et, après diverses péripéties, aborde la terre où il découvre un champ merveilleux où s'épanouissent cinq mille roses. Catastrophe ! Tout son monde est ébranlé, toutes ses certitudes s'effondrent puisque sa rose n'est pas la seule. Alors, par chance, apparaît le renard. « Viens jouer avec moi, dit le petit prince, je suis tellement triste. » Mais le renard refuse : il ne peut pas, il n'est pas apprivoisé. Étonnement du petit prince : que veut dire ce mot ?

– C'est une chose trop oubliée, dit le renard. Ça signifie « créer des liens... ».

– Créer des liens...

– Bien sûr, dit le renard. Tu n'es encore pour moi qu'un petit garçon tout semblable à cent mille petits garçons. Et je n'ai pas besoin de toi. Et tu n'as pas besoin de moi non plus. Je ne suis pour toi qu'un renard semblable à cent mille renards. Mais, si tu m'apprivoises, nous aurons besoin l'un de l'autre. Tu seras pour moi unique au monde. Je serai pour toi unique au monde...

– Je commence à comprendre, dit le petit prince. Il y a une fleur... je crois qu'elle m'a apprivoisé...

– On ne connaît que les choses que l'on apprivoise, dit le renard. Les hommes n'ont plus le temps de rien connaître. Ils achètent des choses toutes faites chez les marchands. Mais comme il n'existe point de marchands d'amis, les hommes n'ont plus d'amis. Si tu veux un ami, apprivoise-moi !

– Que faut-il faire ? dit le petit prince.

– Il faut être très patient, répondit le renard. Tu t'assoiras d'abord un peu loin de moi, comme ça, dans l'herbe. Je te regarderai du coin de l'œil et tu ne diras rien. Le langage est source de malentendus. Mais, chaque jour, tu pourras t'asseoir un peu plus près...

Le lendemain revint le petit prince.

– Il eût mieux valu revenir à la même heure, dit le renard. Si tu viens, par exemple, à quatre heures de l'après-midi, dès trois heures je commencerai d'être heureux. Plus l'heure avancera, plus je me sentirai heureux. À quatre heures, déjà, je m'agiterai et m'inquiéterai ; je découvrirai le prix du bonheur ! Mais si tu viens n'importe quand, je ne saurai jamais à quelle heure m'habiller le cœur... Il faut des rites.

– Qu'est-ce qu'un rite ? dit le petit prince.

– C'est aussi quelque chose de trop oublié, dit le renard. C'est ce qui fait qu'un jour est différent des autres jours, une heure, des autres heures. Il y a un rite, par exemple, chez mes chasseurs. Ils dansent le jeudi avec les filles du village. Alors le jeudi est un jour merveilleux. Je vais me promener jusqu'à la vigne. Si les chasseurs dansaient n'importe quand, les jours se ressembleraient tous, et je n'aurais point de vacances[4].

Le petit prince et le renard, ainsi, s'apprivoisent.

Ils devront pourtant se séparer. Mais le renard demande à son nouvel ami d'aller auparavant retrouver les cinq mille roses.

Le petit prince s'en fut revoir les roses.

– Vous n'êtes pas du tout semblables à ma rose. Vous n'êtes rien encore, leur dit-il. Personne ne vous a apprivoisées et vous n'avez apprivoisé personne. Vous êtes comme était mon renard. Ce n'était qu'un renard semblable à cent mille autres. Mais j'en ai fait mon ami, il est maintenant unique au monde.

Et les roses étaient bien gênées.

– Vous êtes belles, mais vous êtes vides, leur dit-il encore. On ne peut pas mourir pour vous. Bien sûr, ma rose à moi, un passant ordinaire croirait qu'elle vous ressemble. Mais à elle seule elle est plus importante que vous toutes, puisque c'est elle que j'ai arrosée. Puisque c'est elle que j'ai mise sous globe. Puisque c'est elle que j'ai abritée par le paravent. Puisque c'est elle dont j'ai tué les chenilles (sauf les deux ou trois pour les papillons). Puisque c'est elle que j'ai écouté se plaindre, ou se vanter, ou même quelquefois se taire. Puisque c'est ma rose.

Et il revint vers le renard :

– Adieu, dit-il...

– Adieu, dit le renard. Voici mon secret. Il est tout simple : on ne voit bien qu'avec le cœur. L'essentiel est invisible pour les yeux.

– L'essentiel est invisible pour les yeux, répéta le petit prince, afin de se souvenir.

– C'est le temps que tu as perdu pour ta rose qui rend ta rose importante.

– C'est le temps que j'ai perdu pour ma rose..., dit le petit prince, afin de se souvenir[5].

Cette belle histoire est riche d'enseignements. Le renard montre au petit prince que sa rose est unique non en raison de sa beauté, mais du lien qui les lie l'un à l'autre. C'est le cœur qui confère à l'autre sa valeur. Le petit prince avait connu sa rose par hasard – comme Montaigne a rencontré La Boétie par hasard – et il avait dû d'abord supporter ses humeurs et sa susceptibilité, tout en admirant sa beauté. Entre eux s'était créé un lien de confiance et de familiarité. Ce que le renard apprend au petit prince en lui demandant de s'asseoir assez loin de lui puis de s'approcher, jour après jour, c'est que l'amitié est le produit d'un apprentissage progressif, d'une découverte par étapes, d'une confiance qui s'établit peu à peu. Alors, on ne considère plus l'autre comme un de ces chasseurs dont l'existence est le souci permanent du renard (sauf le jeudi !) : on se fie à lui. Alors existe l'amitié véritable, la plus belle peut-être des vertus.

Le romancier Louis Nucera raconte une histoire qui m'a beaucoup touché. Celle d'un homme qui eut un jour besoin d'argent. Un de ses amis, l'ayant deviné, le lui prêta. L'emprunteur commença d'écrire une reconnaissance de dette. « Pas la peine, dit l'autre, j'ai confiance en toi. » L'emprunteur remercia, fit valoir pourtant qu'un papier était nécessaire : « S'il m'arrivait malheur. » L'ami lui coupa la parole : « Tu crois que s'il t'arrivait malheur, c'est l'argent que je regretterais ? » Cet ami s'appelait Georges Brassens.

L'amitié rend fort. Mathieu Lindon raconte l'histoire d'un joueur de tennis vieillissant, malade du Sida, Kylh, qui fait un jour la connaissance d'un jeune débutant, Ximon. Ximon ne manque pas d'ambition. Il veut devenir le numéro un du tennis mondial. Et il demande à Kylh de lui apprendre, de l'entraîner. Kylh accepte. Il l'entraîne. Ximon progresse. Et leur amitié progresse, devient l'arme principale du jeune professionnel. Il approche du but, il n'a plus qu'un tournoi à gagner, celui de Wimbledon. Et le jour de la finale, Kylh meurt.

Ximon l'emporte. Le voilà sacré champion :

> Sur l'espace pourtant restreint du court maintenant en partie recouvert d'un tapis rouge, Ximon, tout nouveau champion de Wimbledon, est happé par les officiels, des journalistes que, eu égard à l'extraordinaire de la situation, on a exceptionnellement laissés entrer dans l'espace réservé. Normalement, Wimbledon est le seul tournoi du grand chelem dont le vainqueur ne s'exprime pas en direct au micro, mais semble-t-il qu'il y a un changement cette année. La

coïncidence de sa victoire et de la mort de son mentor le même jour suscite des questions, on l'incite au romanesque. Ximon, de son côté, tente la plus grande sobriété et l'atteint d'autant mieux qu'il ne parvient pas à articuler un mot. Est-ce parce qu'ils se bousculent en lui qu'aucun n'est à la hauteur de ce qu'il devrait exprimer ?

– À qui dédiez-vous ce titre ?

– Est-ce un hommage à Kylh ?

– Croyez-vous que Kylh soit heureux ?

– L'avez-vous fait pour lui ?

Les questions sont ininterrompues, plus inutiles les unes que les autres, d'où qu'elles proviennent, télévision, radio, presse écrite, duc et duchesse de Kent, les deux membres de la famille royale qui traditionnellement remettent le trophée après avoir offert quelques phrases à quelques ramasseurs ou ramasseuses de balles, les gens qui grenouillent autour de lui ne se présentent même pas, s'estiment délivrés de toute règle de politesse mais en droit d'obtenir une réponse.

Ximon ignore quoi dire. Il est là, suant en short devant tous ces inconnus, tout en blanc, vainqueur en grand deuil. Il n'essuie même pas les gouttes qui lui coulent des cheveux sur le visage, qu'il sent le long de son corps. Il serait heureux de faire comprendre ce que Kylh lui a apporté, quelle vie lui est devenue possible grâce au mort, quelles victoires. Il est plus de sept heures du soir et le soleil tape encore. Il lui semble qu'adorer Kylh est la chose la plus importante de l'existence, pour chaque habitant de la planète, il voudrait diffuser cette information, en faire la publicité, afin que les malheureux qui n'ont jamais connu cet amour se voient offrir une seconde chance d'intégrer l'univers qui leur a échappé jusqu'à présent. Il est toujours en nage, et tout le public comme lui. Il sent que son silence gêne, s'en veut. Le stade est une fournaise.

– Il me tenait chaud, dit-il enfin, héraut de son maître adoptif, champion de son propre monde[6].

« Il me tenait chaud. » L'amitié tient chaud.

Geneviève Jurgensen, écrivain et journaliste, a perdu dans un accident de voiture ses deux petites filles, victimes d'un chauffard. Une épouvantable tragédie. Des années plus tard, elle écrira[7] :

> Tu sais, c'est utile, un ami, une amie d'enfance. Une sœur, un frère. Ou des gens plus lointains qui, tremblant d'échouer, sentent qu'ils ont malgré tout un rôle à jouer. Dans les couloirs, chuchotant, ils étaient tous là, cherchant la meilleure idée.
>
> [...]
>
> Les lettres de condoléances. Si un de tes amis perd quelqu'un, écris-lui une lettre d'amour. Il en faut, des lettres, pour que la journée, la soirée passent quand même. On ouvre, on lit, on cherche dans les lignes le mot juste, on le trouve toujours. Si lointain que soit l'auteur de la lettre, il est là, vigilant, il t'aide à regarder la vie, il te dit qu'il sait, qu'il pense, qu'il garde, qu'il garantit. Les lettres cimentent les briques que posent les survivants. Écris, écris, écris. Ne rate pas une occasion de le faire. Si tu as le choix entre écrire et ne pas écrire, choisis toujours d'écrire. Aucune lettre n'est déplacée. Nous en avons reçu de gens qui avaient entendu parler de nous par des amis communs, des gens que nous n'avions jamais vus. Tout est utile. Nous sommes, chacun d'entre nous, utiles à tous. J'ai gardé tout ce courrier et bien sûr ne l'ai jamais relu. J'ai oublié les mots. Des efforts surhumains pour nous rejoindre dans la pauvreté du langage sont enfermés dans de grandes enveloppes à soufflets. Efforts fournis en vain ? Bien sûr que non. Tu m'aurais vue, guettant le courrier, ouvrant les enve-

loppes, lisant fébrilement, commentant, rangeant. Rêvant ensuite à ce qui m'avait été écrit. Y prêtant toute ma détresse. Les lettres pavaient le chemin entre mes filles et moi.

« Ils t'aident à regarder la vie », dit Geneviève Jurgensen. Ce qui me ramène à deux chansons que j'aime beaucoup. La première, très connue, est de Jacques Brel :

Non Jef t'es pas tout seul
Mais arrête de pleurer
Comme ça devant tout le monde
Parce qu'une demi-vieille
Parce qu'une fausse blonde
T'a relaissé tomber
Non Jef t'es pas tout seul
Mais tu sais que tu me fais honte
À sangloter comme ça
Bêtement devant tout le monde
Parce qu'une trois quarts putain
T'a claqué dans les mains
Non Jef t'es pas tout seul
Mais tu fais honte à voir
Les gens se paient notre tête
Foutons le camp de ce trottoir
Allez viens Jef viens viens

Refrain

Viens il me reste trois sous
On va aller se les boire
Chez la mère Françoise
Viens il me reste trois sous
Et si c'est pas assez
Ben il me restera l'ardoise

Puis on ira manger
Des moules et puis des frites
Des frites et puis des moules
Et du vin de Moselle
Et si t'es encore triste
On ira voir les filles
Chez la madame Andrée
Paraît qu'y en a de nouvelles
On rechantera comme avant
On sera bien tous les deux
Comme quand on était jeunes
Comme quand c'était le temps
Que j'avais de l'argent[8].

Viens ! C'est la main de l'ami qui se tend vers l'ami.

Viens ! C'est ce que dit aussi une autre chanson, de Michel Rivgauche (sur une musique de Charles Dumont) qui fut un grand succès d'Édith Piaf.

Quelle chance que t'as
D'avoir, Lucien,
Un vieux copain
Comme moi
Tu peux t'vanter
Lorsque j'y pense
D'avoir d'la chance
Tu sais !
Mais tu n'dis rien
Tu m'laisses parler
J'te connais bien
Tu m'fais marcher
Moi ça m'fait rien

Tu peux y aller
Mais maintenant, ça va
Et dis-moi pourquoi
Tu fais cette tête-là
Comme ça
Mais... Regarde-moi...
T'as les yeux gonflés
Je t'ai réveillé ?
Ah non ! T'écrivais à ta bien-aimée...
Qu'est-ce que tu caches là ?
Là... dans ton tiroir...
Eh ben quoi, fais voir !
Tu voulais m'faire peur ? !...
Ah... Ha ! C'que t'es blagueur !

[...]

Quelle chance que t'as
C'est pas pour dire
Que j'aime bien rire
Crois-moi !
Un autre que moi
Aurait marché
À ton ciné
Pas moi !
Allez, au revoir
À tout à l'heure
T'en fais une tête, sacré farceur !
Ah non ! Bien sûr que j'ai pas peur !
Toi y a pas d'danger
De te voir un jour
Souffrir et mourir
D'amour[9]...

« Moi j'te connais mieux que personne. » L'amitié ouvre le cœur à l'autre cœur. Certes, l'ami de Lucien feint de se laisser prendre au jeu : « Un autre que moi aurait marché. » Mais c'est pour le sauver. Parce qu'il le connaît.

J'avais annoncé deux chansons. Mais j'en ajoute une troisième, « L'enterrement de Cornélius », un succès de Gilbert Bécaud sur des paroles de Pierre Delanoë.

> On était deux cents à l'enterr'ment de Cornélius
> N'en manquait pas un des vieux copains de Cornélius
> Habillés de blanc pour l'enterr'ment de Cornélius
> [...]
> Et l'on est reparti sur le chemin
> Plein de pierres, de trous, plein de chagrin
> Qui revenait du cimetière
> Oh Oh du cimetière
> La veuve qui ne pouvait plus marcher
> Est r'descendue dans le char du laitier
> Et nous on a continué de jouer
> Et de boire sans nous arrêter
> On a bu, on a bu toute la nuit
> Dans la maison de la veuve endormie
> Tant et si bien qu'au lever de l'aurore
> Cornélius pour nous n'était pas mort [10].

Il n'était plus mort ! L'amitié n'aide pas seulement à vivre. Mais aussi (dans une certaine mesure tout de même) à survivre.

7

Le courage

Le courage a toujours été célébré, et il a été célébré partout. S'il est une qualité, une vertu indiscutée, c'est bien celle-là. Pourtant, elle n'est qu'un instrument, un moyen. On peut se montrer courageux, brave, pour faire le mal autant que pour faire le bien. Et le courage extrême peut aussi se révéler une folie extrême.

Kant a bien montré qu'il existe des degrés, une sorte d'échelle de valeurs du courage : « Celui qui n'a pas peur est *vaillant* ; celui qui, réfléchissant au danger, ne faiblit pas, a du *cœur* ; celui dont la vaillance se *maintient* au milieu des dangers, est *courageux*. L'homme de peu de réflexion qui se risque dans des dangers qu'il ne connaît pas est un *casse-cou*. Celui qui prend de tels risques tout en les connaissant est *hardi*. Celui qui s'expose aux plus grands dangers, alors que le but est véritablement hors d'atteinte, est *téméraire*[1]. »

Pourquoi le courage jouit-il d'une telle renommée ? Pour deux raisons surtout, me semble-t-il. D'abord parce que le courageux accepte un risque, un certain sacrifice de soi, au service d'une cause, d'un pays, des autres.

Le courageux est-il donc un altruiste ? Il faut distinguer.

Le lâche est égoïste, toujours. Voilà une certitude. Mais l'inverse n'est pas obligatoirement vrai : le courageux peut être égoïste aussi, parfois : un cambrioleur montre, dans certains cas, du courage ; mais c'est dans son seul intérêt qu'il agit.

La deuxième raison tient à la tradition batailleuse, guerrière de l'humanité. Bien des mythes, des légendes et des récits, dont l'origine se perd dans la nuit des temps, exaltent le courage des combattants. Ouvrez un dictionnaire au mot « épopée ». Vous trouverez cette définition : « Récit d'aventures héroïques ». Vous vous reporterez donc à « héroïsme ». Qui est ainsi défini : « Courage supérieur à la moyenne ». Et le premier exemple cité est l'*Iliade*, le texte d'Homère. Qui raconte une guerre. Tant que les hommes se battront, ils exalteront le courage. En oubliant parfois qu'il est d'autres formes de courage : celui du travailleur de force, comme le mineur ; du pilote d'essai ; de la mère de famille qui peine à élever ses petits ; des jeunes déterminés à apprendre, à élargir leurs connaissances. Et ainsi de suite.

Faut-il, parce qu'on l'a trop exalté avec des mots pompeux, mépriser le courage des guerriers ? Certes non.

J'ai toujours admiré celui des soldats qui, le 6 juin 1944, se jetèrent sur les plages de Normandie battues par les mitrailleuses et les mortiers allemands. Ou ceux qui, dans l'holocauste de Verdun, luttèrent jusqu'à la mort. Cette guerre était sotte, imbécile, folle, n'avait pas de vraie justification ? C'était un suicide de l'Europe ? Certes. Mais ils étaient courageux, les « poilus » de 1914-1918. Enfin : la plupart d'entre eux. Ceux de Verdun par exemple.

L'historien Pierre Miquel en cite de nombreux exemples[2]. Celui-ci, entre autres. C'est au matin du 10 mars 1916. Les Allemands attaquent une fois encore. Parmi ceux qui défendent Verdun ce jour-là, un régiment, le 9e de tirailleurs algériens. Pierre Miquel raconte : « Le bombardement n'avait pas cessé. La section du sergent-mitrailleur Albobois, venue d'Alger, avait entièrement péri, volatilisée par un obus. Un capitaine avait refusé d'être évacué : “Prends ta mitrailleuse, avait-il dit à un sergent qui voulait le secourir, elle est plus précieuse que moi maintenant”. »

Voilà exactement ce qu'est le sacrifice de sa vie.

Il faut admirer. Tout comme il faut saluer le courage des soldats du 409e régiment, engagé dans la même bataille. « Les cas de folie » devenaient fréquents, explique Pierre Miquel. Mais il ajoute : « Les soldats du capitaine Groscolas supportaient parfaitement qu'il leur dise, dans une tranchée située près de la ferme de Dicourt : “Vous savez que nous sommes sacrifiés ? Nous devons nous faire tuer sur place. Mais il est défendu de reculer. Tâchons de vendre chèrement notre peau”. »

Saluons. Mais essayons de comprendre. Car ce n'est pas si simple. Un peu plus loin, Pierre Miquel explique : « Au 409, quand la dernière attaque allemande de la journée est repoussée, on compte plus de mille morts, dont vingt-six gradés. Les survivants, rendus fous par la victoire, chantent « la Marseillaise ». Le corps à corps prolongé, les attaques et contre-attaques de tranchées et de points d'appui, développent chez les hommes une sorte d'ivresse dans les moments d'exaltation, qui suit et précède de longues périodes de désespoir, de silence et d'angoisse. »

Retenons les mots ivresse, exaltation, désespoir et angoisse. Il y en a d'autres, qui forment un bouquet que l'on peut appeler courage. Toujours dans le même livre, un nouvel épisode de la même bataille. À nouveau, les Allemands – parfois appelés *Feldgrau* – attaquent, dans le bois des Caures : « Les hommes perdus dans les trous d'obus, entendant le tic-tac d'une mitrailleuse française, prennent leurs fusils et tirent sur les groupes de Feldgrau. Réflexe de désespoir, très souvent individuel. La haine, après l'épreuve subie. Le désir de montrer qu'on ne vient pas si facilement à bout de la vie d'un homme, même en employant les moyens monstrueux pour les détruire par centaines de milliers. Le coup de feu du mineur du Nord habillé en chasseur à pied du bois des Caures est protestataire : il en veut au monde entier d'être seul et abandonné dans cet enfer. »

La protestation, l'orgueil, la haine, la solitude. L'un des héros de Verdun, Jacques Péricard, compose alors cette prière : « Notre Père qui êtes aux cieux, élargissez mon cœur afin qu'il puisse contenir plus de haine. » Jésus avait dit : « Aimez vos ennemis »... Pas simple. Le combat déshumanise peut-être. Ou sûrement. Erich Maria Remarque, romancier allemand, qui était l'ennemi justement, a écrit de son côté : « C'est l'instinct de la bête qui s'éveille en nous, qui nous guide et nous protège[3]. »

Une autre description de l'état d'esprit du combattant est donnée par l'Américain Tim O'Brien dans son roman-récit *À propos de courage.* Il décrit les sentiments de jeunes soldats jetés dans un conflit sanglant, sournois et sans merci, celui du Viêt-nam dans les années soixante-dix :

> Ils portaient en commun le secret d'une lâcheté à peine retenue, l'instinct de s'enfuir ou de se figer sur place ou de

se cacher, et d'une certaine manière c'était le plus lourd des fardeaux, parce qu'on ne pouvait jamais le poser à terre du fait qu'il exigeait un équilibre parfait et une posture parfaite. Ils portaient leur réputation. Ils portaient la plus grande peur du soldat, qui est la peur de rougir. Ces hommes tuaient, et mouraient, parce qu'ils auraient été gênés de ne pas le faire. C'est ce qui les avait initialement conduits en premier lieu à la guerre, rien de positif, pas de rêve de gloire ou d'honneur, seulement éviter la honte du déshonneur. Ils mouraient pour ne pas mourir de honte. Ils rampaient dans des tunnels, marchaient droit, avançaient sous le feu. Chaque matin, en dépit de l'inconnu, ils faisaient avancer leurs jambes. Ils résistaient. Ils continuaient à se coltiner. Ils ne se soumettaient pas à la seule autre option possible, qui était simplement de fermer les yeux et de se laisser tomber. Trop facile, vraiment. S'avachir, se laisser tomber par terre, laisser ses muscles se détendre, ne plus parler et ne plus bouger jusqu'à ce que les copains vous ramassent et vous hissent dans l'hélico qui commencerait à rugir, puis à piquer du nez, et vous emporterait vers le monde civilisé. Il aurait suffi de tomber, mais personne ne tombait jamais. Ce n'était pas du courage à proprement parler ; leur but n'était pas l'héroïsme. Ils avaient seulement trop peur pour être des lâches.

En général ils portaient toutes ces choses à l'intérieur d'eux-mêmes en maintenant sur leur visage le masque du sang-froid. Ils rigolaient de l'infirmerie. Ils parlaient durement des gars qui s'étaient fait réformer en se tirant une balle dans un doigt ou dans un orteil. Ce sont des mauviettes, disaient-ils. Des poules mouillées. C'était dit d'un ton féroce et moqueur, avec seulement un soupçon d'envie ou de crainte[4]. »

Le courage n'exclut pas la peur. Le vrai courage s'unit à la peur, mais la dompte, la dépasse. Ce fut, dans les pays occupés par l'Allemagne nazie, celui des Résistants. Tous volontaires bien sûr. Qui prenaient tous les risques. Et qui se privaient pour aider les autres. Sans en attendre médailles et décorations. Ce fut parfois le contraire qui arriva. Bernard Clavel évoque ainsi le souvenir de son oncle, officier dans la Légion, « képi blanc », donc, durant la Première Guerre mondiale, et qui, pendant l'Occupation, était adjoint au maire de sa commune :

> Un jour, au plus noir de l'Occupation, j'arrive chez lui durant son absence. Une femme que je ne connaissais pas se présente, à qui ma tante donne quelques cartes d'identité et une pile énorme de tickets d'alimentation.
>
> C'était le temps où nous crevions littéralement de faim. Cette femme partie, je dis à ma tante : « Au moins, chez toi, on va pouvoir casser la graine. » Comme ma tante semblait ne pas avoir compris, je lui parle des cartes, sa réponse est restée en moi mot pour mot : « Mon petit, tu n'auras ici que ta ration. Si ton oncle a finalement accepté de rester adjoint au maire sous un gouvernement dont il désapprouve la politique, c'est uniquement parce qu'il peut procurer des papiers aux Juifs et aux résistants, qu'il rapporte des piles de cartes d'alimentation pour la Résistance, c'est son devoir, si nous prélevions dix grammes de pain pour nous, ce serait un vol. »
>
> Durant toute l'occupation nazie, mon oncle a vécu avec la faim au ventre et risqué chaque jour la déportation en fabriquant des faux papiers et en transportant pour d'autres des tickets auxquels il n'a jamais touché ni pour lui, ni pour sa femme, ni pour moi. Et pourtant, désespéré de me voir le ventre creux, il s'est souvent privé pour moi.
>
> Le jour où les Allemands ont quitté la ville, il s'est rendu à la mairie comme d'habitude. Les premiers FTP qui sont

arrivés l'ont arrêté, insulté et menacé de mort. Il n'a pas bronché. Un de leurs chefs est accouru qui a relâché cet homme avec des excuses. C'était en liaison avec lui qu'il avait travaillé durant toute la guerre. Le lendemain, on venait chercher l'ancien képi blanc pour qu'il prenne la mairie en main. Très digne, il a répondu : « J'ai fait mon travail tant que personne d'autre n'était là pour le faire. Je suis vieux. Je suis fatigué. Laissez-moi mourir en paix[5]. »

Voilà. J'ai beaucoup évoqué le courage guerrier avec ses lumières et ses ombres. Mais comment ne pas citer ici ce que disait en 1959 le général Eisenhower, qui avait commandé les armées alliées dans les batailles de la Libération et de la Victoire : « Si les peuples libres ne sont pas capables, pour la guerre à la misère de demander à leur jeunesse autant d'héroïsme qu'ils lui en ont demandé pour la guerre à la tyrannie, ce n'est pas la peine de demander à cette jeunesse de donner son sang, car alors la liberté victorieuse n'est déjà plus qu'un cadavre. »

Apparemment, il n'a pas été beaucoup entendu.

Je voudrais maintenant souligner une autre forme de courage. Avec un extrait de *Poil de Carotte*. Le petit héros du romancier Jules Renard, ainsi surnommé en raison de la couleur de ses cheveux bien sûr, vivait un véritable calvaire dans une famille où personne ne l'aimait :

– Je parie, dit Mme Lepic, qu'Honorine a encore oublié de fermer les poules.

C'est vrai. On peut s'en assurer par la fenêtre. Là-bas, tout au fond de la grande cour, le petit toit aux poules découpe, dans la nuit, le carré noir de sa porte ouverte.

– Félix, si tu allais les fermer ? dit Mme Lepic à l'aîné de ses trois enfants.

– Je ne suis pas ici pour m'occuper des poules, dit Félix, garçon pâle, indolent et poltron.

– Et toi, Ernestine ?

– Oh ! moi, maman, j'aurais trop peur !

Grand frère Félix et sœur Ernestine lèvent à peine la tête pour répondre. Ils lisent, très intéressés, les coudes sur la table, presque front contre front.

– Dieu, que je suis bête ! dit Mme Lepic. Je n'y pensais plus. Poil de Carotte, va fermer les poules !

Elle donne ce petit nom d'amour à son dernier-né, parce qu'il a les cheveux roux et la peau tachée. Poil de Carotte, qui joue à rien sous la table, se dresse et dit avec timidité :

– Mais, maman, j'ai peur aussi, moi.

– Comment ? répond madame Lepic, un grand gars comme toi ! C'est pour rire. Dépêchez-vous, s'il te plaît !

– On le connaît ; il est hardi comme un bouc, dit sa sœur Ernestine.

– Il ne craint rien ni personne, dit Félix, son grand frère.

Ces compliments enorgueillissent Poil de Carotte, et, honteux d'en être indigne, il lutte déjà contre sa couardise. Pour l'encourager définitivement, sa mère lui promet une gifle.

– Au moins, éclairez-moi, dit-il.

Mme Lepic hausse les épaules, Félix sourit avec mépris. Seule pitoyable, Ernestine prend une bougie et accompagne son petit frère jusqu'au bout du corridor.

– Je t'attendrai là, dit-elle.

Mais elle s'enfuit tout de suite, terrifiée, parce qu'un fort coup de vent fait vaciller la lumière et l'éteint.

Poil de Carotte, les fesses collées, les talons plantés, se met à trembler dans les ténèbres. Elles sont si épaisses qu'il se croit aveugle. Parfois une rafale l'enveloppe, comme un drap glacé, pour l'emporter. Des renards, des loups même, ne lui soufflent-ils pas dans ses doigts, sur sa joue ? Le mieux est de se précipiter, au juger, vers les poules, la tête en avant, afin de trouer l'ombre. Tâtonnant, il saisit le crochet de la porte. Au bruit de ses pas, les poules effarées s'agitent en gloussant sur leur perchoir. Poil de Carotte leur crie :

– Taisez-vous donc, c'est moi !

ferme la porte et se sauve, les jambes, les bras comme ailés. Quand il rentre, haletant, fier de lui, dans la chaleur et la lumière, il lui semble qu'il échange des loques pesantes de boue et de pluie contre un vêtement neuf et léger. Il sourit, se tient droit, dans son orgueil, attend les félicitations, et maintenant hors de danger, cherche sur le visage de ses parents la trace des inquiétudes qu'ils ont eues.

Mais grand frère Félix et sœur Ernestine continuent tranquillement leur lecture, et Mme Lepic lui dit, de sa voix naturelle :

– Poil de Carotte, tu iras fermer tous les soirs[6].

La vertu n'est pas toujours récompensée.

Elle ne le fut sûrement pas, hélas, pour l'auteur du très beau texte que voici et qui manifesta un courage tranquille, un héroïsme pudique :

À partir de demain
je serai triste.
À partir de demain –
pas aujourd'hui.
Aujourd'hui, je serai gaie,
et chaque jour,

quelle qu'en soit la dureté,
je répéterai :
À partir de demain, je serai triste,
pas aujourd'hui.

Ce texte a été écrit pendant la Deuxième Guerre mondiale par une inconnue, une jeune déportée juive, dans un camp de concentration.

8

La création du beau

VOILÀ une vertu souvent oubliée !

Elle est pourtant essentielle. Imaginez un monde sans beauté, sans harmonie, sans lumière, un monde barbare, écrasant. Nous ne pourrions simplement pas vivre.

Vous direz que la nature existe, qu'elle est belle, le plus souvent. C'est vrai. À condition de savoir la voir. Rien de plus triste que de passer à côté de la beauté sans la voir. Quel gâchis !

Il existe une autre condition : que l'homme n'enlaidisse pas la nature. Ce qu'il fait trop souvent. Tenez, voilà une autre vertu : respecter la nature, la beauté de la nature. « La laideur est un accident », a dit je ne sais plus qui. Dans la nature peut-être. Mais trop d'hommes font de la laideur autre chose qu'un accident : un projet, une opération. Ils construisent de la laideur.

Et s'ils créaient de la beauté ?

Vous direz que ce qui est beau pour l'un ne l'est pas pour l'autre. C'est un peu vrai. Nous n'avons pas les mêmes goûts. Mais la beauté totale existe, nous rassemble tous. La laideur absolue nous repousse tous, fait détourner les têtes.

Vous direz qu'il n'est pas possible à tous de créer de la

beauté. Mais si. Créer de la beauté est à la portée de tous. En rassemblant un bouquet de fleurs des champs, en chantant, en souriant, en soignant sa tenue.

Ne moquons pas les femmes qui se font belles, les hommes qui se font beaux. « Se faire beau », c'est sans doute se faire plaisir, c'est aussi respecter l'autre, les autres. Or, chacun peut le faire.

Albert Cohen, dans un livre déchirant, un vrai chant d'amour pour sa mère, a su voir en elle une beauté : « Elle était déjà vieille en ce temps-là, petite, écrit-il, et de quelque embonpoint. Mais ses yeux étaient magnifiques et ses mains étaient mignonnes et j'aimais baiser ses mains [1]. »

Chacun peut-il créer de la beauté, c'est-à-dire sortir la beauté de la matière, en jouant avec les couleurs, en modelant la terre, le bois ou le métal, en faisant vibrer des sons ? Les Indiens d'Amazonie réalisent de véritables œuvres d'art avec les plumes des oiseaux de leurs forêts. Les Africains aussi en taillant le bois. J'aime beaucoup l'histoire des ateliers de créativité installés par un psychologue, René Laforestrie, dans un hôpital d'Ivry-sur-Seine. Il avait demandé à des artistes « professionnels » d'installer leur atelier dans le pavillon des personnes âgées. Des hommes et des femmes qui n'avaient jamais tenu un pinceau de leur vie, ni un burin de sculpteur, qui ne s'étaient jamais trouvés devant une toile blanche à faire vivre, ni un tas de pierre. Qui ont tourné autour des « pros ». Qui les ont interrogés. Et qui se sont mis à l'œuvre, à leur tour. Voici ce que raconte le sculpteur Roger Pérot, l'un de ceux qui tentèrent l'aventure :

> Dans l'atelier, nous parlions de tout, en évitant le plus possible les circonstances qui les avaient amenés dans ces

lieux. Nous parlions principalement d'art, je leur faisais découvrir la sculpture, ma vie d'artiste, ma passion, mes recherches, je leur faisais partager mes incertitudes et participer à mes réussites, je les intégrais à ma création pour qu'ils deviennent les amis sur lesquels on compte pour avoir un regard extérieur. À partir de ce moment-là, il ne restait qu'un pas à franchir : qu'ils s'assoient et qu'ils osent prendre de la terre pour commencer à faire quelque chose qui vienne d'eux-mêmes. Je leur expliquais qu'ils n'avaient rien à perdre d'entreprendre une démarche qui leur était jusqu'ici étrangère : qu'ils risquaient seulement, comme moi, de prendre du plaisir à créer.

J'ai vu fleurir dans cet atelier des vocations, bien que tardives, d'un tel contenu artistique, d'une telle vérité, d'une telle authenticité que, certaines fois, j'aurais aimé avoir dans mes créations la même fraîcheur d'esprit. J'aurais aimé créer comme eux sans repentir, sans appréhension, en menant la création d'un bout à l'autre de l'œuvre sans reprendre haleine, sans le souci de se tromper. Je leur avais dit : « Vous avez tout à gagner en vous faisant plaisir ; ils m'avaient pris au mot et me le démontraient chaque jour[2].

Vous l'aurez sans doute remarqué : l'artiste, ici, parle à la fois du plaisir et des incertitudes de celui qui crée. Même pour lui, la belle œuvre est toujours le fruit d'un effort. Surtout quand elle bouleverse la réalité, transforme le laid, voire l'effrayant. Il existe un tableau de Rembrandt qui présente un bœuf écorché, un autre montre des médecins tout de noir vêtus qui charcutent un cadavre pour apprendre à leurs étudiants comment s'articulent les os et s'attachent les muscles. Le premier s'appelle, naturellement, *Le Bœuf écorché*, l'autre *La Leçon d'anatomie*. Ils figurent parmi les plus beaux tableaux du monde. Parce qu'ils transfigurent la réalité, vont au-delà de la réalité. Parce qu'ils y ajoutent quelque chose. Quoi ?

C'est ce qu'explique très bien Géo Norge, un auteur belge un peu oublié, dans une sorte de poème en prose consacré à la mer : « Il est difficile de peindre la mer, mais il est simple de peindre des vagues. Toutes les couleurs conviennent, elles sont toujours justes, car il existe des vagues de toutes les couleurs. Voilà pourquoi l'artiste dessine beaucoup de vagues, puis il étend des jaunes, des bleus, des verts, des gris, des bruns même. Enfin, il peint le sentiment. C'est le plus important pour la mer[3]. »

Rainer Maria Rilke disait que la beauté créée était « le résultat d'un danger couru, d'une expérience conduite jusqu'au bout[4] ». Et il décrivait le travail de Cézanne, reprenant inlassablement les tableaux de la montagne Sainte-Victoire, en Provence : « Le lendemain, il n'en reprenait pas moins le combat ; il se levait tous les matins à six heures, traversait la ville pour gagner son atelier où il restait jusqu'à dix heures ; puis il revenait par le même chemin pour déjeuner, mangeait, repartait ; souvent à une demi-heure de route dans une vallée au fond de laquelle la montagne Sainte-Victoire se dressait, indescriptiblement, tâche innombrable. Il restait là, des heures, occupé à trouver et à intégrer au tableau les "plans". »

Créer de la beauté est un travail. Exaltant certes, mais un travail. C'est aussi ce que dit, à sa manière, Jacques Prévert :

Beauté
qui pourrait inventer
un nom plus beau

plus calme
plus indéniable
plus mouvementé
Beauté
Souvent j'emploie ton nom
et je travaille à ta publicité
je ne suis pas le patron
Beauté
je suis ton employé[5].

Encore faut-il savoir entendre, lire, voir la beauté. Répondre au poème, au morceau de musique, au tableau. Admirer, ce qui nous élève, en nous faisant accéder à la grandeur de ce que nous voyons. Savoir accueillir le beau. Et pas seulement dans les musées, les salles de concert, les riantes vallées ou les sous-bois dorés. Des maisons aux proportions harmonieuses, une table de bois polie par les années, l'enseigne d'une boutique, l'élégance d'une vitrine, la matière d'un mur. La beauté se niche partout. Parfois fugitive, mais partout. Terminons donc avec ce poème de l'évêque brésilien Dom Helder Camara :

En les roses et la jeunesse
il nous est agréable de saluer
l'instant fugitif
où la beauté
marche sur la terre des hommes
pour retourner ensuite
à sa maison d'éternité[6].

9

La désobéissance

L'OBÉISSANCE est certainement une vertu : chacun de nous l'a appris dans sa jeunesse, certains moins que d'autres il est vrai, et aujourd'hui moins qu'hier semble-t-il.

Mais la désobéissance peut être une vertu également : quand l'ordre reçu est contraire à l'honneur, à la morale, au bien des autres et de la société.

Il existe dans l'Histoire de la France un exemple célèbre de désobéissance : celui du général de Gaulle qui, le 18 juin 1940, contrevenant aux ordres de ses chefs, partisans déterminés de la signature d'un armistice avec Hitler, décida de continuer la lutte et appela les Français à faire comme lui. Ce qu'il expliquera ainsi, le 27 octobre suivant, dans un texte appelé le « Manifeste de Brazzaville » : « Dans son état de servitude, cet organisme [le gouvernement du maréchal Pétain à Vichy] ne peut être, et n'est en effet, qu'un instrument utilisé par les ennemis de la France contre l'honneur et l'intérêt du pays. » L'honneur et l'intérêt national justifiaient donc la désobéissance.

Un peu plus tard, le mouvement de résistance Libération diffusera un tract clandestin affirmant que celle-ci « est le plus sage des devoirs ». Beaucoup plus tard, l'historien américain Robert Paxton écrira : « Il est parfois, dans l'histoire d'un pays, un moment cruel où, pour sauver ce qui donne son vrai sens à la nation, on ne peut pas ne pas désobéir à l'État. En France, c'était après juin 1940 [1]. »

Désobéir, c'est ce que firent, en 1942, sous l'occupation allemande donc, sept policiers de Nancy, dont l'histoire mérite d'être mieux connue. Elle a été contée notamment par Jean-Marie Muller [2]. Ces sept policiers appartenaient au Service des Étrangers. Selon les témoignages recueillis par Jean-Marie Muller :

> Les immigrés, qui étaient « anxieux » en entrant dans le commissariat, en sortaient « réconfortés ». C'est ainsi que de véritables liens de sympathie, parfois même d'amitié, s'établissent entre les sept policiers et de nombreux Juifs étrangers de Nancy.
>
> Les immigrés ont pris l'habitude d'appeler familièrement les sept policiers par un surnom. Édouard Vigneron est appelé « Le noir », Pierre Marie « Les yeux bleus », François Pinot « Le rouquin »...
>
> Lorsque l'Occupation survient et que des mesures discriminatoires sont prises par les Allemands à l'encontre des Juifs, les sept policiers sont directement sollicités pour participer à leur mise en œuvre. Lorsqu'en juin 1942, ils reçoivent l'ordre de la Préfecture de remettre l'étoile jaune aux Juifs, Édouard Vigneron et ses collaborateurs s'exécutent, mais à contrecœur. « À l'époque, avoue Pierre Marie, nous n'avons pas fait beaucoup de zèle. » Et il est encore révolté lorsqu'il évoque cet événement qui l'a beaucoup choqué : « Pour nous, dit-il, c'était une véritable corvée. C'était écœurant. On considérait ces gens comme des bêtes, on les marquait comme du bétail.

> Nous ne supportions pas de voir ces hommes et ces femmes qui venaient dans notre bureau en pleurant. »
>
> De nombreux Juifs étrangers vont recevoir une fausse carte d'identité des mains des sept policiers. Le plus souvent, ceux-ci mentionnent le lieu de naissance quelque part en Alsace afin que, lors d'éventuels contrôles, nul ne s'étonne de la façon précaire dont ils parlent le français. Autre astuce : ils se souviennent que la mairie de Toul a été bombardée en 1940 et que toutes les archives municipales ont été détruites. Aucune vérification d'un acte de naissance n'est donc plus possible dans cette ville. Dès lors, beaucoup de Juifs étrangers de Nancy deviendront natifs de Toul. Toutefois, les sept n'abuseront pas de ce procédé pour éviter qu'à la longue le seul fait d'être né à Toul ne devienne matière à suspicion...
>
> De nombreux Juifs de Nancy qui voulurent passer en zone non occupée eurent recours aux bons offices des sept policiers qui, chaque fois, leur remettront une carte d'identité en bonne et due forme.

Ce qui valut à Édouard Vigneron d'être deux fois arrêté par les Allemands et exclu de la police par les autorités de Vichy.

Des exemples de ce type sont multiples. Le film de Spielberg, *La liste de Schindler*, a mis en vedette celui de l'industriel allemand qui portait ce nom : durant la guerre, violant les lois de son pays et corrompant les SS qui les appliquaient avec sauvagerie, il a pu sauver la vie de mille deux cents juifs. Dans des circonstances moins dramatiques, l'Indien Gandhi et l'Américain Martin Luther King lancèrent des mouvements de « désobéissance civile » pour obtenir, l'un, l'indépendance de son pays, l'autre, la fin des mesures de discrimination raciale dans le sien.

En France, le droit de désobéir est reconnu par plusieurs textes officiels. Par exemple, le code de déontologie de la police (décret du 18 mars 1986), dont l'article 17 précise :

> Le subordonné est tenu de se conformer aux instructions de l'autorité, sauf dans le cas où l'ordre donné est manifestement illégal et de nature à compromettre gravement un intérêt public. Si le subordonné croit se trouver en présence d'un tel ordre, il a le devoir de faire part de ses objections à l'autorité qui l'a donné, en indiquant expressément la signification illégale qu'il attache à l'ordre litigieux.
>
> Si l'ordre est maintenu et si, malgré les explications ou l'interprétation qui lui ont été données, le subordonné persiste dans sa contestation, il en réfère à la première autorité supérieure qu'il a la possibilité de joindre. Il doit donc être pris acte de son opposition.
>
> Tout refus d'exécuter un ordre qui ne répondrait pas aux conditions ci-dessus engage la responsabilité de l'intéressé.

Le règlement de discipline générale des armées (décret du 12 juillet 1982) dit à peu près la même chose dans son article 8 : « Le subordonné ne doit pas exécuter un ordre prescrivant d'accomplir un acte manifestement illégal ou contraire "aux règles du droit international régulièrement ratifiées ou approuvées". Lorsque le motif d'illégalité a été invoqué à tort pour ne pas exécuter un ordre, le subordonné est passible de sanctions pénales et disciplinaires pour refus d'obéissance. »

Le droit de désobéir est également reconnu par les Églises. Le « Catéchisme de l'Église catholique » publié par Jean-Paul II en 1992 souligne dans son article 1738 : « Le droit à l'exercice de la liberté est une exigence inséparable de la dignité de la personne humaine, notamment en matière morale et religieuse. » Et la revue des pères dominicains, *Fêtes et saisons*, commente ainsi cet article : « Un être humain ne peut pas déposer le fardeau qui fait sa dignité : sa conscience. Celui qui a fait profession d'obéissance ne peut jamais être tenu pour obligé d'accomplir des actes que refuse sa conscience [...] Un supérieur religieux, pas plus que celui qui détient une autorité politique ou militaire, ne peut imposer à un être humain de faire ce qui est contraire à la loi morale, ou ce qu'il reconnaît en son âme et conscience comme mal[3]. »

Voilà qui est clair. Pourtant, une question se pose et même s'impose : comment savoir où est le bien et où est le mal ? C'est parfois évident : l'ordre donné à un militaire ou à un policier de torturer pour arracher un renseignement à un suspect est injuste. Mais il n'en va pas toujours ainsi. Imaginons l'action d'un groupe qui, pour protéger des animaux utilisés dans des expériences de laboratoire, pénètre par effraction dans le laboratoire en question, détruit quelques instruments et libère les animaux. Ce n'est pas une simple hypothèse, cela s'est produit en plusieurs pays. Les groupes qui agissaient ainsi désobéissaient à la loi. Ils invoquaient leur devoir moral d'abréger les souffrances des animaux. Très bien. Mais si les expériences effectuées dans ce laboratoire se révélaient utiles pour l'humanité tout entière ? L'affaire se complique.

Un intellectuel américain, Henry Thoreau, écrivait au XIXe siècle : « La seule obligation qui soit pour moi un droit, c'est d'agir à tout moment selon ce qui me paraît juste[4]. »

Mais ce qui lui « paraît juste » est-il juste ? « La voix de la conscience », comme on dit, peut sonner faux. Elle peut être conditionnée par l'éducation que l'on a reçue, les préjugés qui ont cours dans le milieu auquel on appartient (les relations, les copains et copines, la famille), les idées que répandent les médias (aussi bien, voire plus, par les chansons et les humoristes que par les éditoriaux des journaux et les livres). « Va où ton cœur te porte » ou « Fais ce que ta conscience te commande » signifie souvent aujourd'hui : « Suis ta propre pente, recherche ton plaisir, tiens compte de tes seuls intérêts. »

Décidément, ce n'est pas simple. Ici doit intervenir une vertu capitale, souvent ignorée et sur laquelle nous reviendrons : la lucidité. Et aussi les conseils des autres (à condition qu'ils ne partagent pas les préjugés du groupe auquel nous appartenons). La désobéissance est un droit, voire un devoir, à condition que l'on soit capable de se remettre soi-même en question.

Compliquons encore le problème. Non pour le plaisir : il existe des plaisirs plus sympathiques. Mais parce qu'il en est ainsi, parce que c'est comme cela : compliqué.

Si je désobéis avec une bonne raison, tout semble parfait. Mais alors je donne un exemple qui peut entraîner quelqu'un à en faire autant, sans bonne raison. Si je brûle un feu rouge dans la nuit, je désobéis au règlement, mais personne ne me voit. Je risque seulement ma vie, et éventuellement celle des autres. Ce qui n'est pas rien ! En outre, si ma désobéissance est publique, elle peut avoir de fâcheuses conséquences, même si elle était légitime : à la fin de la guerre d'Algérie, des officiers français étaient entrés dans la clandestinité ; ils organisaient des attentats, complotaient contre la République ; ils assuraient qu'ils obéissaient ainsi à la voix de leur conscience et invoquaient – à tort assurément car les circonstances étaient très différentes – l'exemple du général de Gaulle.

Ce problème de l'exemple, de la désobéissance qui peut être un mauvais exemple, même si elle est légitime, n'est certes pas capital : il n'impose pas de faire le mal, ni même des bêtises. Mais il ne peut être ignoré.

Alors ? Tournons-nous, pour chercher un peu plus de lumière, vers John Rawls, un universitaire américain de Harvard, dont le livre *Théorie de la justice* est considéré un peu partout comme le texte contemporain le plus important de la philosophie morale. Que dit-il, à sa manière compliquée ? Il considère qu'une société doit pouvoir tenir debout, même si elle n'est pas parfaite, même si elle présente des défauts « dans une mesure raisonnable ». « Ainsi, écrit-il, dans une situation presque juste [...] il y a normalement un devoir (et pour certains aussi l'obligation) d'obéir à des lois injustes à condition qu'elles ne dépassent pas un certain degré d'injustice. » Mais il ajoute que « le fardeau de l'injustice devrait, à long terme, être plus ou moins également réparti entre les différents groupes dans la société [...] C'est pourquoi le devoir d'obéir est problématique pour des minorités permanentes qui souffrent de l'injustice depuis de nombreuses années. Et il est certain que nous ne devons pas accepter la négation de nos propres libertés de base ni de celle des autres »[5].

Traduisons : il n'existe pas de société parfaite, que ce soit la famille, l'entreprise, l'école, le pays ; dans chacun de ces groupes, dans chacune de ces sociétés, des injustices sont presque permanentes, des malfaçons, des dysfonctionnements comme on dit aujourd'hui ; nous sommes obligés de tolérer ces défauts jusqu'à un certain point ; sinon la vie en société serait impossible. Mais, au-delà de ce point, la désobéissance est légitime, si aucun autre moyen ne permet de réformer le groupe ou la société. La désobéissance et même la révolte : « Nous ne devons pas accepter », dit en effet John Rawls. L'Église catholique admet même le tyrannicide, l'assassinat du tyran, mais à des conditions très précises, qui sont très rarement réunies.

Albert Camus a publié en 1951 un livre, *L'Homme révolté*, qui évoque, lui aussi, cette limite, malheureusement pas toujours claire, au-delà de laquelle il faut dire « non ». Pour être un homme, justement.

> Qu'est-ce qu'un homme révolté ? Un homme qui dit non. Mais s'il refuse, il ne renonce pas : c'est aussi un homme qui dit oui, dès son premier mouvement. Un esclave, qui a reçu des ordres toute sa vie, juge soudain inacceptable un nouveau commandement. Quel est le contenu de ce « non » ?
>
> Il signifie, par exemple, « les choses ont trop duré », « jusque-là oui, au-delà non ». « Vous allez trop loin », et encore, « il n'y a une limite que vous ne dépasserez pas ».
>
> En somme, ce non affirme l'existence d'une frontière. On retrouve la même idée de limite dans ce sentiment du révolté que l'autre « exagère », qu'il étend son droit au-delà d'une frontière à partir de laquelle un autre droit lui fait face et se limite. Ainsi, le mouvement de révolte s'appuie, en même temps, sur le refus catégorique d'une intrusion jugée intolérable et sur la certitude confuse d'un bon droit, plus exactement l'impression, chez le révolté, qu'il est « en droit de... ». La révolte ne va pas sans le sentiment d'avoir soi-même, en quelque façon, et quelque part, raison. C'est en cela que l'esclave révolté dit à la fois oui et non. Il affirme, en même temps que la frontière, tout ce qu'il soupçonne et veut pré-

> server en deçà de la frontière. Il démontre, avec entêtement, qu'il y a en lui quelque chose qui « vaut la peine de... », qui demande qu'on y prenne garde. D'une certaine manière, il oppose à l'ordre qui l'opprime une sorte de droit à ne pas être opprimé au-delà de ce qu'il peut admettre.
>
> [...]
>
> L'esclave, à l'instant où il rejette l'ordre humiliant de son supérieur, rejette en même temps l'état d'esclave lui-même. Le mouvement de révolte le porte plus loin qu'il n'était dans le simple refus. Il dépasse même la limite qu'il fixait à son adversaire, demandant maintenant à être traité en égal. Ce qui était d'abord une résistance irréductible de l'homme devient l'homme tout entier qui s'identifie à elle et s'y résume. Cette part de lui-même qu'il voulait faire respecter, il la met alors au-dessus du reste et la proclame préférable à tout, même à la vie. Elle devient pour lui le bien suprême[6].

Camus ajoute un peu plus loin : « Plutôt mourir debout que vivre à genoux. » Ce qui est très beau.

Seulement voilà : il a pris l'exemple de l'esclave – un exemple extrême. Il existe encore des situations d'esclavage, même si elles n'en portent pas le nom : dans des familles, des entreprises, ou des pays vivant sous des régimes totalitaires.

Dans sa chanson « Jaurès », Jacques Brel évoquait ainsi la situation des ouvriers européens au début du siècle :

> Ils étaient usés à quinze ans
> Ils finissaient en débutant
> Les douze mois s'appelaient décembre
> Quelle vie ont eue nos grands-parents
> Entre l'absinthe et les grand-messes

Ils étaient vieux avant que d'être
Quinze heures par jour le corps en laisse
Laisse au visage un teint de cendre
Oui, not'Monsieur oui not'bon Maître
Pourquoi ont-ils tué Jaurès ?
Pourquoi ont-ils tué Jaurès ?

On ne peut pas dire qu'ils furent esclaves
De là à dire qu'ils ont vécu
Lorsque l'on part aussi vaincu
C'est dur de sortir de l'enclave
Et pourtant l'espoir fleurissait
Dans les rêves qui montaient aux yeux
Des quelques ceux qui refusaient
De ramper jusqu'à la vieillesse
Oui not'bon Maître oui not'Monsieur
Pourquoi ont-ils tué Jaurès ?
Pourquoi ont-ils tué Jaurès[7] ?

Une fresque émouvante et terrible. Mais il y a cette phrase : « On ne peut pas dire qu'ils furent esclaves. » C'est, une fois de plus, la question de la limite, de la « frontière », disait Camus, au-delà de laquelle la révolte est permise, voire obligatoire, nécessaire. Où se situe la limite ?

Il existe un autre exemple, classique, celui d'Antigone. On connaît l'histoire : le roi Créon a décidé qu'on laisserait sans sépulture Polynice, qui s'était révolté et a été tué. Qui enfreindra cet ordre sera tué à son tour. Antigone, la sœur de Polynice, fiancée à Hémon, le fils du roi, décide de rendre quand même à son frère les honneurs funèbres. Pour elle, c'est une question de principe. Créon lui oppose la raison d'État. Un dialogue sans concession, recréé par Jean Anouilh dans sa pièce *Antigone*[8]. Créon explique, précisément, que l'on n'a pas le choix, qu'il faut accepter une société imparfaite :

CRÉON

Mais, bon Dieu ! Essaie de comprendre une minute, toi aussi, petite idiote ! J'ai bien essayé de te comprendre, moi. Il faut pourtant qu'il y en ait qui disent oui. Il faut pourtant qu'il y en ait qui mènent la barque. Cela prend l'eau de toutes parts, c'est plein de crimes, de bêtise, de misère... Et le gouvernail est là qui ballotte. L'équipage ne veut plus rien faire, il ne pense qu'à piller la cale et les officiers sont déjà en train de se construire un radeau confortable, rien que pour eux, avec toute la provision d'eau douce pour tirer au moins leurs os de là. Et le mât craque, et le vent siffle et les voiles vont se déchirer et toutes ces brutes vont crever toutes ensemble, parce qu'elles ne pensent qu'à leur peau, à leur précieuse peau et à leurs petites affaires. Crois-tu, alors, qu'on a le temps de faire le raffiné, de savoir s'il faut dire « oui » ou « non », de se demander s'il ne faudra pas payer trop cher un jour et si on pourra encore être un homme après ? On prend le bout de bois, on redresse devant la montagne d'eau, on gueule un ordre et on tire dans le tas, sur le premier qui s'avance. Dans le tas ! Cela n'a pas de nom. C'est comme la vague qui vient de s'abattre sur le pont devant vous ; le vent qui vous gifle, et la chose qui tombe dans le groupe n'a pas de nom. C'était peut-être celui qui t'avait donné du feu en souriant la veille. Il n'a plus de nom. Et toi non plus, tu n'as plus de nom, cramponné à la barre. Il n'y a plus que le bateau qui ait un nom, et la tempête. Est-ce que tu le comprends, cela ?

ANTIGONE, *secoue la tête.*

Je ne veux pas comprendre. C'est bon pour vous. Moi je suis là pour autre chose que pour comprendre. Je suis là pour vous dire non et pour mourir.

CRÉON

C'est facile de dire non !

ANTIGONE

Pas toujours.

CRÉON

Pour dire oui, il faut suer et retrousser ses manches ; empoigner la vie à pleines mains et s'en mettre jusqu'aux coudes. C'est facile de dire non, même si on doit mourir. Il n'y a qu'à ne pas bouger et attendre. Attendre pour vivre, attendre même pour qu'on vous tue. C'est trop lâche. C'est une invention des hommes. Tu imagines un monde où les arbres aussi auraient dit non contre la sève, où les bêtes auraient dit non contre l'instinct de la chasse ou de l'amour ? Les bêtes, elles au moins, sont bonnes et simples et dures. Elles vont, se poussant, les unes après les autres, courageusement, sur le même chemin. Et si elles tombent, les autres passent et il peut s'en perdre autant que l'on veut, il en restera toujours une de chaque espèce prête à refaire des petits et à reprendre le même chemin avec le même courage, toute pareille à celles qui sont passées avant.

ANTIGONE

Quel rêve, hein ? Pour un roi : des bêtes ! Ce serait si simple.

Un silence. Créon la regarde.

CRÉON

Tu me méprises, n'est-ce pas ?

Elle ne répond pas, il continue comme pour lui.

C'est drôle.

Je l'ai souvent imaginé, ce dialogue avec un petit jeune homme pâle qui aurait essayé de me tuer et dont je ne pourrais rien tirer après que du mépris. Mais je ne pensais pas que ce serait avec toi et pour quelque chose d'aussi bête...

Il a pris sa tête dans ses mains. On sent qu'il est à bout de forces.

Un peu plus tard, il croira l'avoir convaincue, en évoquant les torts de Polynice. Mais quand il évoque un bonheur à venir, Antigone se révolte :

ANTIGONE, *doucement.*

Que sera-t-il mon bonheur ? Quelle femme heureuse deviendra-t-elle, la petite Antigone ? Quelles pauvretés faudra-t-il qu'elle fasse elle aussi, jour par jour, pour arracher avec ses dents son petit lambeau de bonheur ? Dites, à qui devra-t-elle mentir, à qui sourire, à qui se vendre ? Qui devra-t-elle laisser mourir en détournant le regard ?

CRÉON, *hausse les épaules.*

Tu es folle, tais-toi.

ANTIGONE

Non, je ne me tairai pas ! Je veux savoir comment je m'y prendrai, moi aussi, pour être heureuse. Tout de suite, puisque c'est tout de suite qu'il faut choisir. Vous dites que c'est si beau la vie. Je veux savoir comment je m'y prendrai pour vivre[9].

Il est possible de discuter à l'infini des raisons d'Antigone. Mais quelle grandeur et quelle dignité dans son refus d'un petit bonheur payé de mille lâchetés !

Oui, le problème de la « frontière » n'est pas toujours résolu d'avance. Il faut parfois, pour le résoudre, en appeler à son intelligence, et à celle des autres, se remettre soi-même en cause avec autant de vigueur que l'on s'oppose, ce qui est souvent difficile. Mais la révolte est belle quand elle a du sens :

> La colère
> est pure comme l'étoile polaire,
> la rébellion
> belle comme un lion
> quand elles combattent le sang qui vicie,
> le vent qui défeuille,
> l'eau qui putréfie,
> la nuit qui endeuille.

Ce poème de Jean-Claude Renard est intitulé « L'étoile »[10].

10

La dignité

« DIGNITÉ est un mot qui ne comporte pas de pluriel », a écrit Paul Claudel dans son *Journal*[1]. C'est vrai. Pas plus qu'il n'existe une bonne ou une mauvaise dignité. On dit ou on écrit parfois que certaines personnes font preuve d'une « grande dignité ». Comme s'il existait une « petite dignité ». Non. La dignité ne se divise pas, ne se multiplie pas, ne s'évalue pas sur une échelle graduée. Elle est.

Bizarrement la plupart des traités de morale l'ignorent. Peut-être parce qu'ils la confondent avec l'amour de soi (qui a mauvaise réputation, nous l'avons vu), l'orgueil ou la noblesse de sentiments (qui est une autre qualité). La dignité, c'est le respect de soi. Qui est aussi un respect des autres. Nous reviendrons sur cette vertu. Restons-en pour l'instant à celle-ci. Laissons toute sa place à la dignité. Elle la mérite.

En voici un exemple superbe. Il est raconté par Antoine Blondin, grand amateur de courses cyclistes, et concerne un coureur qui faillit gagner le Tour de France en 1947, l'année où celui-ci reprit, après sept années d'interruption pour cause de guerre et de ruines : « Qu'est-ce qui fait courir les coureurs ? L'appât du gain, de la renommée, bien sûr ! Mais surtout le désir de ne pas manquer le fabuleux meeting dont l'aboutissement à Paris témoigne pour toute une carrière, voire pour toute une vie. Sous l'implacable écorce professionnelle survit un cœur amateur qui cherche à s'administrer sa propre preuve. J'en veux pour exemple le cas de Brambilla que j'ai connu. C'était un honnête champion au menton en galoche, qui termina troisième du Tour 1947, après avoir porté le maillot jaune. Il faisait son métier avec un acharnement qui ne trouvait pas toujours sa récompense. On le voyait se fustiger en course à grands coups de pompe de bicyclette, se flanquer des gifles pour surmonter ses défaillances, se priver volontairement de ses bidons de ravitaillement pour se punir de pédaler sans conviction. Des coureurs de ce calibre sont susceptibles de persévérer longtemps sur le vélo. Tel ne fut pas le cas de Brambilla. Un jour que ses fidèles venaient lui faire visite, ils le trouvèrent occupé à combler une fosse profonde au bout de son jardin. Dans cette tombe, il venait d'enterrer tout debout sa bicyclette : il ne se jugeait plus digne de courir[2]. »

Je pourrai presque m'arrêter là, tant cette attitude est riche de sens et de grandeur. Mais voici André Malraux et *La Condition humaine*, le livre qui valut à son auteur le prix Goncourt, le livre surtout qui exprime le cœur de son œuvre, le fond de sa pensée : rien n'est plus grand et rien n'est plus bas que l'homme. Dans la scène que l'on va lire, c'est la dignité d'un homme qu'il met en valeur.

Kyo Gisors, mi-européen mi-japonais, a participé à l'organisation de la révolution à Shanghai, en 1927. Les communistes y étaient associés à des nationalistes dirigés par Tchang Kaï Cheik. La révolution ayant réussi, celui-ci établit son gouvernement, se retourne contre ses alliés, exige qu'ils lui remettent leurs armes. Ils refusent. Il les fait emprisonner. La plupart des chefs, des communistes, mourront dans de terribles souffrances. Et voici que Kyo, à son tour, est jeté dans une sorte de longue cave où grouillent derrière les barreaux des prisonniers de droit commun « inquiétants comme les crustacés et les insectes colossaux des rêves de son enfance ».

C'est la nuit. Kyo, seul prisonnier « politique », n'a qu'un compagnon dans sa cellule, un mandarin. Mais il y a la voix, le hurlement de la voix d'un fou que le gardien vient faire taire à coups de fouet, approuvé par les autres détenus.

– Assomme-le une bonne fois, dit une voix, qu'il nous foute la paix !

– Que ça finisse, dirent quatre ou cinq voix, qu'on dorme tranquille !

Le mandarin, les mains bouchant toujours ses oreilles, se pencha vers Kyo :

– C'est la onzième fois qu'il le frappe depuis sept jours, paraît-il. Moi, je suis là depuis deux jours : c'est la quatrième fois. Et malgré tout, on entend un peu... Je ne peux pas fermer les yeux, voyez-vous : il me semble qu'en le regardant je lui viens en aide...

Kyo aussi regardait, presque sans rien voir...

« Compassion ou cruauté ? » se demanda-t-il avec épouvante. Ce qu'il y a de bas, et aussi de fascinable en chaque être était appelé là avec la plus sauvage véhémence, et Kyo se débattait de toute sa pensée contre l'ignominie humaine : il se souvint de l'effort qui lui avait toujours été nécessaire pour fuir les corps suppliciés vus par hasard : il lui fallait, littéralement, s'en arracher. Que des hommes pussent voir frapper un fou pas même méchant, sans doute vieux à en juger par sa voix, et approuver ce supplice, appelait en lui la même terreur que les confidences de Tchen, la nuit de Han-Kéou : « les pieuvres... » Katow lui avait dit quel effort doit faire l'étudiant en médecine la première fois qu'un ventre ouvert devant lui laisse apparaître des organes vivants. C'était la même horreur paralysante, bien différente de la peur, une horreur toute-puissante avant même que l'esprit ne l'eût jugée, et d'autant plus bouleversante que Kyo éprouvait à en crever sa propre dépendance. Et cependant, ses yeux beaucoup moins habitués à l'obscurité que ceux de son compagnon ne distinguaient que l'éclair du cuir, qui arrachait les hurlements comme un croc. Depuis le premier coup, il n'avait pas fait un geste : il restait accroché aux barreaux, les mains à hauteur du visage.

– Gardien ! cria-t-il.

– Tu en veux un coup ?

– J'ai à te parler.

– Oui ?

Tandis que le gardien refermait rageusement l'énorme verrou, les condamnés qu'il quittait se tordaient. Ils haïssaient les « politiques ».

– Vas-y ! Vas-y, gardien ! qu'on rigole.

L'homme était en face de Kyo, le corps coupé verticalement par un barreau. Son visage exprimait la plus abjecte colère, celle de l'imbécile qui croit son pouvoir contesté ; ses traits pourtant n'étaient pas bas ; réguliers, anonymes...

– Écoute, dit Kyo.

Ils se regardaient dans les yeux, le gardien plus grand que Kyo dont il voyait les mains toujours crispées sur les barreaux, de chaque côté de la tête. Avant que Kyo eût compris ce qui arrivait, il crut que sa main gauche éclatait ; à toute volée, le fouet, tenu derrière le dos du gardien, était retombé. Kyo n'avait pu s'empêcher de crier.

– Très bien ! hurlaient les prisonniers en face. Pas toujours aux mêmes !

Les deux mains de Kyo étaient retombées le long de son corps, prises d'une peur autonome, sans même qu'il s'en fût aperçu.

– Tu as encore quelque chose à dire ? demanda le gardien.

Le fouet était maintenant entre eux.

Kyo serra les dents de toute sa force, et, par le même effort que s'il eût dû soulever un poids énorme, ne quittant pas des yeux le gardien, dirigea de nouveau ses mains vers les barreaux. Tandis qu'il les élevait lentement l'homme reculait imperceptiblement, pour prendre du champ. Le fouet claqua, sur les barreaux cette fois. Le réflexe avait été plus fort que Kyo : il avait retiré ses mains. Mais déjà il les ramenait, avec une tension exténuante des épaules, et le gardien comprenait à son regard que, cette fois, il ne les retirerait pas. Il lui cracha à la figure et leva lentement le fouet.

– Si tu... cesses de frapper le fou, dit Kyo, quand je sortirai je te... donnerai cinquante dollars.

Le gardien hésita.

– Bien, dit-il enfin.

Son regard s'écarta. Kyo fut délivré d'une telle tension qu'il crut s'évanouir. Sa main gauche était si douloureuse qu'il ne pouvait la fermer. Il l'avait élevée en même temps que l'autre à la hauteur de ses épaules, et elle restait là, tendue. Nouveaux éclats de rire.

– Tu me tends la main ! demanda le gardien en rigolant aussi.

Il la lui serra. Kyo sentit que de sa vie il n'oublierait cette étreinte. Il retira sa main, tomba assis sur le bat-flanc. Le

> gardien hésita, se gratta la tête avec le manche du fouet, regagna sa table. Le fou sanglotait.
>
> Des heures d'uniforme abjection. Enfin, des soldats vinrent chercher Kyo pour le conduire à la Police spéciale. Peut-être allait-il à la mort, et pourtant il sortit avec une joie dont la violence le surprit. Il lui semblait qu'il laissait là une partie immonde de lui-même[3].

La dignité, pour Kyo, c'est résister à la lâcheté, se délester du mal pour s'élever, se retrouver à la hauteur de l'homme. Pour d'autres, c'est préserver leur humanité. Ainsi Choukhov, paysan victime de la folie stalinienne, enfermé au Goulag et dont Alexandre Soljenitsyne conte l'histoire. Ainsi, également, le vieil homme que Choukhov rencontre au réfectoire, un soir, et qui a tenu bon en dépit de la fatigue, des humiliations, des rebuffades, des punitions, des privations et des coups : « Maintenant, Choukhov le regarde de près. Parmi tous ces dos courbés du camp, son dos remarquablement droit ressort, que c'est frappant ; quand il est à table, on a l'impression qu'il a mis quelque chose sur le banc pour être assis plus haut. Ça fait beau temps que son crâne dénudé se passe du coiffeur : tous les cheveux lui sont tombés avec cette belle vie qu'on a. Les regards du vieillard ne vagabondent pas à travers la salle, ils fixent sans rien voir au-dessus de la tête de Choukhov quelque chose qui n'existe que pour eux. Il mange sereinement sa soupe claire avec une cuiller en bois ébréchée ; il ne plonge pas le nez dans sa gamelle comme tout le monde, il lève sa cuiller bien haut jusqu'à sa bouche[4]. »

Voilà. La dignité se reconnaît à des gestes aussi simples : remonter sa cuiller jusqu'à la bouche. Ne méprisons pas les autres, pourtant, ceux qui « piquent un plongeon dans l'écuelle ». Un autre rescapé du système concentrationnaire, le système allemand cette fois, l'écrivain italien Primo Levi, l'a écrit avec pudeur et compassion : « Certains déportés ont été acculés à certains actes qu'ils n'auraient jamais commis ailleurs. Personne n'est autorisé à les juger, ni ceux qui ont connu l'expérience des Lager, ni, encore moins, les autres. Car personne ne peut savoir combien de temps ni à quelles épreuves son âme pourra résister avant de céder ou de se briser[5]... »

11

La discrétion

NOUS vivons le temps des voyeurs. En raison de l'explosion médiatique : au nom de la transparence ou de la (prétendue) vérité, des vies sont parfois saccagées. On peut et l'on doit, bien sûr, condamner les médias qui ne respectent aucune intimité. Mais aussi les lecteurs, avides de ragots, qui les font vivre.

La discrétion se pratique de plusieurs manières : en ne s'exhibant pas soi-même, en ne jouant pas les voyeurs, en ne se mêlant pas indûment des affaires des autres.

« La discrétion est la seule vertu qui souffre l'excès sans en souffrir », écrivit Marcel Jouhandeau [1]. La sagesse taoïste le rappelle dans ce texte où Confucius lui-même se fait sermonner :

> Le visage altéré et soupirant d'émotion, Confucius se prosterna pour remercier de la leçon, se releva et dit : « Passe que je sois un utopiste, mais je ne suis pas un malfaiteur. Alors pourquoi suis-je ainsi partout honni, persécuté, expulsé ? Je n'y comprends rien. – Vous n'y comprenez rien, fit le vieillard étonné ; vraiment, vous êtes bien borné. C'est votre manie de vous occuper de tous et de tout, de poser en censeur et

en magister universel, qui vous attire ces tribulations. Écoutez cette histoire : Un homme avait peur de l'ombre de son corps et de la trace de ses pas. Pour s'en délivrer, il se mit à fuir. Or, plus il fit de pas, plus il laissa d'empreintes ; quelque vite qu'il courût, son ombre ne le quitta pas. Persistant malgré tout à croire qu'il finirait par la gagner de vitesse, il courut tant et si bien qu'il en mourut. L'imbécile ! S'il s'était assis dans un lieu couvert, son corps n'aurait plus projeté d'ombre ; s'il s'était tenu bien tranquille, ses pieds n'auraient plus produit d'empreintes ; il n'avait qu'à se tenir en paix, et tous ses maux disparaissaient... Et vous qui, au lieu de vous tenir en paix, faites métier d'ergoter sur la bonté et l'équité, sur les ressemblances et les dissemblances, sur je ne sais quelles subtilités oiseuses, vous vous étonnez des conséquences de cette manie, vous ne comprenez pas que c'est en agaçant tout le monde que vous vous êtes attiré la haine universelle ? Croyez-moi, du jour où vous ne vous occuperez plus que de vous-même, et vous appliquerez à cultiver votre fonds naturel ; du jour où, rendant aux autres ce qui leur revient, vous les laisserez tranquilles ; de ce jour, vous n'aurez plus aucun ennui. C'est en fermant les yeux sur vous-même, et en les ouvrant trop sur les autres, que vous vous attirez tous vos malheurs[2]. »

12

La disponibilité

DIFFICILE de parler de disponibilité quand on ne la pratique pas tellement soi-même. Quand on a toujours quelque chose d'autre à écrire, à dire, à faire, qui nous empêche d'être disponible à l'autre, prêt à répondre à l'imprévu et à l'imprévisible. Disponible ne signifie pas se laisser accaparer, dévorer. Mais savoir accueillir la nouveauté. Savoir réagir à l'inattendu.

C'est pourquoi j'ai aimé cette histoire que conte Patrick Renaudot. Seul, ayant perdu sa compagne, le narrateur a croisé un jour, dans une rue de Paris, un jeune garçon qui faisait la manche. C'est une époque où il se crispe sur le travail pour oublier son deuil. Mais, de revoir chaque jour ce gamin, il finit par lui donner un billet, un autre encore, puis par lui parler. L'adolescent se prénomme Lazlo, il est hongrois, il a quinze ans, il est seul en France avec son père qui l'envoie mendier et lui tape dessus à l'occasion. Le narrateur décide de prendre en charge Lazlo, de l'emmener chez lui, de lui faire suivre des études, de faciliter son intégration. Le père, Mathias, n'est pas enthousiaste du tout. Il faut d'abord lui payer une sorte de rançon : une somme forfaitaire représentant, en gros, ce que la mendicité de Lazlo lui rapportait chaque semaine. En fin de compte, il emmène son fils en Hongrie. Le narrateur est persuadé qu'il ne reverra plus Lazlo : « C'est foutu, me dis-je. Nous ne le reverrons pas. Une fois là-bas... Ça m'apprendra à jouer les bons Samaritains. »

Passent les jours, passent les semaines. Et soudain :

> Il est devant la porte, sac à dos et bandana noué sur la tête, se balançant d'un pied sur l'autre. Incroyable, Lazlo, là, face à moi.
>
> – Comment es-tu venu ?
>
> – Eurolines [compagnie d'autocars].
>
> – Seul ?
>
> – Tu vois.
>
> – Avec l'autorisation de ton père ?
>
> – Il a payé le billet.
>
> – Et lui ?
>
> – Resté en Hongrie.
>
> La surprise passée, j'essaie de comprendre ce qui m'arrive. Je ne comprends rien. Je n'éprouve qu'un certain ennui, une vague inquiétude. L'ennui de qui serait tiré de sa quiétude par l'irruption d'un petit homme vert ; l'inquiétude de savoir ce que je vais faire de ce gamin tombé du ciel. Jusqu'ici il était encore sous la responsabilité du père. Et maintenant ? Dois-je me substituer à Mathias ? À quel titre ? Qu'avait-il en tête en m'envoyant son fils sans préavis ?
>
> Je n'éprouverais rien à la vue de Lazlo ? Soyons honnête, Lazlo, seul, ici, sous notre toit, c'est un événement considérable. Certes je l'ai voulu, ou plutôt j'ai voulu être, pour cet enfant, l'homme que chacun peut espérer dans sa vie, le passeur, celui qui vous prend la main pour vous mettre sur le chemin. Je satisfaisais ainsi à une colère, à un réflexe de

citoyen : hier dans la rue, cet enfant, demain, serait scolarisé. [...] Mais ce que je n'avais pas prévu, l'incursion physique de ce gosse du Balaton débarqué avec ses quinze ans – quinze ans de moins que le plus jeune de mes fils. En vérité Lazlo libère en moi un réflexe paternel qui me fait basculer en force du côté de la vie. Est-ce que je devrais lui en vouloir ?

Demain. Nous examinerons les problèmes demain. Ce soir, c'est un peu le retour de l'enfant prodigue et, pour le fêter, j'invite Antoine [fils du narrateur] et Lazlo à dîner chez Mme David [restauratrice]. Lazlo ne tient pas en place, distribue bourrades et accolades à coups de grand rire, boit Coca sur Coca, fume cigarette sur cigarette, dévore trois desserts au chocolat. Je suis tenté de lui poser toutes sortes de questions mais je me réfrène. Lui ficher la paix. Demain... et puis la fatigue est là.

Antoine commence à mesurer la différence qu'il y a entre un petit frère virtuel et la réalité, la vitalité de ce personnage remuant comme dix et survolté. Il va pourtant falloir qu'il se calme. Je me rappelle qu'un gamin énervé est souvent un gamin qui n'en peut plus. Appliquons les bonnes vieilles recettes. Lazlo a fait vingt heures de car depuis Budapest. Il est temps pour lui d'aller dormir. Ce soir pas de télévision. Il se couche sans demander son reste et s'endort séance tenante [1].

13

Le don

LA CHARITÉ a mauvaise réputation. *Caritas* est pourtant le nom latin de l'amour. Seulement voilà : on l'a trop confondu avec l'aumône. Et pendant des décennies on a « fait la charité » aux pauvres pour se donner bonne conscience, parce que l'on ne faisait pas la justice. L'on ne supportait même pas que les pauvres utilisent cette aumône à leur guise. On trouvait normal, en outre, qu'ils étouffent de reconnaissance. Car l'aumône manifestait la supériorité de l'un sur l'autre. Ce que montre bien une histoire racontée par la comtesse de Ségur dans *Les Petites Filles modèles.*

Les quatre filles dont il s'agit, en promenade avec leurs mamans, Mmes de Fleurville et de Rosbourg, rencontrent une « pauvre petite fille », Lucie, une malheureuse dont le père a péri en mer ; la mère, elle, est gravement malade. À celle-ci, elles apporteront une vieille robe de chambre de Mme de Fleurville. À Lucie, elles donnent « une de nos chemises, un jupon, une robe, des bas et un mouchoir ». Et le bonheur de faire la charité les excite beaucoup : « Les autres petites se précipitèrent pour habiller Lucie ; elles faillirent la mettre en pièces tant elles se dépêchaient de la débarrasser de ses haillons et de la revêtir des effets qu'elles avaient apportés. Lucie ne put s'empêcher de pousser quelques petits cris tandis que l'une lui arrachait les cheveux en enlevant son bonnet sale, que l'autre lui enfonçait une épingle dans le dos, que la troisième la pinçait en lui passant ses manches et que la quatrième l'étranglait en lui nouant son bonnet blanc. »

Ainsi pincée et étranglée, la petite Lucie n'en manifeste pas moins la reconnaissance qui convient : « Mon Dieu, je vous remercie ! Mes chères dames, que je vous suis reconnaissante ! Mes bonnes petites demoiselles, merci, oh merci ! » La pauvre mère n'est pas moins enthousiaste : « Chères demoiselles, chères dames, que le Bon Dieu vous bénisse et vous récompense, qu'il vous rende un jour le bien que vous me faites et le bonheur dont vous remplissez mon cœur ! »

Cette scène est évidemment caricaturale. Il n'empêche : de telles attitudes ont tellement discrédité le mot « charité », qui ne le méritait certes pas, que l'on ne mènera pas ici un long et inutile combat pour le réhabiliter. On le déclinera donc en ses diverses composantes : don, justice, solidarité.

Évoquons le don. Grégoire de Nazianze, qui fut évêque de Constantinople au IVe siècle, disait : « L'homme n'a rien de plus commun avec Dieu que la faculté de donner. » Et Boris Vian, auteur-compositeur, qui n'a vraiment rien de commun avec cet évêque :

> Puisque tu as tout reçu
> Donne, donne, donne
> Donne à ceux qui sont perdus
> À ceux qui sont nus [1]

Colette allait plus loin encore, qui écrivait[2] : « Le difficile, ce n'est pas de donner, c'est de ne pas tout donner. »

Il semble donc y avoir unanimité. Et il existe, à propos du don, de bien jolies histoires. Voici d'abord celle du petit roi de Russie, un conte de Noël d'Edgar Schaper.

Ce petit roi, au cœur généreux et innocent, avait, selon la légende, bénéficié de la même grâce que les mages : il avait vu la fameuse étoile annonçant la naissance de Jésus. Alors, ayant sellé son cheval préféré, un increvable au pelage hirsute, il s'était mis en route, chargé de cadeaux : de splendides fourrures, des bourses remplies de pépites, des rouleaux de toile de lin, du miel, des pierres précieuses, et ainsi de suite. En chemin, il avait connu mille aventures : il avait rencontré les mages, de grands seigneurs, qui l'avaient quelque peu dédaigné, il avait donné à une mendiante (qui lui avait offert son cœur), libéré des esclaves en les rachetant avec son or, habillé de zibeline un marchand que des brigands avaient dépouillé, donné ses toiles à des malades, et laissé des abeilles gloutonnes et affamées dévorer son miel. Ainsi allèrent les jours, les mois, les années. Le cheval mourut. Le petit roi prit même la place d'un enfant, un jeune galérien que le capitaine d'un navire martyrisait.

Bref, il avait tout donné, lui compris. Et quand il arriva à Jérusalem, il aperçut enfin Jésus, mais celui-ci était cloué sur une croix, au sommet d'une colline où se mêlaient ossements et ordures.

> Il ne pouvait y avoir de doute, il était bien au pied du dépotoir de la grande ville et, à son sommet, à l'endroit où une poignée de valets dressaient précisément trois énormes croix, auxquelles pendaient trois condamnés à mort, là-haut,

et nulle part ailleurs au monde, il avait la conviction qu'était son roi.

[...]

Le contempler et être contemplé par Lui, c'était plus que n'en pouvait supporter le cœur du petit roi. Un instant il goûta le silence total et bienfaisant dans lequel s'installait le battement de son cœur : ce fut l'instant où il s'écroula, sans un mot. Puis il ressentit une douleur lancinante qui déchirait toute sa poitrine, comme si celle-ci avait été ratissée avec un râteau de fer.

Je n'ai rien, je n'ai plus rien de tout ce que j'avais voulu t'apporter, songeait le petit roi, honteux et torturé. L'or, les pierres précieuses, la toile de lin, les fourrures et jusqu'au miel dont ma mère avait rempli la cruche, tout est perdu, gaspillé. Pardonne-moi, Seigneur ! [...]

Alors, au moment où la lumière s'estompait déjà devant ses yeux, il se rappela le cœur de la mendiante, ce royaume dont elle lui avait fait présent, et il pensa aussi à son propre cœur, le seul bien qu'il pouvait encore offrir. Près d'un thym sauvage qui se déployait entre les ossements encore fétides et répandait son parfum dans le soir tombant, ses lèvres murmurèrent, sans qu'il en eût conscience :

– Mais mon cœur, Seigneur, mon cœur... et son cœur... nos cœurs, les acceptes-tu ? [3]

La valeur du don ne se mesure pas puisqu'elle le dépasse. C'est ce que met en lumière une autre histoire, celle d'une visiteuse de prison, contée par Selma Lagerlöf, Suédoise qui obtint le prix Nobel :

C'était un vieil homme nommé Lauri. Il se trouvait incarcéré à la prison d'Åbo et, un matin, Mathilda Wrede avait passé une heure entière avec lui dans sa cellule. Elle l'aidait à écrire une lettre pour les siens, et il y avait tant de choses qu'elle devait dire, et tant qu'elle ne devait pas dire. Sans cesse le vieux s'égarait dans son propos et n'arrivait jamais au but. Elle essayait d'être patiente, mais plus que d'ordinaire l'homme était lent et pédant et elle se sentait lasse avant même qu'il eût commencé.

Le jour même, elle fut convoquée chez le directeur de la prison et y fut retenue jusque vers deux heures et demie. D'habitude, elle allait en ville pour déjeuner entre deux et trois heures mais, cette fois, il lui parut préférable d'oublier le déjeuner puisqu'elle devait être de retour à la prison dès trois heures. C'était l'heure où elle tenait ce qu'on pourrait appeler une consultation générale, le directeur lui ayant en effet attribué une pièce où elle pouvait alors recevoir les prisonniers qui désiraient son aide.

Elle se sentait fatiguée d'avoir été sollicitée toute la journée et ne put réprimer son mécontentement quand, entrant dans la pièce de consultation, elle découvrit là le vieux Lauri qui l'attendait.

– Non, Lauri, dit-elle, car elle se disait qu'elle ne supporterait pas une nouvelle fois d'entendre ses histoires interminables, j'ai déjà parlé avec vous aujourd'hui pendant une heure. Vous ne pouvez pas ainsi occuper le temps des autres.

Mais Lauri ne prêta pas attention à la réprimande.

– Ne vous inquiétez pas, mademoiselle. Je ne serai pas aussi long cette fois. Mais, vous voyez, mademoiselle, il se trouve que j'étais aujourd'hui dans la cour pour bricoler une charrette, et que je ne vous ai pas vue rentrer chez vous, d'où j'en ai conclu que vous n'avez pas déjeuné.

– Non, c'est vrai, Lauri, mais justement...

Le vieux s'illumina de satisfaction quand il entendit qu'il avait deviné juste.

– J'ai pensé à vous, mademoiselle, quand j'ai eu mon repas. Et c'est bien tombé qu'on ait eu de la soupe aux pommes de terre, parce que s'il y avait eu des petits pois, ç'aurait pas été possible d'en cacher. Mais là, j'ai pu garder des pommes de terre et puis du pain aussi.

Et, ce disant, Lauri fourra sa main dans sa poche et en ressortit deux pommes de terre et un morceau de pain défraîchi, qu'il lui tendit dans sa main sale et mouillée.

– Vous savez ce que représentent le soleil et les fleurs pour ceux qui vivent dans le monde de la liberté, eh bien vous le représentez pour nous qui sommes en prison, dit le vieux, et c'est pour ça...

En acceptant le cadeau, elle ne savait pas si elle était avant tout émue ou si elle craignait plutôt qu'il ne voulût avoir le plaisir de la voir clamer sa faim. Mais, heureusement, il s'en alla immédiatement, sans même réclamer un merci.

Alors, elle se précipita derrière lui.

– Lauri ! cria-t-elle. Restez. Vous pouvez parler avec moi autant que vous voulez. Ce que vous venez de m'offrir, c'est bien plus que du pain, c'est une chose à laquelle je pourrai penser toute ma vie[4].

Rien ne doit être ajouté.

14

L'engagement

VOICI quelques décennies le mot « engagement » apparaissait partout. Philosophes et leaders d'opinion incitaient femmes et hommes à s'engager, à agir, pour améliorer ce monde ou empêcher sa décrépitude.

Aujourd'hui, l'engagement n'a plus la cote.

Peut-être parce que beaucoup l'ont confondu avec l'engagement politique. Celui-ci est noble et nécessaire. Mais nombre de ceux qui s'engagèrent en politique depuis un demi-siècle ont eu le sentiment d'avoir été trompés, bernés, de s'être bercés d'illusion. À moins qu'élus, ils n'aient abusé parfois de leur pouvoir, décevant les autres.

Beaucoup éprouvent un sentiment d'impuissance. Ils se demandent ce qu'ils pourraient bien faire pour changer le monde. À quoi bon agir, prendre des risques, si c'est inutile, si les puissants, les grandes forces économiques et sociales mènent le monde ?

Une question compréhensible. Mais l'on pourrait répondre par cette citation du poète polonais Czeslaw Milosz, prix Nobel :

Même si tu es une pierre des champs
L'avalanche change sa course
Selon les pierres sur lesquelles elle roule[1].

Peu avant sa mort, le philosophe français Emmanuel Mounier avait, de la même manière, constaté, dans un article de la revue *Esprit* qu'il dirigeait : « Il suffit d'un rocher bien placé pour détourner le cours d'un fleuve. »

Nous ne sommes pas tous des rochers, c'est vrai. Mais nous pouvons nous unir pour agir. Ce que font les associations. Pour ne prendre qu'un exemple, les associations de parents d'enfants handicapés sont devenues de véritables puissances qui se font entendre des administrations et gèrent elles-mêmes des établissements sanitaires de toutes sortes.

Il existe aussi des organisations qui n'ont pas pour but principal de changer le monde, de subvenir à des besoins précis, mais qui étendent le champ de leur action au bénéfice des autres. Ainsi, l'Orchestre national de Lille dirigé par Jean-Claude Casadesus et apprécié dans le monde entier aurait pu se contenter de jouer, comme beaucoup d'autres, dans les salles de concert. Personne n'aurait rien trouvé à redire, si la musique était bonne. Mais Jean-Claude Casadesus a jugé qu'il fallait, autant qu'il le pouvait, éveiller le plus grand nombre à la beauté, que la bonne musique pouvait consoler de la détresse ou de la solitude, élever les esprits. C'est pourquoi son orchestre a joué dans les usines ou les prisons, sur les quais des ports ou sous un chapiteau de cirque. Il a même fait plus. Il a jumelé son orchestre avec une école. Et pas n'importe laquelle. Écoutons-le :

Cette école, située, comme on dit, dans un quartier difficile, au bord de la délinquance, devait fermer pour cause d'extrême précarité scolaire. Rien n'avait préparé ces enfants ni leurs maîtres au choc, à l'émerveillement que, de leur propre aveu, ils éprouvèrent d'emblée au contact de l'orchestre, de la musique vécue en direct. Le coup de cœur fut instantané. Il dure toujours. Nos relations se fortifièrent très vite. Rarement, j'ai ressenti à ce point chez des enfants de huit à douze ans, culturellement si différents – petits Maghrébins, Noirs ou blondinets nordistes –, une telle disponibilité. Leur attention donnait au moindre de nos échanges une densité particulière.

[...]

Outre que, plusieurs fois, j'avais été m'entretenir avec les enfants dans leur école, à leur tour des musiciens de l'orchestre acceptèrent, à ma demande, d'y aller régulièrement expliquer une sonate, une symphonie, un oratorio ou une œuvre concertante, et, en même temps, parler de leur instrument. Nous offrîmes des cassettes à ces mélomanes en herbe, puis je les accueillis dans notre salle où, après que j'eus convaincu les membres de l'orchestre de les accepter, assis à côté d'eux pendant notre travail de répétition, ils purent vivre la mise en place d'une œuvre symphonique. Par la même occasion, ils prenaient conscience que la « pédagogie de l'erreur », à laquelle ils étaient confrontés tous les jours, s'appliquait aussi, en l'occurrence, à ces adultes qui, pour tendre à l'excellence, cent fois sur le métier remettaient leur ouvrage. Ils se choisirent parmi ceux-ci des parrains et, par la suite, un certain nombre d'entre eux décidèrent d'apprendre l'instrument de leur modèle.

Voilà maintenant quelques années que cela dure. Beaucoup se sont inscrits dans des écoles de musique. Et quand on voit la gentillesse et le bonheur de ces gosses, la pertinence des questions qu'ils posent, leur désir d'aller plus loin, leur étonnante aptitude à ressentir Wagner, Saint-Saëns, Poulenc, Mahler, Dutilleux, Beethoven et les autres, leur discernement sur telle ou telle interprétation, on prend véritablement conscience qu'il n'y a pas de fatalité dans ce domaine. Seuls comptent le regard qu'on leur porte et le désir qu'on éveille. Leurs réactions et leurs comptes rendus après, par exemple, l'audition de *Pelléas et Mélisande* m'ont laissé pantois. La joie et le sérieux avec lesquels, après plusieurs mois de travail, guidés dans leur approche musicale par une étudiante du CFMI – le Centre de formation des musiciens intervenants –, ils ont chanté *Le Maître d'école* de Telemann et *Le Maître de chapelle* de Cimarosa, sous la direction de Gilles Ramade – un jeune baryton de grand talent –, m'ont transporté. Les mamans avaient confectionné leurs costumes durant les semaines précédant le spectacle. Les musiciens les accompagnèrent avec le même professionnalisme et le même engagement que lorsqu'ils jouent au MusikVerein de Vienne. Mille cinq cents enfants au cours d'un concert scolaire exceptionnel les applaudirent, ravis.

[...]

Depuis le jumelage avec l'orchestre, Vanessa, Jennifer, Nasser, Samuel, Areski et leurs amis vivent chaque jour en musique. Grâce à leurs instituteurs et aux artistes de l'orchestre, ils ont entrouvert les portes d'un art, les portes du Beau, les portes d'eux-mêmes, tout simplement[2].

Quand Jean-Claude Casadesus et ses amis se lancèrent dans de telles actions, certains ont peut-être pensé qu'ils étaient un peu fous. Il est vrai que les gens jugés « raisonnables » trouvent surtout, le plus souvent, de bonnes raisons de ne rien faire. Mais le monde, pour vivre et survivre, a besoin de fous. C'est ce qu'a exprimé, sous forme de prière, un religieux, un père dominicain qui fut très actif, Louis-Joseph Lebret :

Ô Dieu, envoie-nous des fous,
ceux qui s'engagent à fond,
ceux qui s'oublient,
ceux qui aiment autrement qu'en paroles,
ceux qui se donnent pour de vrai et jusqu'au bout.

Il nous faut des fous, des déraisonnables, des passionnés,
des gens qui soient capables du saut dans l'insécurité,
dans l'inconnu toujours plus béant de la pauvreté,
qui acceptent
les uns de se perdre dans la masse anonyme
sans aucun désir de s'en faire un marchepied,
les autres de n'utiliser leur supériorité acquise qu'à son service.

Le saut ne consiste pas toujours
à rompre avec son milieu ou son genre de vie :
il s'agit d'une rupture autrement plus profonde
avec le soi-même encore égocentrique
qui avait jusqu'ici dominé.

Il nous faut des fous du présent,
épris d'un style de vie simple,
libérateurs efficients des pauvres,
amants de la paix,
purs de compromissions,
décidés à ne jamais trahir,
méprisant leur propre vie,
capables d'accepter n'importe quelle tâche, de partir n'importe où,
à la fois

libres et obéissants,
spontanés et tenaces,
doux et forts[3].

L'engagement, en effet, suppose souvent une incroyable dose d'inconscience, qui déplace les montagnes, qui permet de ne pas s'attarder aux difficultés, parce que l'on est tout entier tendu vers le but, parce que l'on en rêve. La plupart des hommes qui ont marqué de leur empreinte l'histoire du monde, qui l'ont fait progresser, n'étaient pas « raisonnables » au sens où l'on entend ce mot d'ordinaire. Ce sont pourtant eux qui avaient raison. Comment ne pas évoquer ici la grande figure du pasteur Martin Luther King qui fut aux États-Unis, dans les années soixante, le leader de la lutte non violente contre la discrimination raciale. Il fut assassiné à Memphis en 1968. Mais il avait fait progresser les cœurs, et les lois. Parce qu'il rêvait d'un monde différent :

Je fais le rêve
que les hommes, un jour, se lèveront et comprendront enfin
qu'ils sont faits pour vivre ensemble comme des frères.

Je fais encore le rêve
qu'un jour, chaque homme de ce pays,
chaque homme de couleur dans le monde entier,
sera jugé sur sa valeur personnelle plutôt que sur la couleur de sa peau.

Je fais encore le rêve
que la fraternité sera un jour
un peu plus que quelques mots à la fin d'une prière,
qu'elle sera bien au contraire le premier sujet à traiter
dans chaque ordre du jour législatif.

L'engagement

Je fais encore le rêve
qu'un jour la guerre prendra fin,
que les hommes transformeront leurs épées en socs de charrue
et leurs poignards en ébranchoirs,
que les nations ne se lèveront plus les unes contre les autres
et qu'elles n'envisageront plus jamais la guerre.

Je fais encore le rêve
que nous serons capables de repousser au loin les tentations du
désespoir
et de jeter une nouvelle lumière sur les ténèbres du pessimisme.
Ce sera un jour merveilleux,
les étoiles du matin changeront ensemble,
et les Fils de Dieu pousseront des cris de joie [4].

15

L'espérance

L'ESPÉRANCE, disent les dictionnaires, est un sentiment de confiance en l'avenir.

Ces gros bouquins sont trop modestes. L'espérance, c'est l'élan de la vie. Elle pousse à ne jamais rendre les armes, à ne jamais capituler. Il y a un grain de folie dans l'espérance, diront les gens supposés raisonnables. Peut-être. Il pouvait paraître fou, en juin 1940, quand les armées françaises étaient en déroute, la France en morceaux, de penser qu'il fallait continuer le combat, que l'on pouvait gagner. Des malades que tout semble condamner peuvent aussi paraître fous de continuer à lutter pour survivre. Parfois, pourtant, ils survivent. Précisément parce qu'ils se sont battus. On parle alors de miracle. C'est le miracle de l'espérance. C'est quand tout paraît désespéré, qu'il faut tout faire pour réussir.

C'est ainsi que le général de Gaulle explique son appel de juin 1940, justement. André Malraux relate ce que lui disait à ce sujet l'ancien président de la République peu avant sa mort :

« L'important – et, peut-être, pour tous les hommes qui ont été liés à l'histoire – n'était pas ce que je disais, c'était l'espoir que j'apportais. Pour le monde, si j'ai rétabli la

France, c'est parce que j'ai rétabli l'espoir en la France. Comment être obsédé par une vocation sans espoir, je vous le demande ? [...] Un homme de l'Histoire est un ferment, une graine. Un marronnier ne ressemble pas à un marron. Si ce que j'ai fait n'avait pas porté en soi un espoir, comment l'aurais-je fait ? L'action et l'espoir étaient inséparables. Il semble bien que l'espoir n'appartienne qu'aux humains. Et reconnaissez que chez l'individu, la fin de l'espoir est le commencement de la mort[1]. »

Il faut, jusque-là, jusqu'à la fin, s'accrocher. C'est ce que dit, autrement, le poète marocain Abdellatif Laâbi :

> Accroche-toi
> homme à la dérive
> Il est des signes
> à toi seul destinés
> Quand tu ne les attends pas
> Ouvre ta main et tu verras
> qu'une étoile s'est formée
> entre la ligne de vie
> et celle d'amour
> Elle n'a que deux branches pour l'instant
> mais c'est déjà une promesse
> de ce que tu n'attends plus
> Accroche-toi
> homme à la dérive
> Tes lignes
> n'ont pas encore dit
> leur dernier mot[2].

Jusqu'au dernier mot, l'espérance est toujours un commencement, comme au premier jour. Charles Péguy :

Tout ce qu'il y a de petit est tout ce qu'il y a de plus beau et de plus grand.

Tout ce qu'il y a de neuf est tout ce qu'il y a de plus beau et de plus grand.

Tout ce qui commence a une vertu qui ne se retrouve jamais plus.

Une force, une nouveauté, une fraîcheur comme l'aube.

Une jeunesse, une ardeur.

Une naïveté.

Une naissance qui ne se retrouve jamais plus.

Le premier jour est le plus beau jour.

Il y a dans ce qui commence une source, une race qui ne revient pas.

Un départ, une enfance que l'on ne retrouve, qui ne se retrouve jamais plus.

Or la petite espérance
Est celle qui toujours recommence[3].

16

La fidélité

« ZAPPER. » À en croire le dictionnaire Le Robert, qui s'attache à dater l'apparition des mots dans le langage courant, ce verbe serait devenu familier aux Français vers 1985. La chose est beaucoup plus ancienne, vieille comme le monde. Passer d'une idée à l'autre, d'un attachement à l'autre, d'une passion à l'autre : la Bible, les mythes et les récits de toutes les religions, de toutes les civilisations, l'évolution de chaque pays fourmillent d'histoires de changements, d'infidélités, de trahisons.

Le voisinage de ces trois mots met en lumière l'ambiguïté de cette vertu.

Tout changement n'est pas immoral. Il est des changements neutres de ce point de vue : dans les domaines de l'art, du vêtement, de l'alimentation par exemple. Il existe des modes. Qui se démodent, comme le notait, dans une formule célèbre, Jean Cocteau. Certaines peuvent se révéler extravagantes, voire dangereuses (ce qui concerne l'équilibre alimentaire par exemple). Immorales, c'est une autre affaire. Même si l'on pourrait déceler quelques problèmes du côté de modes vestimentaires qui attentent à la pudeur.

Et changer d'idée ? Tout dépend évidemment de l'idée. Il est des entêtements coupables.

Et changer d'amis ? Tout dépend de l'ami. Que penser des relations qui unissent les membres d'un gang ? Ou des amis qui entraînent un adolescent sur une mauvaise pente ?

Et changer d'habitudes ? L'attachement à certains objets, à certains outils est touchant, sympathique, mais il y entre une part de nostalgie, pas toujours créatrice, vivante.

Le romancier Louis Nucera, parmi bien d'autres ces temps-ci, met en lumière l'amour des artisans, des ouvriers, pour les machines avec lesquelles ils ont partagé leur vie de travail. Ainsi, le mécanicien Bastien qui adorait les locomotives à vapeur et supporta mal le passage à la traction électrique. Louis Nucera raconte le dernier voyage de Bastien le long de la Méditerranée, aux manettes de la Mikado 141 R 1151 qu'il choyait presque comme une femme :

> Le 28 février 1968, au pays de la Grande Bleue, c'en fut fait de la traction à vapeur. Tiré par une motrice électrique, le Paris-Côte d'Azur s'arrêta à la gare des Arcs. Venue de Nice, la Mikado 141 R 1151 de Bastien l'y attendait. Il la conduisait, assisté de Roland, son immuable chauffeur de route. Il convenait de finir en beauté : de hisser sur le pavois une agonisante ; de gréer en fonceuse une moribonde. La direction l'ordonnait afin d'orchestrer un certain faste.
>
> On décrocha la machine électrique ; la Mikado la remplaça. Ce fut le dernier rapide mû par la vapeur qui s'élança vers Nice. Bastien imaginait la fumée qui sortait de la cheminée au-dessus de la cabine. Elle écumait. Au lieu d'un panache triomphant, des figures mortifiées et furibondes se déployaient, et des épouvantails à l'aspect redoutable se dessinaient dans le ciel avant de se dissiper, vaincus. On ne

congédie pas la poésie d'une machine à vapeur sans qu'elle proteste. C'était là illusions, caprices de moutards et taper du pied devant des parents inflexibles. Mêlez-vous donc de rogner les ailes au progrès ! Les mœurs d'une autre époque avaient irrémédiablement fait leur temps.

En chemin, Bastien actionnait le sifflet de la Mikado. Il répondait aux Klaxons des engins électriques ou à moteur Diesel qu'il croisait. Hier encore, le signal majestueux pouvait être gai et intime quand il annonçait aux familles demeurées à la maison le passage du convoi mené par un des leurs. On se mettait à la fenêtre pour voir et être vu ; on agitait un mouchoir ; on levait les bras et, de la loco, on répondait, quand la proximité de la voie ferrée le permettait. Pour Roland et Bastien, le sifflement retentissait à présent tel un glas. Un SOS sans espoir [1].

Voilà qui est bien triste, en effet. Mais la traction électrique, en permettant plus de rapidité, ne rend-elle pas davantage de services ? Les amis de Bastien et de Roland n'ont-ils pas, en partie, raison de leur reprocher, comme le note l'auteur, de « poser des lapins au futur » ? Et, sans vouloir médire des locomotives à vapeur, qui firent tant rêver, ni de ceux qui les conduisaient, souvent révérés comme des mineurs de fond, sans oublier non plus que le passé mérite notre gratitude, il faut se défier d'un attachement à ce qui était hier – un hier trop idéalisé – s'il interdit d'avancer ou freine la progression. D'autant plus qu'il existe, comme le notait Vladimir Jankélévitch, « une fidélité aux petites choses qui est mesquinerie et tenace mémoire des vétilles, rabâchage et entêtement [2] ».

Toute fidélité n'est donc pas une vertu.

Mais sans fidélité il n'est pas de morale. Toutes les valeurs évoquées dans ce livre requièrent évidemment la fidélité. Le choix n'existe pas. Elles doivent être respectées. Fidèlement.

Ceci ayant été écrit, rien n'est tout à fait résolu pour autant, chacun le pressent. Peut-être peut-on progresser en évoquant la notion de contrat, ou de pacte. On n'est fidèle qu'à l'autre. Que cet autre soit un animal, une institution, une société, un pays, un homme ou une femme. Pas question de fidélité sur une île déserte, a dit je ne sais plus qui. Et encore : si un naufragé a abordé sur cette île, seul, abandonné de tous, il peut se montrer infidèle, en esprit, à celle ou ceux qu'il aimait jusque-là.

Il n'empêche : la notion de contrat ou de pacte est utile. Est infidèle celui qui rompt le contrat, unilatéralement, sans raison valable. Cet adjectif – « valable » – met en lumière, à lui seul, toutes les nuances qu'il faut apporter au jugement sur l'infidèle, le traître.

Nous sommes sévères envers le traître. Et nous avons raison. Regardons les enfants : ils commencent toujours par faire confiance. La première tromperie, la première promesse non tenue est une blessure. La première blessure. C'est comme cela que l'on devient adulte paraît-il. À coups de blessure, de cicatrice mal refermée.

Nous avons raison de nous montrer sévères envers le traître. Mais nous avons tort aussi. Regardons Judas, dont le nom même est devenu synonyme de trahison. Quand Jésus annonce cette trahison, il ne condamne pas vraiment le traître. Il constate : « Malheureux cet homme par lequel le Fils de l'homme est livré. » Malheureux. C'est lui, le traître, le plus à plaindre. D'ailleurs, à en croire l'Évangile, les autres compagnons de Jésus, lorsqu'il annonce au cours de leur dernier repas en commun que l'un d'eux va le livrer, se sentent capables, eux aussi, de le trahir. Ils lui demandent : « Est-ce moi, Seigneur ? » Ce que signifie ce récit, c'est que la fidélité est aussi fragile que le cristal, qu'il y a du Judas en chacun de nous. Mais, à en croire l'évangéliste Matthieu, Jésus, parlant du traître, dit par ailleurs : « Il lui convient qu'une meule d'âne soit suspendue autour de son cou et qu'il soit submergé dans l'abîme de la mer. » Autrement dit – la mer étant dans la Bible la puissance du mal –, en trahissant, l'homme s'inflige lui-même la punition d'un fardeau intolérable, la pierre ; il se livre au mal, il sabote sa propre vie, il se suicide.

Encore une fois, retenons que Jésus ne condamne pas ce traître. Il le plaint. Et le récit souligne que tous sont capables de trahir. Donc de mourir à eux-mêmes.

La fidélité est une vertu difficile.

Pour des raisons très évidentes, on évoque beaucoup le couple dès qu'il est question de fidélité. Parce que, si l'amour a uni un couple, cela signifiait plus qu'un pacte et un contrat : un don total, corps et cœurs.

Dans une chanson de Marie-Paule Belle[3], l'amoureuse délaissée en vient à croire que cet amour-là, ce don total, n'a jamais, en fait, existé :

Que tu ne m'aimes plus
Je ne peux pas le croire...
C'est comme si le jour
Ne s'était pas levé
Comme si le rosier
Fleurissait en décembre
Comme si notre chambre
Débouchait sur un quai...,

Que tu ne m'aimes plus
Je ne peux pas le croire
Comme si notre chien
M'avait soudain mordue
Comme si notre rue
Assistait à la guerre
C'est le monde à refaire
Que tu ne m'aimes plus.

Que tu ne m'aimes plus
Je ne peux pas le croire
C'est comme si la nuit
Habitait dans mes yeux
Voici devenu deux
Ce qui n'était qu'un être
Voici qu'à la fenêtre
Même le soleil pleut

Mais que tu m'aies aimée
C'était comme un miracle
Comme si mon cœur mort
Apprenait à marcher
Je ne sais plus marcher
Plus rien ne m'est facile
Dans ce pays sans villes
Que tu as déserté

Et je ne peux plus croire
Qu'un jour tu m'aies aimée...

C'est vrai. Il existe beaucoup de trahisons alors même que s'établit la relation entre un homme et une femme. Des semblants d'amour. Des mascarades d'amour. Ainsi les étudiants toulousains qui, dans *Les Misérables* de Victor Hugo, ont eu pour maîtresses quatre braves filles du peuple, parmi lesquelles Fantine. Quittant Paris pour rejoindre leur ville, ils leur adressent, en guise de lettre de rupture, cette grossièreté :

> Ô nos amantes !
>
> Sachez que nous avons des parents. Des parents, vous ne connaissez pas beaucoup ça. Ça s'appelle des pères et des mères dans le code civil, puéril et honnête. Or, ces parents gémissent, ces vieillards nous réclament, ces bons hommes et ces bonnes femmes nous appellent enfants prodigues, ils souhaitent notre retour, et nous offrent de tuer des veaux. Nous leur obéissons étant vertueux. À l'heure où vous lirez ceci, cinq chevaux fougueux nous rapporteront à nos papas et nos mamans. Nous fichons le camp, comme dit Bossuet. Nous partons, nous sommes partis. Nous fuyons dans les bras de Laffitte et sur les ailes de Caillard. La diligence de Toulouse nous arrache à l'abîme, et l'abîme, c'est vous, ô nos belles petites ! Nous rentrons dans la société, dans le devoir et dans l'ordre, au grand trot, à raison de trois lieues à l'heure. Il importe à la patrie que nous soyons, comme tout le monde, préfets, pères de famille, gardes champêtres et conseillers d'État. Vénérez-nous. Nous nous sacrifions. Pleurez-nous rapidement et remplacez-nous vite... [...]
>
> Pendant près de deux ans, nous vous avons rendues heureuses, ne nous en gardez pas rancune.

On connaît la suite. Enceinte et isolée, Fantine se prostituera, vendra même dents et cheveux pour survivre.

Le sentiment éprouvé par l'homme ou la femme trahie taraude d'autant plus que celui-ci, ou celle-là, faisait une totale confiance à l'autre. Aux autres. C'est ce que montre avec une force tragique Françoise Chandernagor dans son livre *La Première Épouse* où la romancière décrit les mensonges, et pour finir (si l'on peut dire, car la plaie semble ouverte à jamais) la rupture entre un homme et une femme longtemps mariés.

> Plus que la myopie, ce qui m'aveugle, c'est la candeur : dans mes romans j'invente le noir, dans la vie je ne vois que le blanc.
>
> Parce qu'en matière de parole donnée je suis moi-même blanche comme neige et bête comme une oie, je crédite la terre entière de ma bonne foi ; incapable de faire faux bond, de manquer un rendez-vous, d'arriver en retard, de violer un serment, je ne peux même pas concevoir que d'autres le fassent. Confiante parce que fiable, je suis, pour les tricheurs, la proie rêvée ; eux-mêmes doivent s'étonner qu'il me faille si longtemps pour me désabuser ! Mon menuisier, par exemple... Depuis trois semaines j'attends qu'il vienne changer une porte ; tous les jours je l'attends, tous les jours il m'annonce sa venue. Pour l'accueillir je me lève plus tôt ; pour ne pas le manquer j'annule des réunions, renonce à des sorties, traverse tout Paris pendant le déjeuner : jour après jour, je suis là à l'heure exacte qu'il m'a fixée, et je reste à l'attendre sans oser m'éloigner d'un pas. Évidemment, il ne vient pas ; et il se donne rarement la peine de me téléphoner.
>
> [...]
>
> À la confiance que je renouvelle ainsi à un homme qui ne m'est rien, on jugera de celle que je pouvais accorder à l'homme qui m'était tout !
>
> Voilà pourquoi je n'ai pas soupçonné leur liaison : au fil des mois ils ont migré de la chambre d'hôtel au studio loué,

du studio loué au deux-pièces acheté, et du deux-pièces acheté au six-pièces loué ; aux rencontres occasionnelles ont succédé les rendez-vous réguliers ; puis le rythme de ces rendez-vous s'est accéléré, passant d'un week-end par mois à cinq fois par semaine, sans que jamais j'aie découvert la vérité que de manière imparfaite, indirecte et tardive[4].

Le résultat d'une rupture définitive enfin annoncée dans des conditions presque aussi grossières que celles des étudiants toulousains des *Misérables*, le voici :

On dirait que le soleil ne reparaîtra jamais. Brumes blanches, sapins mélancoliques, boules de gui. Lumière de neige, ciel furtif, chemin de lune. Quelle est la couleur du froid ? Je suis gelée.

On raconte qu'autrefois, il y a longtemps, des enfants abandonnés furent réchauffés par les loups... Qui réchauffera la femme abandonnée ? L'homme, s'il est un loup pour l'homme, n'est pas un loup pour la femme : il lui serait fidèle. Les espèces nobles sont monogames, l'homme n'est pas une espèce noble. Mon mari se flattait d'être un « mâle dominant », c'était son mot – le coq du poulailler, le taureau du troupeau... Belle ambition, à la juger au résultat : barbaque, bidoche, prêt-à-emballer-sous-vide !

Pas de compagnon, de protecteur, pas de loup pour moi. De toute façon, il est trop tard pour courir les bois ; je ne suis qu'un de ces chiens pelés qui ont cessé d'amuser et qu'on jette, à la veille des vacances, au bord d'une route. Certes, mon sort ne fera pas pitié ; il y a plus malheureux : notre ancienne maison est à vendre mais j'ai retrouvé une niche (un trois-pièces à République, deux studios pour mes fils aînés – sans oublier la Combrailles [la maison de campagne]) ; oui, j'ai retrouvé une niche et je remplirai ma gamelle.

Mais plus de laisse, plus de collier, plus de caresses ni de nom murmuré. Mon maître est parti. Je serai nourrie ; mais apprivoisée, plus jamais...

Me voilà rendue à la vie sauvage. Vive la rose et le lilas ! Malheureusement, ce n'est pas à l'âge où le pelage se mite, où la patte traîne, que le chien lâché découvre les ivresses de la liberté : je resterai où mon maître m'a laissée. Seule. Seule avec moi. Dans la neige et dans le froid.

Étrangement – mais cela peut se comprendre – la plupart des auteurs, et même les légendes sorties comme on dit de la nuit des temps, décrivent plus volontiers l'infidélité que son contraire. Pour une Pénélope, combien de traîtresses, pour un Cyrano de Bergerac, fidèle dans l'ombre jusqu'à la mort, combien de volages !

Terminons pourtant avec un autre extrait du roman de Louis Nucera déjà cité. Notre cheminot, Bastien, et Florence son épouse, ont vécu, depuis le jour de leur rencontre, un amour rare : « Il ne saurait vivre sans elle et elle sans lui. » Un terrible accident, provoqué par un chauffard, a failli le détruire à jamais. Florence, surtout, a souffert mille morts.

À présent, c'était l'hiver. La nuit était tombée. Des vapeurs enveloppaient la Tête-de-Chien, ce roc qui domine la Turbie. La mer scintillait d'étoiles et de blancheur lunaire car, au-dessus d'elle, le ciel était vierge de tout nuage. À l'éternelle voix du vent se mêlaient les voix de quelques corbeaux fourbus. Bientôt ils se tairaient. Florence et Bastien, serrés l'un contre l'autre, observaient les flammes. Des ombres dansaient sur les murs de la salle à manger. Dans la cheminée, le bois crépitait. L'Artiste et Pitchounette dormaient, emboîtés l'un dans l'autre. L'hiver, la nuit, le firmament, la lune, la femme, l'homme, le vent, les corbeaux, les animaux domestiques, l'odeur du feu : tout était si vieux et si jeune puisque toujours renaissant. Demain, à l'aube, le condor réapparaîtrait, portant sur ses ailes le soleil et son quotidien de triomphe.

– À quoi penses-tu mon petit garçon ?

– À toi. À ton renouveau. Aux rires d'avant. Ils semblaient n'avoir plus d'avenir et voilà qu'ils ressuscitent.

– Ne nous réjouissons pas trop vite. Le mal est toujours là, si présent, latent.

Florence se blottit davantage contre son « petit garçon » ; le mouvement ne fit pas plus de bruit qu'un froissement de pétales.

– « Ne nous réjouissons pas trop vite », redit-elle. Puis elle s'allongea sur le canapé, la tête reposant sur le haut des cuisses de Bastien. Le craquement des bûches, le caprice des flammes augmentaient la valeur du silence. Bastien songea à ce cantique qui parvint à ses oreilles, un matin, à l'heure de la messe. Il peignait le clocher d'une église au loin, très loin, dans une vallée. Il était seul sur une route. À quelle fantaisie se livra le vent ? Dans le silence, s'éleva le chant des fidèles : un murmure intime et léger comme le chuchotement d'une confidence. Les voix semblaient si proches, pourtant, qu'on pouvait croire à une intervention divine[5].

17

L'honneur

« L'HONNEUR fait tous les jours tant de bien et tant de mal dans le monde qu'il est assez malaisé de définir quelle estime on doit en faire », disait Bossuet, dans un sermon, en mars 1666.

Il n'avait pas tort. L'honneur est à coup sûr une vertu, mais une vertu dont le sens a été souvent déformé. On l'a confondu avec l'amour-propre, l'orgueil, la volonté de paraître. On y a vu beaucoup d'hypocrisie : sauver l'honneur est souvent devenu sauver la face. L'honneur a été ridiculisé par le « point d'honneur ». Au XVIIIe siècle, certains aristocrates élevaient bien haut leur « point d'honneur », se jugeaient insultés pour une peccadille et ils étaient prêts à se battre en duel, voire à se faire tuer, pour laver ce pseudo-honneur.

Corneille faisait dire à l'un de ses héros :

> Je vois que votre honneur demande tout mon sang,
> Que tout le mien consiste à vous percer le flanc[1].

Et Molière lui faisait répondre par Sganarelle :

Quand j'aurai fait le brave, et qu'un fer, pour ma peine,
M'aura d'un vilain coup transpercé la bedaine...
Dites-moi, mon honneur, en serez-vous plus gras[2] ?

Le polémiste Léon Bloy, enfin, voulait, au début du siècle, en finir avec lui, une fois pour toutes : « L'honneur, écrivit-il, est un Dieu crépusculaire, un faux Dieu à déboulonner comme les autres et il faudra élever un monument haut comme la lune au législateur généreux qui décrétera son abolition[3]. »

Mais la seule évocation d'un monument « haut comme la lune » montre assez bien que Léon Bloy, écrivain batailleur de génie, était aussi très doué pour l'excès.

Certes, les petits marquis de l'époque de Molière qui n'avaient que le mot « honneur » à la bouche, les dirigeants politiques ou militaires invoquant « l'honneur de la France », ou « l'honneur de l'armée » pour voiler leurs fautes, leurs erreurs ou leurs turpitudes, sont responsables du discrédit dans lequel est parfois tombée cette vertu. La défense de « l'honneur de la patrie » a conduit à de grands massacres ou des agressions injustifiés.

Qu'est-ce que l'honneur, en réalité ? Pour le comprendre, et l'apprécier, il faut rencontrer son contraire.

Son contraire est la honte : honte d'avoir triché, volé, violé les règles morales les plus élémentaires, trahi les siens, ses amis, la communauté à laquelle on appartient. Et la honte ne s'efface pas aisément. Le héros de Marcel Pagnol, César, le dit à sa manière à son fils : « L'honneur, c'est comme les allumettes, ça ne sert qu'une fois. »

L'honneur consiste à bien faire, là où l'on est, ce que

l'on doit faire. Un moraliste de la fin du XVIe siècle, David Rivault de Fleurance, écrivait : « Il n'est rien de plus honorable au tailleur que de faire l'habit bien proportionné au corps. De même, l'honneur du soldat est de valeureusement combattre. »

Quatre siècles plus tard, le sociologue Michel Verret définissait ainsi l'honneur de l'ouvrier :

> Honneur : plus que le sentiment de sa propre valeur, l'exigence qu'elle soit reconnue. Et plus que reconnue : considérée, avec attention, avec admiration...
>
> Beaucoup à faire pour l'ouvrier du commun, celui que ne soutient pas la dignité du métier. [...]
>
> Montrer qu'il est autre chose que rien. Quelqu'un qui est, qui est quelque part, dans la rue d'abord, pour les voisins, pourquoi pas dans l'usine ? Un « Monsieur » sous son nom, à qui l'on dit « vous ». Ou si c'est « tu », que ce soit comme à un compagnon d'excellence ou un camarade de lutte. Quelqu'un qui a droit aux usages de politesse, au langage surveillé, au respect commun, et s'il prend un crédit, à la présomption de confiance, et s'il est arrêté, à la présomption d'innocence. C'est le combat quotidien de l'honneur ordinaire[4].

Pour apprécier l'honneur, il ne suffit pas de l'opposer à la honte. Il faut aussi le mesurer, dans notre monde, à l'argent. L'honneur ne s'achète ni ne se vend, même si l'on peut acheter des honneurs, des prix, voire des décorations (à propos de celles-ci, Francis Picabia, artiste d'avant-garde, écrivait au début du siècle : « Les hommes couverts de croix font penser à un cimetière[5] »).

L'honneur, c'est préférer la loi morale à l'argent, à sa vie, refuser la bassesse, les combines, la tricherie, le mensonge. C'est mettre toutes les valeurs, les vertus, dont il est ici question au-dessus de soi. Celui qui défend son honneur défend plus que lui-même : il défend l'homme, l'honneur de l'homme.

À cet égard, l'attitude du capitaine Dreyfus, condamné à tort, comme on le sait, à la fin du siècle dernier, pour trahison au profit de l'Allemagne et défendu (entre autres) par Émile Zola, est exemplaire. De la prison de la Santé où il avait été d'abord incarcéré, il écrivait à sa femme, le 5 janvier 1895 :

> En te promettant de résister jusqu'à la réhabilitation de mon nom, je t'ai fait le plus grand sacrifice qu'un homme de cœur, qu'un honnête homme auquel on vient d'attacher son honneur, puisse faire. Pourvu, mon Dieu, que mes forces physiques ne m'abandonnent pas ! Le moral tient, ma conscience qui ne me reproche rien me soutient, mais je commence à être à bout de patience et de force...
>
> Hélas ! pourquoi ne peut-on pas ouvrir avec un scalpel le cœur des gens et y lire ! Tous les braves gens qui me voyaient passer y auraient lu, gravé en lettres d'or : « Cet homme est un homme d'honneur. » Mais comme je les comprends ! À leur place je n'aurais pas non plus pu contenir mon mépris à la vue d'un officier qu'on leur dit être un traître. Mais, hélas ! c'est là ce qu'il y a de tragique, c'est que le traître, ce n'est pas moi !...

C'est au nom de « l'honneur de l'armée », bien mal compris, que les supérieurs de Dreyfus s'enfoncèrent dans le mensonge, se cramponnèrent au mensonge, refusèrent, des années durant, de reconnaître l'erreur qu'avait été sa condamnation. Ils ne défendaient évidemment pas l'honneur mais la réputation, l'apparence, le masque. Et lui faisant passer son honneur, celui de sa famille, celui de ses enfants, avant sa vie. Notons, par parenthèse, que considérer l'honneur ou le déshonneur comme héréditaire est une erreur : un fils, une fille ne sont pas responsables des fautes de leurs parents ; mais il est vrai qu'ils en sont atteints, qu'il est rude de passer, aux yeux des autres, pour le fils d'un assassin ou d'un traître.

De l'île du Salut où il était enfermé, Alfred Dreyfus écrivit au président de la République, le 7 juillet 1897 :

> ... Ma vie, Monsieur le Président, je n'en parlerai pas. Aujourd'hui comme hier, elle appartient à mon pays. Ce que je lui demande simplement comme une faveur suprême, c'est de la prendre vite, de ne pas me laisser succomber aussi lentement par une agonie atroce, sous tant de supplices infamants que je n'ai pas mérités, que je ne mérite pas.
>
> Mais ce que je demande aussi à mon pays, c'est de faire faire la lumière pleine et entière sur cet horrible drame ; car mon honneur ne lui appartient pas, c'est le patrimoine de mes enfants, c'est le bien propre de deux familles...

Et puisqu'il est ici question de l'honneur d'un militaire, j'aime évoquer l'attitude toute simple mais si grande, si *honorable* d'un lieutenant anonyme évoqué par Henri Barbusse, dans son roman *Clarté*. La compagnie que commandait cet officier en 1915 avait été contrainte de reculer sous la pression de l'ennemi :

Quand on a redescendu le versant de la colline, on se trouve encore dans le fond d'une vallée, car une autre hauteur commence. Avant de la gravir, on s'arrête pour souffler, prêts à repartir si l'inondation se profilait là-bas. Nous nous trouvons au milieu d'étendues d'herbe, sans tranchées ni défense, et nous sommes étonnés de ne pas voir les troupes de soutien. Il y a comme une absence au milieu de laquelle on va...

On s'assoit çà et là. Traduisant tout à coup la pensée commune, un être assis et le front courbé presque sur ses genoux dit :

– C'est pas d'not'faute.

Notre lieutenant est là. Il s'approche de l'homme, lui met la main sur l'épaule et lui dit doucement :

– Non, mes amis, ce n'est pas de votre faute.

À ce moment, nous rejoignent quelques sections qui nous disent : « Nous sommes l'arrière-garde. » Il y en a qui ajoutent que, là-haut, les deux batteries de 75 sont déjà prises. Un coup de sifflet retentit.

– Allons, en marche.

On continue la retraite. Nous sommes deux bataillons en tout : aucun soldat devant nous, aucun soldat français derrière nous. On a des voisins inconnus, des hommes débandés, stupéfaits et bigarrés, artillerie et génie : des voisins inconnus qui viennent et s'en vont, qui semblent naître et qui semblent mourir.

À un moment, on entrevoit quelque confusion dans les ordres supérieurs :

Un officier d'État-major, sorti on ne sait d'où, se jette devant nous, nous barre la route et nous interpelle d'une voix dramatique :

– Qu'est-ce que vous faites, malheureux ! Vous fuyez ! En

avant, au nom de la France ! Je vous adjure de retourner en avant !

Les soldats – qui n'auraient jamais songé à reculer sans un ordre – sont abasourdis et n'y comprennent rien.

– Ben quoi, on se r'pliait parce qu'on nous avait dit de se r'plier.

Ils obéissent. Ils font demi-tour. Une partie de la troupe a déjà commencé à marcher en avant et appelle les camarades :

– Eh, là-bas : l'paraît qu'c'est par là !

Mais l'ordre de se replier revient définitivement, et on obéit à nouveau, en maugréant contre ceux qui ne savent pas ce qu'ils disent, et le flot entraîne avec lui l'officier qui criait à contresens.

La marche s'accélère, elle se fait précipitée, hagarde. On est emporté par un élan qu'on subit, sans savoir d'où il vient. On entreprend la montée de la seconde colline qui, dans la nuit tombée, paraît une montagne.

Arrivés aux premières assises, nous entendons autour de nous, de toutes parts, de tout près, les tapements terribles et de longs sifflements doux d'herbe fauchée. Des tic tac partent, au loin, du ciel, et ceux qui se retournent une seconde dans l'orage effroyable voient s'allumer horizontalement des crêtes de nuages. On comprend que l'ennemi a installé des mitrailleuses sur le sommet que nous venons d'abandonner et que l'endroit où nous sommes est haché par les lames de balles. De tous côtés, des soldats tournoient et dégringolent avec des jurons, des soupirs et des cris. On s'accroche, on s'empoigne et on se heurte comme si on se battait.

Le reste parvient enfin au faîte de la butte. À cet instant exact le lieutenant s'écrie, d'une voix claire et délirante :

– Adieu, ma compagnie !

On le voit qui tombe et est emporté par les survivants qui sont autour de lui.

Arrivés sur le sommet, on redescend quelques pas sur la pente opposée, et on se couche sur le silence de la terre.

Quelqu'un demande :

– Le lieutenant ?

– Il est mort.

– Ah ! dit le soldat, comme il nous a dit adieu[6] !

18

L'humilité

L'HUMILITÉ est une vertu difficile. Parce qu'il n'en faut ni trop, ni trop peu. On ne doit donc pas la confondre avec le mépris de soi, qui mène à la tristesse, voire au désespoir.

Il ne faut pas se montrer exagérément humble, mais l'être seulement « à bon escient », comme le soulignait Henry de Montherlant[1]. Car s'abaisser plus qu'il ne convient est sans doute la forme la plus subtile de l'orgueil. On objectera que de très grands saints se sont abaissés, justement. Était-ce leur qualité première ? Le Dieu qu'a annoncé Jésus (que l'on croie en Lui ou non, il importe de le savoir) ne souhaitait pas l'abaissement de l'homme. Au contraire, puisqu'il a lui-même revêtu la condition humaine. Et c'est justement l'un des plus grands saints des premiers siècles, Irénée, natif de Smyrne, devenu évêque de Lyon, qui l'a écrit : « La gloire de Dieu, c'est l'homme vivant. » Pas abaissé. À sa place. De fils de Dieu justement. Ce qui n'est pas rien, chacun peut l'admettre.

À se montrer trop humble ajoute Emmanuel Kant avec un certain cynisme, on court aussi des risques : « Celui qui se transforme en ver de terre ne doit pas se plaindre par la suite qu'on lui marche dessus. » Car les appels à l'humilité, c'est vrai, ont été souvent lancés par des pouvoirs qui opprimaient l'homme.

Alors ? N'en faire ni trop, ni trop peu, ne pas frimer, comme on dit aujourd'hui, ni se mésestimer, c'est être soi, vraiment. « Humilité égale vérité », a écrit le philosophe Vladimir Jankélévitch.

De même que l'on comprend mieux ce qu'est l'honneur véritable quand on évoque son contraire, la honte, de même, peut-être, comprendra-t-on mieux l'humilité en s'interrogeant sur son contraire, la vanité.

Elle joue souvent de mauvais tours, comme le montre un conte indien, l'histoire de Coyote et du geai bleu (coyote, un charognard, joue un grand rôle dans les textes qui expriment la sagesse des Indiens d'Amérique du Nord) :

> Autrefois, le geai avait une très vilaine couleur. Mais il existait un lac auquel n'aboutissait aucune rivière, et dont aucune ne partait, et l'oiseau s'y baigna quatre fois chaque matin, pendant quatre jours. Et tous les matins, il chantait :
>
> *Il existe une eau bleue, là-bas*
> *Je m'y suis baigné*
> *Je suis tout bleu.*
>
> Le matin du quatrième jour, il perdit toutes ses plumes mais le matin du cinquième jour il ressortit de l'eau avec des plumes bleues. Et pendant tout ce temps-là, Coyote était resté à l'observer. Il avait envie de plonger dans l'eau et de l'attraper, mais en fait il avait peur de l'eau. Le cinquième jour, il lui demanda : « Comment se fait-il que ta vilaine couleur soit toute partie et que tu sois maintenant bleu, gai

et magnifique ? Tu es vraiment le plus beau de tous les oiseaux sans exception. Moi aussi j'ai envie d'être bleu. »

En ce temps-là, Coyote était vert vif. L'oiseau lui répondit : « Je me suis baigné quatre fois », et il lui enseigna sa chanson. Et Coyote se baigna donc quatre fois, et la cinquième fois qu'il ressortir de l'eau, il était aussi bleu que le petit oiseau.

Il en était très fier. En marchant, il regardait de tous les côtés pour voir si on remarquait comme il était beau et bleu. Il regardait son ombre pour voir si elle aussi était bleue, et donc il ne voyait pas où il allait. Ce qui fait qu'il cogna dans une souche d'arbre, si fort qu'il tomba à la renverse et se retrouva couvert de poussière de la tête aux pieds. C'est pour ça que depuis cette époque tous les coyotes sont couleur de poussière[2].

Pas de chance. Pas de chance non plus pour le paon, l'oiseau qui incarne aux yeux de tous la vanité. Guillaume Apollinaire remarque en effet avec humour :

En faisant la roue, cet oiseau
Dont le pennage traîne à terre
Apparaît encore plus beau
Mais se découvre le derrière.

Retrouvons enfin notre ami, le petit prince de Saint-Exupéry. Il découvre, au cours de son voyage à travers l'espace, d'étranges personnages qui se prennent au sérieux, qui jouent les importants, les puissants. D'abord un Roi solitaire, imbu de ses préjugés, ne pensant qu'à condamner et à trancher. Puis un vaniteux :

La seconde planète était habitée par un vaniteux.

– Ah ! ah ! Voilà la visite d'un admirateur, s'écria de loin le vaniteux dès qu'il aperçut le petit prince.

Car, pour les vaniteux, les autres hommes sont des admirateurs.

– Bonjour, dit le petit prince. Vous avez un drôle de chapeau.

– C'est pour saluer, lui répondit le vaniteux. C'est pour saluer quand on m'acclame. Malheureusement il ne passe jamais personne par ici.

– Ah oui ? dit le petit prince qui ne comprit pas.

– Frappe tes mains l'une contre l'autre, conseilla donc le vaniteux.

Le petit prince frappa ses mains l'une contre l'autre. Le vaniteux salua modestement en soulevant son chapeau.

– Ça c'est plus amusant que la visite au roi, se dit en lui-même le petit prince. Et il recommença de frapper ses mains l'une contre l'autre. Le vaniteux recommença de saluer en soulevant son chapeau.

Après cinq minutes d'exercice le petit prince se fatigua de la monotonie du jeu :

– Et pour que le chapeau tombe, demanda-t-il, que faut-il faire ?

Mais le vaniteux ne l'entendit pas. Les vaniteux n'entendent jamais que les louanges.

– Est-ce que tu m'admires vraiment beaucoup ? demanda-t-il au petit prince.

– Qu'est-ce que signifie admirer ?

– Admirer signifie que je suis l'homme le plus beau, le mieux habillé, le plus riche et le plus intelligent de la planète.

– Mais tu es seul sur ta planète !

– Fais-moi ce plaisir. Admire-moi quand même !

– Je t'admire, dit le petit prince, en haussant un peu les épaules, mais en quoi cela peut-il bien t'intéresser ?

Et le petit prince s'en fut.

Les grandes personnes sont décidément bien bizarres, se dit-il simplement en lui-même durant son voyage[3].

Le petit prince parti, le vaniteux resta seul avec son anxiété, son éternel souci d'être acclamé, admiré, jaugé à ce qu'il pensait être sa juste valeur. Tout seul sur sa planète. Ce qui peut mener au désespoir, comme le montre la rencontre que fit ensuite le petit prince, celle d'un buveur, qui incarne la vanité brisée : il ne peut plus supporter de se voir tel qu'il est.

La planète suivante était habitée par un buveur. Cette visite fut très courte mais elle plongea le petit prince dans une grande mélancolie :

– Que fais-tu là ? dit-il au buveur, qu'il trouva installé en silence devant une collection de bouteilles vides et une collection de bouteilles pleines.

– Je bois, répondit le buveur, d'un air lugubre.

– Pourquoi bois-tu ? lui demanda le petit prince.

– Pour oublier, dit le buveur.

– Pour oublier quoi ? s'enquit le petit prince qui déjà le plaignait.

– Pour oublier que j'ai honte, avoua le buveur en baissant la tête.

– Honte de quoi ? s'informa le petit prince qui désirait le secourir.

– Honte de boire ! acheva le buveur qui s'enferma définitivement dans le silence.

Et le petit prince s'en fut, perplexe[4].

L'humilité

L'humilité est, certes, une vertu ambiguë et difficile. Mais sans humilité il n'est pas d'espérance, ni de volonté de se dépasser. Elle est donc une vertu de base. Un peu cachée. Humble.

19

L'humour

L'HUMOUR a bien des qualités.

Il permet d'être sans illusions sur soi : le buveur et le roi rencontrés par le petit prince n'avaient évidemment aucun humour.

Il donne du courage : qui traverse ce monde avec humour est comme un enfant qui chante pour se réconforter en marchant dans la nuit noire.

Il permet de vaincre le désespoir, de s'accepter tel que l'on est. « La seule chose que je regrette, dit Woody Allen, c'est de n'être pas quelqu'un d'autre. » Mais en le disant ainsi, comme le note André Comte-Sponville, il accepte d'être lui-même : « Il s'agit d'accepter cela même qui nous fait souffrir[1]. »

À propos de l'humour, on cite souvent le mot de Boris Vian, selon lequel il est « la politesse du désespoir ». C'est parfois vrai, comme dans l'histoire de ce condamné à mort que l'on mène à la potence un lundi matin et qui constate : « Voilà une semaine qui commence bien ! » Mais ce n'est pas toujours vrai. L'humour permet aussi d'espérer : « C'est, écrivait Claude Roy[2], le verre d'alcool qui donne à l'esprit critique le courage un peu fou de monter à l'assaut. »

L'humour permet parfois de vaincre la violence. Pedro de Meca, un religieux dominicain qui reçoit les marginaux dans une sorte de foyer, raconte :

> Une nuit, j'étais en réunion avec quelques membres du conseil d'administration. Comme fond sonore, des conversations dans le couloir. Tout à coup, on entend des cris et le bruit d'une bagarre. Je sors en courant. Fabien et Arnaud s'accrochent. Menaces. Insultes. Vieilles rancunes : ils se sont connus et pas appréciés en prison. Un petit billet non rendu au bon moment et les coups partent.
>
> Fabien a sorti son couteau. Arnaud a reculé. Je m'interpose entre les deux. À distance du couteau, regardant Fabien dans les yeux. Il profère des menaces de mort envers Arnaud qui est retenu par d'autres derrière moi. « Chien qui aboie ne mord pas », dit un proverbe chez moi. Fabien ne fera rien, j'en suis sûr. Cependant, je gueule plus fort que lui pour le distraire de l'autre.
>
> – Sors de là, Pedro. Je vais le pointer, ce con !
>
> – Non, pas ici. Pas de sang. Ça gicle sur les murs et il faut nettoyer après...
>
> Ce n'est pas la première fois que l'humour désarme quelqu'un[3].

L'humour libère aussi. Même en prison, comme le souligne Betty N... qui fut détenue :

> Au début, j'ai été d'une violence inouïe. Si une gardienne pénétrait sans crier gare dans ma cellule, je l'attrapais par le col et je la virais dans le couloir. Personne n'avait le droit de

> violer mon intimité. Comme c'était la loi, on pouvait fouiller ma cellule (je n'avais pas le choix), mais je sortais d'abord. Idem pour signer un papier : je venais sur le pas de ma porte. Et quand j'étais convoquée chez le directeur, je lui lâchais sans me gêner tout ce que j'avais sur le cœur. En général, d'ailleurs, ça ne traînait pas, je filais immédiatement au mitard.
>
> Mais peu à peu j'ai changé, j'ai compris que je n'avais rien à gagner à m'abandonner à la colère et j'ai essayé de modifier le système de l'intérieur, avec les mots, en transformant mon agressivité en humour. De plus en plus, j'ai mis la distance d'un sourire entre moi et ce qui me traumatisait, car ce dont on rit, on n'en est plus prisonnier, ou du moins plus de la même manière. Si, par exemple, au cours d'une fouille, on me demandait ce que je cachais dans ma poche et que je répondais du tac au tac : « un porte-avions, comme d'habitude », j'avais le sentiment d'être, pour un instant, l'égale de ceux qui m'humiliaient. Au lieu de la réponse bestiale qu'ils attendaient de ma part (et qui leur aurait permis de me sanctionner davantage), je mettais en évidence l'absurdité des règlements qu'ils m'appliquaient. Ça les désarçonnait et, surtout, ça les amenait à réfléchir.
>
> [...]
>
> En fait, en prenant les gens par l'humour, on les place en porte à faux et on les pousse, s'ils ne sont pas trop bornés, à modifier leur comportement[4].

L'humour, cependant, ne doit pas être confondu avec l'ironie, ni avec la dérision, très en vogue aujourd'hui chez bien des soi-disant humoristes, qui sont destructrices, méprisantes, voire tout simplement méchantes. Il n'y a pas d'humour sans complicité, compréhension. « On peut plaisanter sur tout : sur l'échec, sur la guerre, sur la mort, sur l'amour, sur la maladie, sur la torture, écrit Comte-Sponville. Encore faut-il que ce rire ajoute un peu de joie, un peu de douceur et de légèreté à la misère du monde, et non davantage de haine, de souffrance ou de mépris. On peut rire de tout mais pas n'importe comment[5]. » Et Dominique Noguez : « Humour, c'est amour ; ironie c'est mépris[6]. »

Citons donc, pour terminer et pour sourire, quelques exemples à l'appui de ce qui vient d'être écrit, quelques propos d'humoristes.

Pierre Desproges : « Le Seigneur a dit : "Tu aimeras ton prochain comme toi-même." » Personnellement, je préfère moi-même, mais je ne ferai pas entrer mes opinions personnelles dans ce débat. »

Maurice Roche : « Moi je veux bien monter sur les barricades pour défendre la grasse matinée, mais pas avant minuit. »

Saint-Lambert (poète du XVIIIe siècle) qui voulait voir écrire sur son tombeau :

> Ci-gît un vieil atrabilaire ;
> Après l'avoir fait enterrer,
> Sa veuve n'ayant rien à faire,
> Prit le parti de pleurer.

Dickens : « Il n'avait qu'un œil alors que le préjugé populaire milite plutôt en faveur de deux. »

Mark Twain : « Consommée avec modération, l'eau ne peut pas faire de mal. »

Oscar Wilde : « L'expérience est le nom que chacun donne à ses erreurs. »

Somerset Maugham : « Comme tous les hommes faibles, il tenait absolument à ne pas changer d'avis. »

George Bernard Shaw : « La vie est trop courte pour être prise au sérieux. »

Pierre Dac : « À l'éternelle question, toujours demeurée sans réponse : "Qui sommes-nous ? D'où venons-nous ? Où allons-nous ?" Je réponds : « En ce qui me concerne personnellement, je suis moi, je viens de chez moi, et j'y retourne. »

Woody Allen : « Bien que je n'aie pas peur de la mort, j'aime mieux être ailleurs quand ça se produira. »

20

La joie

APPAREMMENT la joie et la morale ne font pas bon ménage. Ouvrez un livre de morale, au hasard. S'il évoque la joie, vous avez bien de la chance, vous avez découvert la perle rare. La morale se présente d'ordinaire sous des traits rudes et tristes, austères. Qu'elle ne soit guère attirante n'est donc pas surprenant.

Comment l'expliquer ? Sans doute par l'influence d'une religion mal comprise. Spinoza constatait : « La superstition semble admettre que le bien c'est ce qui apporte de la tristesse ; le mal ce qui donne de la joie[1]. » Il disait « la superstition », mais il visait toute une spiritualité qui présentait la terre comme une « vallée de larmes » et confondait joie et plaisir. Or, le plaisir était suspect, confondu avec la jouissance sexuelle (que l'on condamnait), le caprice (l'expression « car tel est mon bon plaisir »), la malveillance (« mettre un malin plaisir à »). Les psychanalystes n'ont rien arrangé en opposant le principe de plaisir (« qui tend à satisfaire les pulsions quelles qu'en soient les conséquences ultérieures », disent les dictionnaires) au principe de réalité, sérieux, lui. On vient même de publier un livre important, de grande qualité, présentant le plaisir comme un tyran : *La Tyrannie du plaisir* de Jean-Claude Guillebaud[2]. Et il a eu du succès. Un succès mérité. Mais ce titre, emprunté à Platon, vise seulement le plaisir sexuel s'il en vient à gouverner tous les mouvements de l'homme.

Les Grecs d'un côté, certaines déformations du judéo-christianisme de l'autre, ont longtemps accordé à la souffrance, à la douleur, une vertu qu'elles n'ont pas. En même temps s'opérait un glissement : condamnant les plaisirs malsains, on en est venu à mépriser le plaisir lui-même (qui est légitime) et en fin de compte la joie. Ce que l'on observe bien dans ce texte de Montesquieu : « La joie même fatigue à la longue : elle emploie trop d'esprit ; et il ne faut pas croire que les gens qui sont toujours à table et au jeu y aient plus de plaisir que les autres. Ils y sont parce qu'ils ne sauraient être ailleurs, et ils s'ennuient là pour s'ennuyer moins autre part[3]. »

Ainsi fut condamnée la joie. Ainsi certains en vinrent-ils à la craindre, à soupçonner qu'il faille la payer un jour : plus grande serait la joie, plus lourde serait la facture. L'écrivain tunisien Albert Memmi constate : « Il existerait une espèce de balance de joies et de peines où chacun doit recevoir son dû. Une de mes parentes affirme, soupçonneuse : “Ces derniers temps il ne m'arrive que de bonnes choses, je vais sûrement le payer[4].” »

Heureusement, un courant contraire a toujours existé. Spinoza, encore lui, expliquait qu'il fallait pousser les hommes à pratiquer les vertus, « non par la crainte de l'aversion », de la mauvaise réputation, « mais par la joie ».

L'écrivain indien Rabindranath Tagore, au début de ce siècle, voyait la joie partout : « Et la joie est partout, elle est dans le manteau de verdure qui recouvre la terre, dans la sérénité bleue du ciel, dans la folle exubérance du printemps, dans l'austérité grise de l'hiver, dans la chair vivante qui habille notre charpente, dans le parfait équilibre, noble et fier, du corps humain, dans la vie, dans l'exercice de tous nos pouvoirs, dans l'acquisition de la connaissance, dans la lutte contre le mal, dans la mort pour des biens dont nous ne profiterons jamais[5]. »

C'était aussi le thème du très célèbre hymne à la joie de Schiller que Beethoven a adapté pour en faire le finale de sa Neuvième Symphonie, chantée avec chœur. La première audition, en présence du compositeur, le 7 mai 1824, au Théâtre de la Cour à Vienne, obtint un considérable succès : cinq salves d'applaudissements, alors que l'étiquette n'en prévoyait que deux pour la famille impériale elle-même ! En voici le texte initial, parfois remanié, qui montre comment la joie est fille de la fraternité et de l'amour :

> Joie, belle étincelle des dieux
> Fille de l'Élysée
> Nous pénétrons avec un ardent enthousiasme
> Ô céleste ! – dans ton lieu saint.
> Ton enchantement unit de nouveau
> ce que la convention a rigoureusement séparé :
> tous les hommes deviennent frères,
> là où ta douce aile plane.
> Celui auquel a réussi le grand coup de dé
> d'être l'ami d'un ami,
> celui qui a conquis une noble femme,
> que sa jubilation se mêle à l'ensemble ! [...]
> Joyeux, comme volent ses soleils
> à travers la plaine splendide du ciel,
> courez, frères, votre chemin,

joyeux, comme un héros vers la victoire ! [...]
Étreignez-vous, millions d'êtres !
Ce baiser, au monde entier !
Frères, au-dessus de la voûte étoilée
il faut qu'un bon Père habite.
Vous vous prosternez, millions d'êtres ?
Pressens-tu le Créateur, monde ?
Cherche-le au-dessus de la voûte étoilée !
Au-dessus des étoiles il doit habiter.

Dans son livre sur Beethoven, publié en 1903, l'écrivain Romain Rolland commentait ainsi le finale de la Neuvième Symphonie : « Toute une humanité tend les bras vers le ciel, pousse des clameurs puissantes, s'élance au-devant de la joie et l'étreint sur son cœur. »

Il existe un autre hymne à la joie, disons plutôt, comme son auteur, une chanson ou une chansonnette.

Mais elle n'a pas moins de valeur à mes yeux. C'est le « Y'a d'la joie » de Charles Trénet.

Y'a d'la joie bonjour bonjour les hirondelles
Y'a d'la joie dans le ciel par-dessus le toit
Y'a d'la joie et du soleil dans les ruelles
Y'a d'la joie partout y'a d'la joie
Tout le jour mon cœur bat chavire et chancelle
C'est l'amour qui vient avec je ne sais quoi
C'est l'amour, bonjour bonjour les hirondelles
Y'a d'la joie partout Y'a d'la joie.

Le gris boulanger bat la pâte à pleins bras
Il fait du bon pain du pain si fin que j'ai faim.
On voit le facteur qui s'envole là-bas
Comme un ange bleu portant ses lettres au bon Dieu

Miracle sans nom à la station Javel
On voit le métro qui sort de son tunnel
Grisé de ciel bleu de chansons et de fleurs
Il court vers le bois il court à toute vapeur

Y'a d'la joie la tour Eiffel part en balade
Comme une folle elle saute la Seine à pieds joints
Puis elle dit : « Tant pis pour moi si j'suis malade
J'm'ennuyais toute seule dans mon coin »
Y'a d'la joie le percepteur met sa jaquette
Plie boutique et dit d'un air très doux très doux
« Bien l'bonjour pour aujourd'hui finie la quête
Gardez tout messieurs gardez tout »

Mais soudain voilà que je m'éveille dans mon lit
Donc j'avais rêvé oui car le ciel est gris
Il faut se lever se laver se vêtir
Et ne plus chanter si l'on a plus rien à dir'
Mais je crois pourtant que ce rêve a du bon
Car il m'a permis de faire une chanson
Chanson de printemps chansonnette d'amour
Chanson de vingt ans chanson de toujours
Y'a d'la joie.[6]

Le christianisme, enfin, semble parfois retrouver sa source joyeuse. Comme le constatait voici un demi-siècle Jean-Marie Perrin : « Nos raisons de joie sont plus grandes que notre joie ; ce n'est pas la joie qui manque au chrétien mais lui qui, hélas, se dérobe et résiste à la joie[7]. » Il faut souligner que le mot « joie » se retrouve 140 fois dans la Bible et que Jésus avait promis à ses compagnons la joie sur cette terre :

La femme, sur le point d'accoucher, s'attriste parce que son heure est venue :
mais lorsqu'elle donne le jour à l'enfant, elle ne se souvient plus des douleurs,
dans la joie qu'un homme soit venu au monde
Vous aussi maintenant vous voilà tristes ;
mais je vous verrai de nouveau et votre cœur sera dans la joie et votre joie, nul ne vous l'enlèvera.
[...]
demandez et vous recevrez
pour que votre joie soit complète[8].

21

La justice

S'IL EST UNE VERTU indiscutable, c'est celle-ci. Kant va jusqu'à écrire : « Si la justice disparaît, c'est chose sans valeur que le fait que les hommes vivent sur la terre[1]. »

Il n'a pas tort : sans justice, pas de véritable amour (seulement de la partialité ou du favoritisme) ; sans justice, pas de solidarité ; sans justice, pas de vérité, et ainsi de suite.

Deux mots qui se ressemblent étrangement bien qu'ils n'aient pas la même source expliquent la justice : légalité et égalité. Aristote écrivait : « Le juste est ce qui est conforme à la loi et ce qui respecte l'égalité, l'injuste ce qui est contraire à la loi et ce qui manque à l'égalité[2]. »

Oui, mais la loi n'est pas toujours bonne, n'est pas toujours juste. On peut – parfois l'on doit, nous l'avons vu – désobéir aux lois injustes. Il faut aussi savoir accomplir un acte interdit par la loi pour sauvegarder un intérêt supérieur. Et les juges doivent l'admettre. Il existe, à ce sujet, un arrêt de justice très célèbre, celui de la cour d'appel d'Amiens qui avait à juger, en 1898, une certaine

Mme Ménard, accusée d'avoir volé un pain pour sauver son enfant malade. Le voici :

> Attendu que la fille Ménard, prévenue de vol, reconnaît avoir pris un pain dans la boutique du boulanger P..., qu'elle exprime très sincèrement ses regrets de s'être laissée aller à commettre cet acte : [...] qu'il est regrettable que, dans une société bien organisée, un membre de cette société, surtout une mère de famille, puisse manquer de pain autrement que par sa faute ; que lorsqu'une pareille situation se présente, ce qui est, comme pour la fille Ménard, très nettement établi, le juge peut et doit interpréter humainement les inflexibles prescriptions de la loi ;
>
> Attendu que la misère et la faim sont susceptibles d'enlever à tout être humain une partie de son libre arbitre, et d'amoindrir en lui, dans une certaine mesure, la notion du bien et du mal ; qu'un acte ordinairement répréhensible perd beaucoup de son caractère frauduleux, lorsque celui qui le commet n'agit que par l'impérieux besoin de se procurer un aliment de première nécessité, sans lequel la nature se refuse à mettre en œuvre notre constitution physique ; que l'intention frauduleuse est encore bien atténuée, lorsqu'aux tortures aiguës de la faim vient se joindre, comme dans l'espèce, le désir, si naturel chez une mère, de les éviter au jeune enfant dont elle a la charge ; qu'il en résulte que tous les caractères de l'appréhension frauduleuse librement et volontairement perpétrée ne se retrouvent pas dans le fait accompli par la fille Ménard, qui s'offre à désintéresser le boulanger P... sur le premier travail qu'elle pourra se procurer ; qu'en conséquence, il y a lieu de la renvoyer des fins des poursuites.

Nous avons dit « légalité » et constaté que ce n'était pas

si simple. Si on s'attache à « l'égalité », ce ne l'est pas davantage. L'égalité parfaite n'existe guère, ne serait-ce que pour des raisons physiques. Et elle n'existera jamais. Que doit donc faire le juste ? S'il est plus fort, plus puissant, plus savant, plus riche, se conduire comme s'il n'était pas plus fort, plus puissant, plus savant, plus riche que l'autre. Et, au contraire, l'aider. Le philosophe Alain donnait ce conseil : « Dans tout contrat et dans tout échange, mets-toi à la place de l'autre, mais avec tout ce que tu sais, et, te supposant aussi libre des nécessités qu'un homme peut l'être, vois si, à sa place, tu approuverais cet échange ou ce contrat[3]. »

Voilà une bonne règle d'or : se mettre à la place de l'autre. Ce qui ne signifie pas donner systématiquement raison à l'autre. Mais tenter d'examiner le cas litigieux de son point de vue. Ce qui est souvent difficile. Ne rêvons pas.

Autre écueil à éviter : confondre justice et juste milieu. Le juste milieu, le soi-disant équilibre, peut évidemment être injuste, ne pas rendre à chacun selon son dû.

Conclusion : la justice est sans doute la plus indiscutable des vertus, mais la plus difficile à pratiquer.

Confucius, certes, soulignait : « L'homme de bien situe la justice au-dessus de tout. Un homme de bien qui a la bravoure mais ignore la justice, sera un rebelle. L'homme médiocre qui a la bravoure, mais ignore la justice, sera un brigand. » Ce que l'on ne peut qu'approuver. Tout comme, une bonne vingtaine de siècles plus tard, Nicolas Malebranche qui affirmait : « Il faut toujours rendre justice avant que d'assurer la charité[4]. »

Mais Pascal n'avait pas tort de constater que l'idée de

justice est toujours relative, variable suivant les époques et les pays : « Plaisante justice qu'une rivière borde ! Vérité en deçà des Pyrénées, erreur au-delà[5]. » Et Françoise Giroud, constatant la faiblesse humaine : « Je ne crois pas que la justice règne jamais, parce que l'injustice n'est pas dans les lois, elle est en chacun de nous[6]. »

Une histoire juive, que rappelle Jean-Claude Carrière, montre bien la complexité de la question :

> Un homme, qui désirait connaître le sens du mot « judaïsme », interrogea un rabbin.
>
> – Il me faudrait quarante ans pour te l'expliquer, dit le rabbin.
>
> L'homme parut découragé. Alors le rabbin lui dit :
>
> – Mais je connais un autre rabbin qui peut te l'expliquer en cinq minutes.
>
> L'homme prit l'adresse du deuxième rabbin et lui posa la même question. Le deuxième rabbin réfléchit assez longuement et dit :
>
> – Le judaïsme, c'est la justice pour tous.
>
> – Et qu'est-ce que c'est, la justice pour tous ? demanda l'homme.
>
> – Ça, répondit le rabbin, il me faudrait quarante ans pour te l'expliquer[7].

Bien entendu, que la justice soit difficile à trouver n'implique pas qu'il faille renoncer à la chercher. Avec opiniâtreté.

22

La liberté

Une fois encore, la question peut se poser : s'agit-il d'une vertu ? Qui veut répondre doit distinguer entre, d'une part, la liberté qu'établit un régime ou qu'un pouvoir accorde et, d'autre part, l'amour de la liberté, la liberté de l'esprit aussi.

Ces deux-ci sont assurément des vertus. « L'amour de la liberté, c'est aimer les autres ; l'amour du pouvoir, s'aimer soi-même », écrivait l'essayiste anglais William Hazlitt, vers la fin du XVIIIe siècle, à une époque où ce seul mot soulevait des foules.

Comment oublier que tant de gens ont offert leur vie par amour de la liberté ? Parce que, comme le dit Élie Wiesel, « un être humain est libre non quand l'autre ne l'est pas, mais quand l'autre l'est aussi ». On n'est pas libre seul.

Quant à la liberté de l'esprit, c'est une conquête de chaque jour, une bataille pour résister aux désirs et aux modes, aux idées reçues, à nos pulsions et nos égoïsmes. « Il n'y a pas de liberté donnée, écrit Jean-Paul Sartre ; il faut se conquérir sur les passions, sur la race, sur la classe, sur la Nation [1]. »

Le même Sartre va jusqu'à écrire que l'homme peut être d'autant plus libre qu'il vit sous un régime tyrannique. Écrivant en 1949, il prend pour exemple la période de l'Occupation. Il est vrai qu'elle ne fut pas, semble-t-il, trop rude pour lui et qu'il ne figura pas au premier rang des résistants. On sursaute même lorsqu'il ose écrire : « Nous étions traqués. » Mais cela n'enlève rien à la justesse de son raisonnement :

> Jamais nous n'avons été plus libres que sous l'occupation allemande. Nous avions perdu tous nos droits et d'abord celui de parler ; on nous insultait en face chaque jour et il fallait nous taire ; on nous déportait en masse, comme travailleurs, comme Juifs, comme prisonniers politiques ; partout sur les murs, dans les journaux, sur l'écran, nous retrouvions cet immonde et fade visage que nos oppresseurs voulaient nous donner de nous-mêmes : à cause de tout cela nous étions libres. Puisque le venin nazi se glissait jusque dans notre pensée, chaque pensée juste était une conquête ; puisqu'une police toute-puissante cherchait à nous contraindre au silence, chaque parole devenait précieuse comme une déclaration de principe ; puisque nous étions traqués, chacun de nos gestes avait le poids d'un engagement. Les circonstances souvent atroces de notre combat nous mettaient enfin à même de vivre, sans fard et sans voile, cette situation déchirée, insoutenable qu'on appelle la condition humaine. L'exil, la captivité, la mort surtout que l'on masque habilement dans les époques heureuses, nous en faisons les objets perpétuels de nos soucis, nous apprenions que ce ne sont pas des accidents évitables, ni même des menaces constantes mais extérieures ; il fallait y voir notre lot, notre destin, la source profonde de notre réalité d'homme ; à chaque seconde nous

> vivions dans sa plénitude le sens de cette petite phrase banale : « Tous les hommes sont mortels. » Et le choix que chacun faisait de lui-même était authentique puisqu'il se faisait en présence de la mort, puisqu'il aurait toujours pu s'exprimer sous la forme « Plutôt la mort que... ». Et je ne parle pas ici de cette élite que furent les vrais Résistants, mais de tous les Français qui, à toute heure du jour et de la nuit, pendant quatre ans, ont dit *non*. La cruauté même de l'ennemi nous poussait jusqu'aux extrémités de notre condition en nous contraignant à nous poser ces questions qu'on élude dans la paix : tous ceux d'entre nous – et quel Français ne fut une fois ou l'autre dans ce cas – qui connaissaient quelques détails intéressant la Résistance se demandaient avec angoisse : « Si on me torture, tiendrai-je le coup ? » Ainsi la question de la liberté était posée et nous étions au bord de la reconnaissance la plus profonde que l'homme peut avoir de lui-même. Car le secret d'un homme, ce n'est pas son complexe d'Œdipe ou d'infériorité, c'est la limite même de sa liberté, c'est son pouvoir de résistance aux supplices et à la mort[2].

Le pouvoir de résistance de l'homme à toutes les tyrannies, c'est ce que met superbement en lumière un récit d'Armando Valladares que le régime communiste cubain avait jeté en prison. Les gardiens de Valladares et des autres détenus politiques cherchaient à détruire leur liberté intérieure, la liberté de leur esprit. Comme souvent, le combat se mena à propos d'un détail, matériel certes, mais chargé de sens : les autorités voulaient contraindre ces détenus politiques à adopter l'uniforme jaune de la prison, celui des droit commun. Voici le récit, poignant, de cette lutte :

> De nouveau, nos conditions de vie commencèrent à se

détériorer. Les promesses d'une assistance médicale convenable restaient lettre morte, les prisonniers atteints de folie demeuraient parmi nous au lieu d'être transférés dans des locaux appropriés, et on ne nous remettait plus les lettres reçues à notre nom. Nous avons dû rendre nos repas sans y toucher parce qu'il manquait trente à quarante rations. Comme nous n'avons pas voulu répartir nous-mêmes une nourriture insuffisante, nous sommes restés sans manger. Et nous avons tous décidé de commencer une grève de la faim, que nous portions l'uniforme jaune ou non comme notre groupe d'irréductibles.

[...]

Les deux premiers jours, il n'y eut aucun incident, aucun changement notable. Mais le troisième jour, la direction retira tous les prisonniers réhabilités qui transportaient les bassines de la cuisine aux galeries, pour les remplacer par des gardiens. Et nous avons vu apparaître devant nos galeries des récipients et de grandes casseroles remplis d'aliments appétissants que nous n'avions jamais vus auparavant. Nous avions l'expérience de cette vieille tactique, qui n'a pu briser notre volonté de résister.

Une semaine a passé ainsi. Puis un soir le lieutenant Lemus, le responsable des Pénitenciers et des Prisons, a surgi dans la cour accompagné de plusieurs officiers. Il avait à la main une liste de vingt-cinq noms, ceux des prisonniers considérés comme les instigateurs et les dirigeants de notre grève. Il y avait parmi eux les ex-commandants révolutionnaires Húber Matos, Elo Gutterrer Meneoy, César Páez. Il y avait aussi Bernardo Alvarez, les frères Bayolo, Lauro Blanco, etc. Je faisais partie du groupe.

Ils nous ont d'abord conduits au poste de garde où nous sommes entrés, Húber Matos et moi, les derniers. Tout semblait indiquer que nous allions sortir de la cour, mais il y eut contrordre et nous sommes revenus sur nos pas jusqu'à la *Galera* 18, la dernière de toutes, vide et complètement isolée. C'est là qu'on nous a laissés.

Dès le lendemain, une délégation d'officiers du Service des Pénitenciers et Prisons est arrivée sur place pour discuter avec nous de la situation. Ils ont commencé par déclarer qu'ils ne feraient aucune concession à nos demandes, et qu'ils refusaient toute pression de notre part. Nous avons répondu que nous ne demandions rien, sinon l'accomplissement des promesses qu'on nous avait faites : assistance médicale, visites mensuelles, assez de nourriture pour tous, sorties quotidiennes dans la cour pour prendre un peu d'air et de soleil.

La direction du pénitencier avait cru, en nous séparant du reste des prisonniers, qu'elle pouvait mettre fin à la grève. Elle s'était imaginée que nous en étions les dirigeants. Elle se trompait.

Pendant de longues heures, la délégation a discuté avec trois des nôtres, Tony Lamas, César Páez et Húber Matos. Ces officiers sont revenus à la charge plusieurs jours de suite. Ils faisaient tout leur possible pour prolonger chaque fois leur visite afin de créer chez les autres grévistes un mouvement de suspicion à notre égard. Leut but évident était de nous diviser. Mais à mesure que les jours passaient sans le moindre progrès, les autorités ont commencé à comprendre que nous étions déterminés à aller jusqu'au bout de cette grève, et que nous la poursuivrions jusqu'à ses conséquences les plus extrêmes.

Il s'est alors passé plusieurs événements dignes d'être mentionnés, comme la réponse qu'a faite à la direction le Dr Mico Urrutia, un vieillard de près de soixante-dix ans. Après trois semaines de jeûne, son aspect était cadavérique comme celui des survivants des camps de concentration nazis. La direction lui a alors proposé de le libérer immédiatement s'il changeait d'attitude...

– Je n'abandonne pas mes compagnons quand ils se trouvent dans une situation difficile..., a-t-il dit.

Parmi les malades – et il y en avait de gravement atteints –, aucun n'a accepté de cesser la grève. Aldo Cabrera avait eu deux infarctus ; le corps de Fernández Gámez s'est couvert de squames ; Luis Lara s'est mis à vomir tout le temps sans pouvoir retenir une seule goutte de l'eau qu'il s'efforçait d'avaler. Comme lui, il y a eu parmi nous plusieurs hommes pour qui cette grève s'était transformée en un double supplice.

Et les gardiens continuaient à déposer devant notre grille ces grandes casseroles d'où s'échappaient les fumets les plus appétissants. Mais la tentation n'existait plus pour nous.

Martha a été la première à apprendre ce qui se passait par un mot que j'ai réussi à lui faire transmettre, et elle a aussitot répandu la nouvelle à de nombreuses familles de prisonniers : deux jours plus tard, elles ont commencé à se présenter à l'entrée du pénitencier, décidées à attendre sur place des informations sur ce qui se passait réellement et sur notre état.

D'autres faisaient le siège des bureaux du ministère de l'Intérieur. Les fonctionnaires leur donnaient toujours la même réponse : aucune solution n'était envisageable tant que nous continuerions à faire pression sur les autorités.

À la deuxième semaine de grève, quand les gardiens sont intervenus pour empêcher les familles de rester devant l'entrée du pénitencier, les mères, les femmes, les sœurs des grévistes se sont installées sur le chemin de terre qui relie la Cabana au château del Morro. Ces femmes demeuraient toute la journée sous le soleil ou sous la pluie. Les hommes n'avaient pu venir avec elles, sachant qu'on les aurait aussitôt emprisonnés.

Vers la mi-octobre, ces femmes, de plus en plus inquiètes et torturées par l'incertitude, ont décidé de s'adresser à la secrétaire de Castro, Celia Sánchez. Quelques passants étonnés leur ont demandé ce qui se passait. Leurs explications ont déclenché une fuite générale des passants terrifiés qui se sont enfermés chez eux, certains criant même qu'il n'y avait qu'une chose à faire, souhaiter que tous les grévistes de la faim meurent pour de bon !

Dans la rue L., une Jeep militaire survint, et ses occupants conseillèrent aux manifestantes de rentrer chez elles, car elles n'arriveraient à rien en agissant de la sorte. Elles continuèrent néanmoins à avancer. Cette marche ne ressemblait guère à une manifestation classique avec banderoles et consignes hurlées en chœur à pleine voix. Il n'y avait là qu'un groupe assez important de femmes qui avançaient ensemble, dans le grand silence.

Alors, dans un déchaînement de hululements de sirènes surgirent de partout des voitures de patrouille qui bloquèrent toutes les rues. Les policiers bondirent hors des voitures comme dans une chasse à de dangereux criminels. Ils s'attaquaient sans pitié à toutes ces femmes, poussant violemment les vieilles à l'intérieur des voitures, giflant à tour de bras les plus jeunes qui résistaient.

Martha et une autre femme avaient réussi à s'enfuir, mais en regardant en arrière, ma fiancée aperçut son amie Inès del Valle, l'épouse de Raúl, en lutte avec un policier : il l'avait prise aux poignets, et elle se débattait tandis qu'il l'entraînait de force vers une voiture. Martha, obéissant à son amitié et à une impulsion de solidarité, ne voulut pas la laisser seule. Elle revint sur ses pas en courant pour monter dans la même voiture. Au siège de la Police Nationale Révolutionnaire, rue Cuba et Chacón, toutes les femmes prises pendant la rafle attendirent quelque temps, assises sur des bancs de ciment.

Le capitaine Justo Hernández, le chef de cette glorieuse expédition, avait été directeur de la Cabana ; il avait eu alors une altercation avec Martha et l'avait menacée de l'emprisonner. Il faisait pour l'instant une véritable crise de nerfs, criant et tempêtant, les accusant toutes d'être des agentes de la CIA !

Entre-temps, d'autres voitures, de la Police politique cette fois, étaient arrivées pour emmener ces dangereuses manifestantes au siège principal de leur police, l'ex-villa Maristas, la Lubianka cubaine. Inès, qui redoutait la rancune que le capitaine Hernández pouvait avoir contre Martha, a tenté de la cacher en se mettant devant elle. Mais au moment où elles montaient toutes deux en voiture, Hernández découvrit Martha.

– Mais quel beau coup de filet ! Eh bien, c'est maintenant que tu vas pourrir en prison !

Au siège de la Police politique, on a commencé par les dépouiller de tous les objets qu'elles portaient sur elles. Martha fut même privée de ses lunettes, malgré ses protestations :

– Ici, elles ne te serviront à rien. Il n'y a rien à voir !

Elles sont passées une par une dans une petite salle où des femmes policiers les ont déshabillées complètement pour les soumettre à une fouille humiliante avant de les emmener au service des archives où on les a photographiées et fichées. Puis on les a réparties dans plusieurs cellules.

Un lieutenant est venu chercher Martha pour la conduire par un labyrinthe de couloirs jusque dans l'un des bureaux. Un officier métis d'une cinquantaine d'années entreprit de l'interroger. Il voulait savoir qui avait organisé cette manifestation vers le domicile de Celia Sánchez, ainsi que ses causes.

Martha répondit que des membres de sa famille allaient mourir dans une grève de la faim provoquée par les autorités qui privaient les prisonniers de ce qui était strictement essentiel à leur survie.

L'officier déclara que ce mouvement était dirigé et payé par la CIA, et qu'il avait été organisé à l'étranger. Martha ne put s'empêcher de sourire, ce que son interrogateur prit fort mal. Il demanda ensuite pourquoi elle ne nous avait pas proposé, à son père et à moi, de suivre les cours de réhabilitation politique. N'était-ce pas la solution idéale ? La révolution, juste et humaine, donnait à ceux qui avaient voulu la détruire la chance unique de s'intégrer dans la société socialiste. Mais Martha se montra inébranlable : ni pour son père, ni pour moi, ni pour elle, la réhabilitation politique ne pouvait être une solution : nous ne renierions jamais Dieu, quelles que puissent être les conséquences de notre refus.

– Eh bien, vous allez disposer de beaucoup de temps pour réfléchir à tout cela...

Ce furent les dernières paroles de l'officier. Dès lors, Martha a pensé qu'elle allait connaître de longues années de prison.

On l'a reconduite dans sa cellule. Longtemps après, la porte s'est de nouveau ouverte : on lui apportait de quoi manger dans une assiette mais elle n'a pas voulu y toucher.

On est revenu la chercher un peu plus tard. Elle ne savait plus depuis combien de temps elle était là ni si c'était le jour ou la nuit. Une fois de plus, elle a suivi ce qui lui a paru être un dédale de couloirs interminables, d'escaliers qu'il fallait monter, descendre et remonter. On l'a fait entrer dans un autre bureau où l'attendait un deuxième officier de police, jeune et de haute taille celui-là. Loin de l'accuser sottement d'être une agente de la CIA, il s'est montré aimable. Il a commencé par lui parler de la guerre du Vietnam et des enfants que massacraient les Américains du Nord. Si elle était chrétienne, comme elle le prétendait, comment n'était-elle pas indignée par les crimes monstrueux que commettaient les yankees ?

Martha lui a fait remarquer que les communistes cubains accusaient les Américains du Nord de tous les maux du monde, mais qu'ils ne parlaient jamais des victimes des communistes nord-vietnamiens qui avaient envahi le Vietnam du Sud. Et elle a ajouté que ceux qui mouraient dans les guerres étaient de pauvres gens, tandis que les responsables demeuraient commodément assis derrière leur bureau.

Le jeune officier s'est alors étendu sur les bontés d'une révolution capable d'aider un contre-révolutionnaire à s'intégrer au sein de la société nouvelle. Il est allé jusqu'à affirmer que la révolution avait mis fin aux tortures dans les prisons. Martha lui a alors ri au nez, mais le jeune homme, avec une fausse ingénuité, a déclaré qu'il ne comprenait pas la raison de ce rire. Il a ensuite essayé avec beaucoup de subtilité de savoir si l'idée de se rendre chez Celia Sánchez leur avait été inspirée par les prisonniers eux-mêmes. Puis vint le chantage final : si elle et ses compagnes n'avouaient pas, elles pouvaient passer de longues années en prison...

Une fois de retour dans la solitude de sa cellule plongée dans une obscurité constante, Martha a pensé à Inès et à Josefina, la mère de Nacer, dont le sort la préoccupait. Le temps passait sans qu'elle pût le mesurer. Une fois de plus, on est venu la chercher pour refaire un long parcours par des couloirs et des escaliers déserts. Brusquement, elle s'est retrouvée dans une salle avec toutes les autres héroïnes de cette aventure. Elles ont alors dû entendre un long discours où les menaces succédaient aux accusations, jusqu'à la déclaration finale : pour cette fois, les autorités passaient l'éponge sur la faute qu'elles avaient commise.

Entre-temps, la Police politique avait téléphoné à Josefa, la mère de Martha, pour lui ordonner de se rendre à tel coin de rue et de ne plus en bouger. Martha et Inès, relâchées alors que le jour se levait, se sont hâtées de rejoindre, comme on le leur avait indiqué, l'endroit où Josefa les attendait. Les trois femmes se sont embrassées longuement en pleurant.

Le lendemain, vingt et unième jour de notre grève, ce fut la victoire.

Notre fermeté inébranlable avait forcé les autorités à capituler en reconnaissant que nos réclamations étaient justifiées.

Les gardiens ont ouvert toutes grandes nos portes, mais nous avons été bien peu à pouvoir sortir à l'air libre, dans la cour, en nous embrassant de joie. Beaucoup d'entre nous ne pouvaient même plus rester debout[3].

Après un tel récit, il est difficile de poursuivre.

Il le faut pourtant, afin de souligner que le bon usage de notre liberté suppose la pratique des autres vertus. C'est ce que suggère un très célèbre texte de François Rabelais, un passage de *Gargantua* où il évoque la vie à l'intérieur de l'abbaye de Thélème. On n'en retient d'ordinaire que la facilité laissée à chacun d'agir à son gré, de n'en faire qu'à sa tête et selon son bon plaisir. C'est oublier ce que souligne Rabelais : les membres de cette abbaye avaient été éduqués pour « agir vertueusement » et s'efforcer d'être agréables à leurs compagnes et compagnons :

Toute leur vie était régie non par des lois, des statuts ou des règles, mais selon leur volonté et leur libre arbitre. Ils sortaient du lit quand bon leur semblait, buvaient, mangeaient, travaillaient, dormaient quand le désir leur en venait. Nul ne les éveillait, nul ne les obligeait à boire ni à manger, ni à faire quoi que ce soit. Ainsi en avait décidé Gargantua. Et leur règlement se limitait à cette clause :

parce que des gens libres, bien nés, bien éduqués, conversant en bonne société, ont naturellement un instinct, un aiguillon qu'ils appellent honneur et qui les pousse toujours à agir vertueusement et les éloigne du vice. Quand ils sont affaiblis et asservis par une vile sujétion ou une contrainte, ils utilisent ce noble penchant, par lequel ils aspiraient librement à la vertu, pour se défaire du joug de la servitude et pour lui échapper, car nous entreprenons toujours ce qui est défendu et convoitons ce qu'on nous refuse.

Grâce à cette liberté, ils rivalisèrent d'efforts pour faire tous ce qu'ils voyaient plaire à un seul. Si l'un ou l'une d'entre eux disait : « Buvons », tous buvaient ; si on disait : « Jouons », tous jouaient ; si on disait : « Allons nous ébattre aux champs », tous y allaient. Si c'était pour chasser au vol ou à courre, les dames montées sur de belles haquenées, avec leur fier palefroi, portaient chacune sur leur poing joliment ganté un épervier, un lanier, un émerillon : les hommes portaient les autres oiseaux.

Ils étaient si bien éduqués qu'il n'y avait aucun ou aucune d'entre eux qui ne sût lire, écrire, chanter, jouer d'instruments de musique, parler cinq ou six langues et s'en servir pour composer en vers aussi bien qu'en prose. Jamais on ne vit des chevaliers si preux, si nobles, si habiles à pied comme à cheval, si vigoureux, si vifs et maniant si bien toutes les armes, que ceux qui se trouvaient là. Jamais on ne vit des dames si élégantes, si mignonnes, moins désagréables, plus habiles de leurs doigts à tirer l'aiguille et à s'adonner à toute activité convenant à une femme noble et libre, que celles qui étaient là.

Bref, une sorte de Paradis. Grâce à la vertu !

23

La lucidité

LES HASARDS de l'ordre alphabétique sont parfois heureux : j'aime que lucidité soit tout proche de liberté. Car la liberté de l'esprit suppose la lucidité (instrument, nous l'avons vu, de biens d'autres vertus).

Quelques-uns n'en gardent qu'une vision négative. Ainsi Cioran, qui regrettait d'être né : « Devoir de la lucidité, écrivait-il : arriver à un désespoir correct, à une férocité olympienne[1]. » Ou encore le chanteur Léo Ferré : « C'est à trop voir les êtres sous leur vraie lumière qu'un jour ou l'autre vous prend l'envie de les larguer. La lucidité est un exil construit, une porte de secours, le vestiaire de l'intelligence. C'en est aussi une maladie qui nous mène à la solitude[2]. »

Mais à lire Léo Ferré, on a le sentiment qu'il en est venu à considérer la lucidité comme une maladie parce qu'il l'exerçait aux dépens des autres.

C'est sur soi-même qu'il convient d'abord d'être lucide. « Ne pense pas comme ça t'arrange... », aimait dire un grand patron français aujourd'hui disparu, Jean Riboud. Ne gaspille pas ton intelligence à justifier tes partis pris. Ne juge pas pour autant que tous ces partis étaient obligatoirement faux. Passe tes opinions, tes volontés, tes réactions, tes désirs, au crible de ta raison. Autant que tu le peux...

Un texte de Descartes montre assez que ce n'est pas simple. Le texte, d'ailleurs, ne l'est pas plus. Mais il vaut d'être lu :

> Il y a déjà quelque temps que je me suis aperçu que, dès mes premières années, j'avais reçu quantité de fausses opinions pour véritables, et que ce que j'ai depuis fondé sur des principes si mal assurés ne pouvait être que fort douteux et incertain ; de façon qu'il me fallait entreprendre sérieusement une fois en ma vie de me défaire de toutes les opinions que j'avais reçues jusques alors en ma créance, de commencer tout de nouveau dès les fondements, si je voulais établir quelque chose de ferme et de constant dans les sciences. Mais cette entreprise me semblant être fort grande, j'ai attendu que j'eusse atteint un âge qui fût si mûr, que je n'en pusse espérer d'autre après lui auquel je fusse plus propre à l'exécuter : ce qui m'a fait différer si longtemps, que désormais je croirais commettre une faute, si j'employais encore à délibérer le temps qui me reste pour agir.
>
> Maintenant donc que mon esprit est libre de tous soins, et que je me suis procuré un repos assuré dans une paisible solitude, je m'appliquerai sérieusement et avec liberté à détruire généralement toutes mes anciennes opinions. Or il ne sera pas nécessaire pour arriver à ce dessein de prouver qu'elles sont toutes fausses, de quoi peut-être je ne viendrais jamais à bout ; mais d'autant que la raison me persuade déjà que je ne dois pas moins soigneusement m'empêcher de donner créance aux choses qui ne sont pas entièrement certaines et indubitables, qu'à celles qui nous paraissent mani-

festement être fausses, le moindre sujet de douter que j'y trouverai suffira pour me les faire toutes rejeter[3].

Accordons-nous quelque détente, et abordons une autre forme de lucidité, celle qui interdit de bâtir des châteaux en Espagne. Avec ce conte indien dont j'ignore l'origine exacte, qui fait penser à la fable de La Fontaine « La laitière et le pot au lait », et met en scène un jeune homme très érudit, nommé Yagna Sarma. Celui-ci, un jour, avait participé à deux banquets, ce qui l'avait rendu, semble-t-il, optimiste. D'autant qu'en quittant le second festin, il avait reçu, comme chacun des invités, quelque nourriture à emporter, qu'il mit dans des vases de terre. Et le voilà sur le chemin du retour :

> Parvenu à quelque distance, il s'arrêta pour mieux considérer le présent qu'il avait reçu, et mettant l'un près de l'autre les vases de terre dans lesquels étaient contenues ses provisions, et les regardant d'un air satisfait : « Me voilà, dit-il, à mon aise ; j'ai aujourd'hui bien rempli mon estomac, et demain je pourrai me passer de manger. Mais que ferai-je de toutes ces provisions ? Eh bien ! je les vendrai ; et de l'argent qui en proviendra ? J'en achèterai une chèvre ; et cette chèvre ? elle me fait des chevreaux, et dans peu de temps, me voilà en possession d'un troupeau. Je vends mon troupeau, et de mon argent j'achète une vache et une jument ; ma vache et ma jument me donnent des veaux et des poulains dont je tire un haut prix ; et, par ce moyen, je me trouve maître de richesses considérables. Chacun cite ma fortune, un brahme * de mes voisins me

* Brahmane, membre de la caste sacerdotale, première des quatre anciennes castes de l'Inde, considéré dès sa naissance comme un être sacré. *(N.d.A.)*

donne la main de sa fille. Après mon mariage, ma femme est introduite chez moi ; grande fête, à cette occasion, donnée par mon beau-père, et partant des présents considérables. Bientôt ma femme, devenue pubère, m'a donné une nombreuse postérité : il faut à mes enfants les meilleurs précepteurs, je veux qu'ils apprennent de bonne heure la poésie et les hautes sciences. Riche comme je le suis, il convient aussi que ma femme et mes enfants aient en abondance beaux vêtements de couleur et joyaux de toute sorte.

« Mais si mon épouse, parvenue à cet état de bonheur, allait oublier ses devoirs ; si elle s'avisait de sortir de temps en temps de la maison sans ma permission, et de fréquenter les maisons voisines pour avoir le plaisir de jaser avec ses amies ! Voyez un peu ; durant son absence, voilà ses enfants qu'elle a laissés seuls qui s'amusent à courir de côté et d'autre ; ils vont se jeter sous les pieds des vaches et se faire estropier. Allons, retournons vite au logis ; ah ! grands dieux ! qu'aperçois-je ? Mon plus jeune est blessé. C'est toi, femme imprudente, qui en es la cause ; vit-on jamais créature plus négligente ? Mais, tu vas me le payer, et je t'apprendrai à être plus attentive à l'avenir ; tiens... »

En disant ces mots, Yagna Sarma saisit son bâton de voyage, et le brandissant de toutes ses forces autour de lui, il heurte les vases de terre dans lesquels étaient contenus son beurre, son lait et sa farine, et voilà ses provisions répandues et perdues ; le sot a fait écrouler en un instant tout l'édifice de ses vains projets. Lorsqu'il vit toutes ses espérances s'évanouir plus vite encore qu'elles n'avaient été formées, il se contenta de gémir en secret sur son imprévoyance, et retourna chez lui couvert de honte[4].

Ne pas rêver. Ne pas douter de tout pour autant. Peser le « pour » et le « contre » avec équité. Et surtout éviter de se croire lucide : c'est se tromper sur soi-même, perdre, justement, toute lucidité.

24

La mémoire

LE DEVOIR de mémoire. En cette époque où il n'est souvent question que de droits, c'est sans doute le devoir que rappellent le plus volontiers journalistes, intellectuels et hommes politiques. Ils visent en général le souvenir du nazisme et de ses horreurs, l'Holocauste : ne pas oublier afin de demeurer vigilant, pour éviter tout recommencement. Ils ont raison.

Le devoir de mémoire va bien au-delà de cette plaie toujours vive, et de cette actualité récente. C'est ce que montre Albert Camus dans *La Peste*, qu'il écrivit au lendemain de la guerre, en 1947. La peste, après avoir ravagé la ville d'Oran, a disparu. Le docteur Rieux, qui a combattu l'épidémie, s'inquiète de voir que les survivants, déjà, sont près de l'oublier. Et il décide alors d'en conter l'histoire :

> Rieux montait déjà l'escalier. Le grand ciel froid scintillait au-dessus des maisons et, près des collines, les étoiles durcissaient comme des silex. Cette nuit n'était pas si différente de celle où Tarrou et lui étaient venus sur cette terrasse pour oublier la peste. La mer était plus bruyante qu'alors, au pied des falaises. L'air était immobile et léger, délesté des souffles

salés qu'apportait le vent tiède de l'automne. La rumeur de la ville, cependant, battait toujours le pied des terrasses avec un bruit de vagues. Mais cette nuit était celle de la délivrance, et non de la révolte. Au loin, un noir rougeoiement indiquait l'emplacement des boulevards et des places illuminées. Dans la nuit maintenant libérée, le désir devenait sans entraves et c'était son grondement qui parvenait jusqu'à Rieux.

Du port obscur montèrent les premières fusées des réjouissances officielles. La ville les salua par une longue et sourde exclamation. Cottard, Tarrou, ceux et celles que Rieux avait aimés et perdus, tous, morts ou coupables, étaient oubliés. Le vieux avait raison, les hommes étaient toujours les mêmes. Mais c'était leur force et leur innocence et c'est ici que, par-dessus toute douleur, Rieux sentait qu'il les rejoignait. Au milieu des cris qui redoublaient de force et de durée, qui se répercutaient longuement jusqu'au pied de la terrasse, à mesure que les gerbes multicolores s'élevaient plus nombreuses dans le ciel, le docteur Rieux décida alors de rédiger le récit qui s'achève ici, pour ne pas être de ceux qui se taisent, pour témoigner en faveur de ces pestiférés, pour laisser du moins un souvenir de l'injustice et de la violence qui leur avaient été faites, et pour dire simplement ce qu'on apprend au milieu des fléaux, qu'il y a dans les hommes plus de choses à admirer que de choses à mépriser.

Mais il savait cependant que cette chronique ne pouvait pas être celle de la victoire définitive. Elle ne pouvait être que le témoignage de ce qu'il avait fallu accomplir et que, sans doute, devraient accomplir encore, contre la terreur et son arme inlassable, malgré leurs déchirements personnels, tous les hommes qui, ne pouvant être des saints et refusant d'admettre les fléaux, s'efforcent cependant d'être des médecins.

Écoutant, en effet, les cris d'allégresse qui montaient de la ville, Rieux se souvenait que cette allégresse était toujours menacée. Car il savait ce que cette foule en joie ignorait, et qu'on peut lire dans les livres, que le bacille de la peste ne meurt ni ne disparaît jamais, qu'il peut rester pendant des dizaines d'années endormi dans les meubles et le linge, qu'il attend patiemment dans les chambres, les caves, les malles, les mouchoirs et les paperasses et que, peut-être, le jour viendrait où, pour le malheur et l'enseignement des hommes, la peste réveillerait ses rats et les enverrait mourir dans une cité heureuse[1].

Seulement voilà : comment garder la mémoire intacte ? Comment la préserver de toutes les déformations ? Comment retrouver la réalité des faits ? Le grec Thucydide, le premier dans le monde occidental à avoir tenté d'écrire une histoire critique et objective, constatait : « J'avais d'ailleurs de la peine à les établir [les événements], car les témoins de chaque fait en donnaient des versions qui variaient, selon leur sympathie à l'égard des uns ou des autres, et selon leur mémoire. »

Rien n'a donc changé. Il est pourtant possible d'écrire l'Histoire. Avec prudence et sérieux. En se défiant des visions en noir et blanc, sans nuances. En ne jugeant pas que l'Histoire est écrite une fois pour toutes. Car il faut sans cesse poursuivre la recherche. C'est pourquoi le philosophe Paul Ricœur préfère au « devoir de mémoire » le « travail de mémoire ». Le meilleur hommage que l'on puisse rendre à l'Histoire est de la remettre ainsi sans cesse en question. Pour préciser, affiner. Afin qu'elle joue toujours mieux son rôle.

Jacqueline de Romilly, historienne de renom, le souligne : « L'histoire existe. On peut différer sur tel ou tel point, mais, pour l'ensemble, les faits sont connus. Non seulement ils existent pour les historiens, mais ils existent pour chacun de nous, consciemment ou inconsciemment [...] Aucun homme ne vit sans souvenirs et aucun homme ne peut vraiment vivre sans les souvenirs de l'histoire. Nous avons tous appris de l'histoire ; nous l'avons oubliée ; mais elle reste là ; elle oriente nos jugements à chaque instant ; elle forme notre identité ; elle préside à la naissance et à la prise de conscience de nos valeurs[2]. »

Dans le même article, Jacqueline de Romilly se demande : « Quelle sorte de mémoire devons-nous garder ? » Car s'il est une mémoire nécessaire, celle qui incite à demeurer vigilant, il faut sans doute se défier de ce qu'elle nomme « la mémoire rancunière ». Nous reviendrons sur ce débat au chapitre suivant qui concerne – encore un heureux hasard de l'ordre alphabétique – le pardon. Mais retenons d'abord ce fait que conte l'historienne : à la fin d'une guerre civile très cruelle, les démocrates d'Athènes, l'ayant emporté, imposèrent un serment par lequel chacun s'engageait à ne pas « rappeler » les maux passés. C'était, dit-elle, pour préserver l'avenir d'Athènes. Il n'est pas bon d'entretenir les rancunes. Mais les démocrates athéniens « n'entendaient pas par là qu'il faille vivre avec la légèreté de qui ne connaît ni racine ni point de repère. Ils écartaient les procès d'ordre privé, ils n'écartaient pas la mémoire de ces événements du passé : car les textes de l'époque sont tous pleins de la fierté et de l'allant que leur inspiraient la liberté reconquise et la concorde instaurée[3]. »

Venu d'un tout autre horizon, faisant allusion à d'autres

événements, aux révoltes de classes sociales, Bertolt Brecht plaide lui aussi pour une mémoire indulgente dans un poème intitulé « À ceux qui naîtront après nous ».

> Je vins dans les villes au temps du désordre,
> Quand la faim y régnait en maîtresse.
> Je vins parmi les hommes au temps de la révolte,
> Et je me révoltai avec eux.
> Ainsi passa le temps
> Qui me fut imparti sur terre.
>
> Je mangeai ma pitance entre les batailles,
> Je me couchai parmi les assassins.
> Je fis l'amour sans m'en soucier
> Et regardai la nature sans patience.
> Ainsi passa le temps
> Qui me fut imparti sur terre.
>
> Mes forces étaient modestes. Le but
> Restait lointain.
> Distinctement visible, mais pour moi
> À peu près inaccessible.
> Ainsi passa le temps
> Qui me fut imparti sur terre.
>
> Vous qui émergerez des flots,
> Où nous avons sombré,
> Souvenez-vous aussi,
> Quand vous parlerez de nos faiblesses,
> Des temps obscurs
> Dont vous aurez réchappé.
> Ne passâmes-nous point, changeant plus souvent de pays
> que de chaussures
> À travers les guerres des classes, désespérés,

Quand il n'y avait partout qu'injustice
et jamais révolte ?

Et pourtant nous savons bien :
La haine contre l'ignominie,
Elle aussi défigure nos traits.
La colère contre l'injustice,
Elle aussi rend rauques nos voix. Hélas nous
Qui voulions préparer la terre pour l'amabilité
Ne pûmes être aimables nous-mêmes.
Mais vous, quand les temps seront mûrs,
Quand l'homme sera un soutien pour l'homme,
Souvenez-vous de nous
Avec indulgence[4].

Avec indulgence et sans faire du devoir de mémoire un absolu. L'Allemand Friedrich Nietzsche, se référant au poète grec Hésiode, disait qu'il ne fallait pas « naître avec des cheveux gris ». Regarder dans le rétroviseur, certes, mais afin d'aller plus sûrement de l'avant. Voici environ un siècle déjà, l'humoriste américain Mark Twain se moquait ainsi, gentiment, de la manie française de commémorer trop d'événements du passé :

> Un sermon français est comme un discours en français. Il ne cite jamais un événement historique, mais seulement la date. Si vous n'êtes pas fort sur les dates, vous n'y comprenez rien. Un discours, en France, est quelque chose de ce genre :
>
> « Camarades citoyens, frères, nobles membres de la seule sublime et parfaite nation, n'oublions pas que le 10 août nous a délivrés de la honteuse présence des espions étrangers, et que le 5 septembre s'est justifié lui-même à la face du ciel et de l'humanité, que le 18 Brumaire contenait les germes

de sa propre punition, que le 14 juillet a été la voix puissante de la liberté proclamant la résurrection, le jour nouveau, en invitant les peuples opprimés de la terre à contempler la trace divine de la France, et à vivre. Et n'oublions pas nos griefs éternels contre l'homme du 2 décembre, et déclarons sur un ton de tonnerre, le ton habituel en France, que, sans lui, il n'y aurait pas eu dans l'histoire de 17 mars, de 12 octobre, de 19 janvier, de 22 avril, de 16 novembre, de 30 septembre, de 2 juillet, de 14 février, de 29 juin, de 15 août, de 31 mai ; que, sans lui, la France, ce pays pur, noble et sans peur, aurait un calendrier serein et vide jusqu'à ce jour. »

J'ai entendu un sermon français qui finissait par ces paroles éloquentes et bizarres :

« Mes frères, nous avons de tristes motifs de nous rappeler l'homme du 13 janvier. Les suites du crime du 13 janvier ont été en justes proportions avec l'énormité du forfait. Sans lui, n'eût pas été de 30 novembre, triste spectacle ! Le forfait du 16 juin n'eût pas été commis, et l'homme du 16 juin n'eût pas, lui-même, existé. C'est à lui seul que nous devons le 3 septembre et le fatal 12 octobre. Serons-nous donc reconnaissants au 13 janvier, qui soumit au joug de la mort vous et moi, et tout ce qui respire ? Oui mes frères, car c'est à lui que nous devons aussi le jour, qui ne fût jamais venu sans lui, le 25 décembre béni ! »

Il serait peut-être bon de donner quelques explications, bien que, pour beaucoup de mes lecteurs, cela soit peu nécessaire. L'homme du 13 janvier est Adam. Le crime, à cette date, fut celui de la pomme mangée. Le désolant spectacle du 30 novembre est l'expulsion de l'Éden ; le forfait du 16 juin, le meurtre d'Abel ; l'événement du 3 septembre, le départ en exil de Caïn pour la terre de Nod ; le 12 octobre, les derniers sommets de montagne à disparaître sous les eaux du Déluge. Quand vous irez à l'église, en France, emportez un calendrier – annoté[5].

25

Le pardon

DANS « PARDON », il y a don. Qu'est-ce que le pardon sinon la perfection du don ? Le préfixe « par » ou « per » signifie « aller jusqu'au bout, jusqu'à l'extrême, aller à fond ».

Le pardon est le don total. Autrement dit, pardonner, c'est quelque peu se sacrifier en faveur de l'autre. Si je pardonne, c'est pour que l'autre existe.

On oppose parfois le pardon et la justice. Par désir que justice soit faite, en effet, beaucoup ne veulent pas pardonner. Ils pensent que la justice serait lésée s'ils pardonnaient. Ce que l'on peut comprendre. Mais il n'y a pas incompatibilité entre justice et pardon. Faire la justice, c'est faire respecter des droits, les droits des autres, de tous les autres – et les siens bien entendu. De la même manière, on l'a vu, le pardon est le respect de l'autre.

Mais si le pardon n'est pas opposé à la justice, il suppose – disons même : il exige – que justice soit faite. Si pardonner signifie admettre une situation d'iniquité, d'inégalité, il n'existe plus ni respect de l'autre, ni respect de soi.

Le pardon, en outre, ne peut être que le fait de la victime. Il est trop facile de pardonner à la place des autres. Ce point, fondamental, pose parfois des problèmes complexes : quand, par exemple, la victime n'existe plus, qui peut s'arroger le droit de pardonner en son nom ?

De même que l'on oppose pardon et justice, on oppose souvent pardon et mémoire. Ce qui se comprend difficilement. Pardon et mémoire ne sont pas contradictoires. À condition que le pardon n'efface pas le passé. « Je pardonne souvent mais je n'oublie jamais », disait François Mauriac. Le pardon implique une obligation de mémoire. Ce n'est pas un coup d'éponge ou une lessive. C'est la possibilité donnée à l'autre de repartir sur de nouvelles bases, de redémarrer.

Autant dire que si l'on pardonne, c'est que l'on espère. On espère que l'autre peut se renouveler. Parce qu'il en a la capacité. Parce que toute personne possède la capacité d'amour. Et que l'amour est plus fort que tout.

C'est ce qu'exprime très bien le pianiste argentin Miguel Angel Estrella que ses tortionnaires avaient martyrisé pour la seule raison qu'il luttait pour la justice et la liberté :

> Pendant les séances de torture surtout, il m'était très difficile, quand je priais le Notre Père, de dire avec conviction l'avant-dernière phrase « pardonne-nous comme nous pardonnons aussi à ceux qui nous ont offensés ». Il m'arrivait parfois de sauter cette phrase, parce que je sentais que je ne pouvais pas la dire honnêtement, tellement la violence physique me faisait mal. Je n'étais pas alors en mesure de pardonner à ces gens-là.
>
> Pourtant, dans la dernière séance de torture, quand ils ont menacé de me couper les mains, je leur ai dit que je n'avais pas envie de mourir, et que j'avais encore beaucoup de choses

à faire dans la vie – d'abord de finir d'élever mes enfants – mais que j'étais prêt à leur pardonner s'ils me coupaient les mains et s'ils me tuaient, et qu'ils devaient savoir que de toute manière ils se trompaient.

Ma mise au secret a duré deux mois. Au bout de deux mois, j'ai reçu la visite de l'ambassadeur d'Angleterre dans la prison. C'est lui qui m'a appris qu'une campagne menée par des musiciens du monde entier avait été lancée, alors un immense espoir est né et cet espoir m'a permis de mieux pardonner. J'étais entouré de militaires qui faisaient preuve d'une sauvagerie poussée à l'extrême, mais il y avait l'autre côté, l'amour de mes collègues et l'intervention d'organisations comme l'Unesco ou Amnesty International, ou l'ACAT [Action des chrétiens contre la torture], ou la Cimade [organisation caritative d'origine protestante]. Tout cela a beaucoup compté pour que mes prières deviennent normales et que je ne me laisse pas aller à l'amertume d'une souffrance personnelle. Je sentais que j'étais des milliers de personnes. Je sentais que j'étais des milliers de personnes parce que des milliers de musiciens et d'amis connus et inconnus allaient un jour me sortir de cet enfer. Cela rend évidemment le pardon plus facile.

Les militaires me disaient : « Tu n'es pas un bon chrétien, sinon tu serais riche, tu aurais beaucoup de pouvoir, tu ne vivrais pas de façon austère, en consacrant ton temps à la merde de la société, les ouvriers et les paysans. C'est pourquoi nous allons détruire en toi toute capacité de jouer et de sourire, et tu ne seras plus l'homme que tu es. »

Je n'ai jamais vu le visage de ces gens-là. J'avais une cagoule avec du coton sur les yeux, et j'étais pieds et poings liés, mais derrière ma cagoule je me souviens que je souriais, parce que je me disais : « Pour qui se prennent-ils, ces gens-là ? Ils croient qu'ils vont être plus forts que l'amour ? » Et j'étais sûr quelque part que l'amour allait être plus fort que la haine[1].

Le pardon permet aussi la paix. Et, pour le croyant, il se réclame d'une certaine logique : comment espérer être pardonné si l'on ne pardonne pas ? C'est ce que souligne un ancien texte de la Bible attribué au célèbre roi Salomon mais sans doute plus récent :

1. Celui qui veut se venger tombera dans la vengeance du Seigneur, et Dieu lui réservera ses péchés pour jamais.
2. Pardonnez à votre prochain le mal qu'il vous a fait, et vos péchés vous seront remis quand vous en demanderez pardon.
3. L'homme garde sa colère contre un homme, et il ose demander à Dieu qu'il le guérisse.
4. Il n'a point de compassion d'un homme semblable à lui, et il demande le pardon de ses péchés.
5. Lui qui n'est que chair garde sa colère, et il demande miséricorde à Dieu. Qui lui pourra obtenir le pardon de ses péchés ?
6. Souvenez-vous de votre fin dernière, et cessez de nourrir de l'inimitié contre personne.
7. Car la corruption et la mort sont prêtes à fondre sur ceux qui violent les commandements du Seigneur.
8. Ayez la crainte de Dieu devant les yeux, et ne vous mettez point en colère contre votre prochain.
9. Souvenez-vous de l'alliance du Très-Haut, et ne considérez point la faute de votre frère.
10. Évitez les disputes et vous diminuerez les péchés.
11. L'homme colère allume les querelles ; le pécheur jet-

tera le trouble parmi les amis, et il sèmera l'iniquité au milieu de ceux qui vivaient en paix[2].

Le pardon, enfin, ne se traduit pas, ne doit pas se traduire, par l'indifférence. Il doit aller – terrible exigence parfois – jusqu'à la compassion pour le coupable. Parce que si justice a été faite, il souffre. Et toute souffrance mérite compassion, c'est-à-dire participation. Quand je compatis, je participe à la souffrance d'autrui. Même si cette souffrance est terminée. Même si l'autre est mort. Dans sa très célèbre « Ballade des pendus », François Villon lança ainsi un bouleversant appel à la compassion :

> Frères humains qui après nous vivez,
> N'ayez les cœurs contre nous endurcis,
> Car, si pitié de nous pauvres avez,
> Dieu en aura plus tôt de vous merci.
> Vous nous voyez ci attachés cinq, six :
> Quant de la chair, que trop avons nourrie,
> Elle est pieça dévorée et pourrie,
> Et nous, les os, devenons cendre et poudre.
> De notre mal personne ne s'en rie :
> Mais priez Dieu que tous nous veuille absoudre !
>
> Si frères vous clamons, pas n'en devez
> Avoir dédain, quoique fûmes occis
> Par justice. Toutefois, vous savez
> Que tous hommes n'ont pas bons sens rassis ;
> Excusez-nous, puisque sommes transis,
> Envers le fils de la Vierge Marie,
> Que sa grâce ne soit pour nous tarie,

Le pardon

Nous préservant de l'infernale foudre,
Nous sommes morts, âme ne nous harie ;
Mais priez Dieu que tous nous veuille absoudre !

La pluie nous a débués et lavés,
Et le soleil desséchés et noircis :
Pies, corbeaux nous ont les yeux cavés,
Et arraché la barbe et le sourcil
Jamais nul temps nous ne sommes assis ;
Puis ça, puis là, comme le vent varie,
À son plaisir sans cesser nous charrie,
Plus becquetés d'oiseaux que dés à coudre.
Ne soyez donc de notre confrérie ;
Mais priez Dieu que tous nous veuille absoudre !

Prince Jésus, qui sur tous as maîtrie,
Garde qu'Enfer n'ait de nous seigneurie :
À lui n'avons que faire ni que soudre.
Hommes, ici n'a point de moquerie ;
Mais priez Dieu que tous nous veuille absoudre.

26

La patience

« IL FAUT LAISSER du temps au temps », aimait à répéter François Mitterrand, devenu président de la République. La formule eut, paradoxalement, du succès en cette époque où la vitesse est célébrée comme un exploit, et où bien des Occidentaux ne supportent pas d'attendre.

Pourtant, c'est vrai, le temps est incompressible. J'ai entendu ou lu, je ne sais plus où ni quand, l'histoire de cet officier de cavalerie qui, traversant la campagne à la tête de son escadron, voit les blés fauchés, le seigle aussi, tandis que l'avoine est encore sur pied. Il explique donc à l'un de ses compagnons que le temps de l'avoine n'est pas encore venu, que l'on ne moissonne que ce qui est mûr. Ce militaire était sans doute un philosophe car il ajoute que, dans l'espace, deux pierres ne peuvent pas être posées, en même temps, au même endroit. Et que de la même manière – nous y voici – deux moments ne peuvent occuper ensemble le même temps : ils doivent se succéder. Le temps est une succession de moments, que nous appelons heures, jours, années et ainsi de suite. Nous voudrions bien, parfois, mettre un terme à cette succession, nous arrêter à un moment heureux. D'autres fois, en revanche, nous voudrions abolir le temps, arriver plus vite au but. Ce qui est parfois violer la nature comme le rappelait le Breton Pierre-Jakez Hélias dans son célèbre best-seller, *Le Cheval d'orgueil* :

> La terre ne se presse pas. Il lui faut son temps. On lui confie des semences et on attend qu'elles lèvent, fassent des tiges, nouent des fruits. On attend l'août pour moissonner. Peut-être, un jour, les hommes de science trouveront-ils le moyen de faire produire dix récoltes par an. Alors, les femmes feront des enfants en six semaines. En attendant, attendons ! Attendre, le maître mot.
>
> On ne saurait sans injustice reprocher aux paysans d'être restés en arrière délibérément par mauvaise volonté, étroitesse d'esprit ou incapacité de s'adapter. C'est qu'ils travaillent sur le vif, eux. La terre est vivante et fragile comme un ventre de femme. Les animaux, les végétaux sont vivants. Il est relativement facile de tirer, de plus en plus vite, une automobile d'un bloc de métal. Le métal se laisse faire par plus fort que lui. Mais essayez donc de transformer un porcelet en cochon gras sous huit jours ! Ce n'est que lorsqu'il est engraissé et tué que vous pouvez le débiter sous trente-six formes dans une chaîne électro-mécanique. Mais à quand votre usine à faire des porcs ? Et quand remplacera-t-on le pain ? Avec quoi ?
>
> Ensuite, la plupart des techniques de progrès ont été trouvées par des gens des villes et pour leur usage. Il y a fort peu de temps que les ingénieurs se sont attaqués aux problèmes des paysans. Le moins qu'on puisse dire, c'est que leurs réussites ne sont pas éclatantes. Ils font ce qu'ils peuvent, bien sûr. Mais il est apparemment plus facile de creuser un tunnel sous la Manche que de normaliser l'agriculture[1].

S'impatienter, courir, interdit aussi parfois de goûter aux joies et aux beautés de la vie. Dans un bien joli roman, *La Dame en bleu*[2], Noëlle Châtelet conte l'histoire d'une vieille dame qui, sur un trottoir de Paris où tout le monde se hâte, comme d'ordinaire, va son petit bonhomme de chemin, sans se presser. Et la narratrice se met à marcher du même pas, à en faire autant. Pour s'apercevoir qu'elle ne perd rien au change, pas beaucoup de temps, mais que son existence en est transformée, embellie, enrichie.

Ferdinand Alquié, qui professa la philosophie en Sorbonne, allait jusqu'à écrire que l'impatience, la passion qui rend impatient pouvaient mener au désespoir : « Le passionné apparaît d'abord comme l'homme qui préfère le présent immédiat au futur de sa vie. Bien souvent, on ne peut le distinguer du volontaire que par un appel à l'avenir. Si l'on s'en tient en effet à l'état présent de l'amoureux, il est clair que l'essentiel est pour lui de retrouver celle qu'il aime. Pour l'ivrogne, l'essentiel est de boire sur-le-champ, pour le joueur, l'essentiel est de courir au casino. Mais demain, voici l'amoureux au désespoir, l'ivrogne malade, le joueur ruiné. Et tous trois se plaignent avec amertume, accusant leur passion qui les a trompés, témoignant ainsi que leurs tendances les plus profondes étaient bien le désir du bonheur, de la santé, de la richesse. Ils les ont sacrifiées aux sollicitations immédiates, ils n'ont pas pu se penser avec vérité dans le futur[3]. »

« Se pencher avec vérité dans le futur » ne signifie évidemment pas lanterner. Patience ne doit pas être confondue avec résignation, passivité ou paresse. Prendre son temps n'est pas perdre son temps. Mais agir, avec détermination, sans précipitation et avec efficacité. Ce que montre Jean de La Fontaine (qu'on ne s'étonnera pas de trouver cité en ce livre où il est question de morale) dans sa fable « Le Lion et le rat ».

Entre les pattes d'un Lion
Un Rat sortit de terre assez à l'étourdie :
Le Roi des animaux, en cette occasion,
Montra ce qu'il était, et lui donna la vie.
Ce bienfait ne fut pas perdu.
Quelqu'un aurait-il jamais cru
Qu'un Lion d'un Rat eût affaire ?
Cependant il advint qu'au sortir des forêts
Le Lion fut pris dans des rets,
Dont ses rugissements ne le purent défaire.
Sire Rat accourut, et fit tant par ses dents
Qu'une maille rongée emporta tout l'ouvrage.
Patience et longueur de temps
Font plus que force ni que rage.

Dans notre monde où « retardé » signifie souvent « handicapé », où retard est synonyme de handicap, la patience n'est pas seulement efficace et utile, elle est indispensable pour donner à chacun sa chance. C'est ce qu'a montré Anne-Marie Debarbieux, professeur dont la vie fut bouleversée par la naissance d'un enfant trisomique :

> L'arrivée de notre petit trisomique vint brutalement mettre une limite de vitesse à notre allure. Ce petit garçon allait devoir apprendre mot par mot la vie, pour lui nous allions déchiffrer la vie syllabe par syllabe, pour lui nous allions épeler chaque instant loin des méthodes globales et des fiches

de synthèse. Nos enjambées allaient se régler sur les siennes. Nous allions vivre au sens propre du terme l'expression : « partir avec un handicap ». Nous allions apprendre la patience. Dans ce monde qui roule comme un express, nous allions devoir nous adapter, non à sa vitesse, mais à celle d'un enfant dont les capacités de compréhension étaient limitées.

La patience au quotidien n'est pas souvent gratifiante : d'abord elle est difficile, car elle consiste à attendre. Attendre qu'un mot soit prononcé correctement, attendre que le crayon soit tenu comme il faut, attendre que la force et la coordination nécessaires à l'utilisation d'un tricycle puis d'un vélo soient acquises. Alors que tout nous pousse vers l'action, notre dynamisme, mais aussi notre amour pour Xavier nous fait brûler de franchir les étapes. Il nous faut nous arrêter, attendre le bon moment, ne pas tenir compte des échéances habituelles. L'essentiel n'est pas cette course contre la montre qui érige en règle qu'il faut lire à six ans ou marcher à quinze mois, l'essentiel est que l'enfant aille à son propre rythme au maximum de ses possibilités. Cela nécessite de démanteler notre notion du temps.

Apprendre à Xavier à faire tout seul, en consacrant à cela le temps qu'il faut, c'est principalement cela la patience, et c'est souvent une école de maîtrise de soi. Nous avons tellement vite tendance à céder au réflexe d'efficacité : faire à sa place pour que cela aille plus vite, alors qu'il faut au contraire lui laisser le temps de comprendre, lui laisser le temps d'évaluer les implications d'une consigne, lui laisser le temps d'accomplir, même avec maladresse, une petite tâche qui le comblera de fierté. Cet espace de liberté à l'intérieur de la famille est, pour le petit trisomique, extrêmement important : en effet, au sein d'un groupe, il réagit moins vite que les autres, et il agit soit avec un temps de retard, soit par mimétisme parce que les autres ont compris et ont su faire avant lui. Il est essentiel alors que la patience déployée à la maison lui permette de se mesurer à une difficulté et de la surmonter seul. Rien n'est plus encourageant pour lui que de prouver qu'il est capable de mettre le couvert, d'enfiler un tee-shirt ou même de répondre au téléphone. Quant à nous, nous ne risquons guère de perdre (?) quelques instants, mais nous sommes sûrs de gagner pour l'enfant une immense confiance en lui. Bien sûr, tous ces gestes de patience, tous les parents les accomplissent généralement avec tout enfant ; mais plus l'enfant est malhabile, plus il faut prendre le temps de lui montrer les choses ou de rectifier ses erreurs. Cela n'est pas toujours une réaction spontanée. Cela n'est pas non plus toujours si facile[4].

Anne-Marie Debarbieux est modeste : ce n'est pas *du tout* facile. La patience n'est donc possible que si elle se conjugue avec l'espérance. Et si elle est vécue en commun, partagée, comme le dit une sourate du Coran :

> L'homme est perdu,
> sauf ceux qui croient,
> ceux qui accomplissent de bonnes œuvres,
> ceux qui s'encouragent les uns les autres à la recherche de la vérité,
> à la patience.

27

Le patriotisme

LE PATRIOTISME n'a pas bonne presse. Peut-être parce que l'on a trop tiré sur cette corde, trompé des milliers d'hommes en faisant appel à l'amour qu'ils portaient à leur pays, parce que des imbéciles pour qui la vie humaine comptait peu ont envoyé de braves gens à la mort avec tambours et trompettes.

À tous ceux qui ont ainsi abusé du patriotisme populaire, qui n'ont découvert le peuple et ses vertus que pour en faire un troupeau bon pour l'abattoir des tranchées, l'auteur dramatique Charles Vildrac avait dit leur fait, dès le lendemain de la guerre de 1914-1918, en un poème intitulé « Cher peuple » :

> Ô cher peuple, entends ces bavards :
> Ils t'ont depuis peu découvert
> À la lueur de l'incendie
> Et te décernent un amour
> Et une grandeur mesurés
> À la longueur de ton martyre.
>
> Ce n'est pas t'admirer que je puis, douloureux frère ;
> Ma voix n'est pas la voix qui chantera tes plaies,

Tes râles, ton supplice, et ce charnier honteux.

J'ai pitié des troupeaux arrachés aux prairies
Qui entrent dans la ville, harcelés par les chiens,
Les yeux hagards de peur, de faim et de fatigue
Et se bousculent vers la mort ;
Mais je ne saurais pas les accoutrer de gloire.

Frère, hélas ! je n'avais pas besoin pour t'aimer
De te voir étendu saignant et mutilé.

Je n'ai pas eu besoin d'attendre que tu sois
Un pauvre mort jeté la face dans la boue
Pour te louer, mon frère, et me louer de toi [1].

Et puis, beaucoup ont arboré leur patriotisme comme une décoration, pour en obtenir justement : « Quand un homme parle de son amour pour son pays, attendez-vous à ce qu'il espère en être récompensé » écrivait, voici quelques décennies, l'Américain Henry Louis Mencken.

Enfin, le patriotisme peut se confondre avec le nationalisme, la conviction, comme disait George Bernard Shaw, que votre pays « est supérieur à tous les autres parce que vous y êtes né ».

La défiance envers le patriotisme devint telle, après la Deuxième Guerre mondiale et ses nouvelles tueries, que bien des intellectuels ne l'admettaient que chez les colonisés luttant pour l'indépendance de leur pays. Ils admiraient par exemple les nationalistes algériens mais combattaient les nationalistes français. Ce qui fit écrire, par dérision, au journaliste-philosophe Jean-Marie Domenach : « Le patriotisme, c'est bon pour les Africains et les Asiatiques

[...] En France, ça passe pour du gâtisme : les esprits avancés doivent avoir le patriotisme des autres[2]. »

Jean-Marie Domenach n'avait pas tort. Il faut cependant pousser plus loin la réflexion. Si j'aime mon pays, je dois admettre que l'autre aime le sien. Mon patriotisme doit respecter le patriotisme de l'autre, tout comme ma liberté ne doit pas empiéter sur celle de l'autre. Et si j'aime vraiment mon pays, je dois le vouloir sans tache, tout comme un amoureux doit vouloir toujours plus belle celle qu'il aime. Si j'aime vraiment mon pays, je dois critiquer sévèrement ceux qui en salissent l'image : des soldats qui torturent ou qui pillent, des gouvernants corrompus, et ainsi de suite. Mon devoir de patriote n'est pas de cacher ces taches ; c'est, au contraire, de lutter pour qu'elles ne puissent se reproduire ; et l'un des meilleurs moyens est de les dévoiler.

Le patriotisme entraîne donc le devoir de critiquer (non de désigner, bien sûr). Flora Groult l'explique avec humour :

> J'ai une passion pour la France [...] et j'éprouve assez souvent le sentiment baroque et vaniteux qu'elle m'appartient, que j'y ai fait à jamais mon lit, quoique les hasards de la vie m'aient amenée à passer le plus clair de mon temps ailleurs. Ce détail d'importance apporte une dimension toute particulière à mon ardeur. J'ai envie de dire « à mon ardeur amoureuse ».
>
> Quand je suis loin de ma France pour un temps, je suis la proie d'une sorte de malheur langoureux dont je ne pourrais me guérir qu'en retournant sur les lieux auxquels j'appartiens à force de croire les posséder.

J'arrive souvent le soir à Paris. Quand je traverse, au crépuscule, la place de la Concorde, pour rejoindre mon quartier, j'ai un coup d'émotion chaque fois recommencée. « C'est toujours la première fois », écrivait Aragon. Pour moi, c'est toujours la première fois à Paris et dans tout l'Hexagone.

Chaque fois que je traverse une région de France à laquelle j'ai négligé de rendre visite depuis un certain temps, je suis un peu bouleversée, il est presque trop beau ce fichu pays aimé. Mais c'est très bien ainsi et j'aime être bouleversée par les choses heureuses.

Ce que je trouve salutaire, c'est que, étant – selon ma décision extrêmement personnelle, j'en conviens – propriétaire de la France, j'ai le droit de la critiquer à l'occasion, même de dire du mal d'elle et de ses Français en sus. Je dois avouer que je trouve cela très revigorant. Mais il n'y a à peu près que moi qui puisse se comporter ainsi – gare à ceux qui blâment mon pays[3].

Le patriotisme peut inspirer d'augres grandes vertus. C'est ce que montre Jean-Marie Domenach, évoquant les maquis sous l'Occupation : « L'automne 43 fut somptueux. Et lorsque revint l'été, je dormais sous les arbres où étaient accrochés nos fusils, j'étais vraiment heureux, de l'odeur des pins, de ma liberté, de mon amour, et de toute une histoire que j'avais la chance de continuer. Je ne dirai donc pas que je crois à la France ; j'ai vécu en elle. Sa terre, sa légende, sa langue m'ont enveloppé tout jeune, et, à vingt ans, elle m'a confirmé dans le meilleur d'elle-même, elle m'a fait rencontrer des héros aussi grands que ceux dont j'avais lu les exploits, et même plus admirables parce qu'ils restaient seuls au moment de la peur et de la mort.

Ils savaient ce que signifiait la torture, et qu'à chaque coin de rue ils pouvaient être happés et disparaître à jamais[4]. »

Aragon montre aussi comment le patriotisme peut conduire au don total, dans le très célèbre et superbe poème « La rose et le réséda » qu'il dédia à Gabriel Péri, député communiste, et à d'Estienne d'Orves, officier de marine catholique qui, ayant rejoint à Londres le général de Gaulle, fut envoyé en mission en France occupée où, pris par les Allemands, il fut fusillé. Un peu plus tard, Aragon ajouta à cette première dédicace les noms des étudiants Guy Mocquet et Gilbert Dru, le premier militant communiste, le second militant catholique, eux aussi fusillés par les nazis. Voici ce poème :

Celui qui croyait au ciel
Celui qui n'y croyait pas
Tous deux adoraient la belle
Prisonnière des soldats
Lequel montait à l'échelle
Et lequel guettait en bas
Celui qui croyait au ciel
Celui qui n'y croyait pas
Qu'importe comment s'appelle
Cette clarté sur leur pas
Que l'un fût de la chapelle
Et l'autre s'y dérobât
Celui qui croyait au ciel
Celui qui n'y croyait pas
Tous les deux étaient fidèles
Des lèvres du cœur des bras
Et tous les deux disaient qu'elle
Vive et qui vivra verra

Celui qui croyait au ciel
Celui qui n'y croyait pas
Quand les blés sont sous la grêle
Fou qui fait le délicat
Fou qui sont à ses querelles
Au cœur du commun combat
Celui qui croyait au ciel
Celui qui n'y croyait pas
Du haut de la citadelle
La sentinelle tira
Par deux fois et l'un chancelle
L'autre tombe Qui mourra
Celui qui croyait au ciel
Celui qui n'y croyait pas
Ils sont en prison Lequel
A le plus triste grabat
Lequel plus que l'autre gèle
Lequel préfèrent les rats
Celui qui croyait au ciel
Celui qui n'y croyait pas
Un rebelle est un rebelle
Nos sanglots font un seul glas
Et quand vint l'aube cruelle
Passent de vie à trépas
Celui qui croyait au ciel
Celui qui n'y croyait pas
Répétant le nom de celle
Qu'aucun des deux ne trompa
Et leur sang rouge ruisselle
Même couleur même éclat
Celui qui croyait au ciel
Celui qui n'y croyait pas
Il coule il coule et se mêle

À la terre qu'il aima
Pour qu'à la saison nouvelle
Mûrisse un raisin muscat.
Celui qui croyait au ciel
Celui qui n'y croyait pas
L'un court et l'autre a des ailes
De Bretagne ou du Jura
Et framboise ou mirabelle
Le grillon rechantera
Dites flûte ou violoncelle
Le double amour qui brûla
L'alouette et l'hirondelle
La rose et le réséda[5].

Je sais bien que le texte qui suit n'a pas la même qualité. Mais il doit être connu. Il est signé Kaos, Isak, Mickey et Djan : des rappeurs que j'ai entendus, un jour, sur une radio régionale, Fréquence Nord.

Je construis mes textes de ma propre expérience
Tirés de la méchanceté et de l'ignorance
Car bien souvent on traque la différence
Pourtant j'ai retrouvé l'amour dans cette France
Mes copains sont blancs et ignorent ma couleur
Et grâce à eux maintenant je n'connais plus la peur
J'anéantis les boîtes où l'on m'a rejeté
Parce que j'n'avais pas l'teint des habitués
L'amitié et l'amour sont les meilleurs remèdes
Pour oublier qu'il y a des gens nommés skin heads
Je suis un rappeur métis et te donne mon idéal
Nous sommes tous les mêmes fils,
prenons simplement garde aux chacals.

Il faut souligner, enfin, comme nous l'avons fait déjà à d'autres propos, que l'on prend souvent une conscience plus aiguë de l'attachement que l'on porte à son pays quand on perd celui-ci. C'est ce que montre un récit publié par Alphonse Daudet après la défaite française de 1871, quand l'Allemagne (la Prusse) annexa l'Alsace-Lorraine. Jadis, tous les petits Français trouvaient ce récit dans leur « livre de lecture » dès l'école primaire. À l'heure de l'Europe et de l'amitié franco-allemande, on peut le juger un peu naïf et dépassé. C'est vrai. Mais je le relis toujours avec émotion :

> Ce matin-là, j'étais très en retard pour aller à l'école, et j'avais grand-peur d'être grondé, d'autant que M. Hamel nous avait dit qu'il nous interrogerait sur les participes, et je n'en savais pas le premier mot. Un moment l'idée me vint de manquer la classe et de prendre ma course à travers champs.
>
> Le temps était si chaud, si clair !
>
> On entendait les merles siffler à la lisière du bois, et dans le pré Rippert, derrière la scierie, les Prussiens qui faisaient l'exercice. Tout cela me tentait bien plus que la règle des participes ; mais j'eus la force de résister, et je courus bien vite vers l'école.
>
> En passant devant la mairie, je vis qu'il y avait du monde arrêté près du petit grillage aux affiches. Depuis deux ans, c'est de là que nous sont venues toutes les mauvaises nouvelles, les batailles perdues, les réquisitions, les ordres de la commandature ; et je pensais sans m'arrêter :
>
> « Qu'est-ce qu'il y a encore ? »
>
> Alors, comme je traversais la place en courant, le forgeron

Wachter, qui était là avec son apprenti en train de lire l'affiche, me cria :

« Ne te dépêche pas tant, petit ; tu y arriveras toujours assez tôt à ton école ! »

Je crus qu'il se moquait de moi, et j'entrai tout essoufflé dans la petite cour de M. Hamel.

D'ordinaire, au commencement de la classe, il se faisait un grand tapage qu'on entendait jusque dans la rue, les pupitres ouverts, fermés, les leçons qu'on répétait très haut tous ensemble en se bouchant les oreilles pour mieux apprendre, et la grosse règle du maître qui tapait sur les tables :

« Un peu de silence ! »

Je comptais sur tout ce train pour gagner mon banc sans être vu ; mais, justement, ce jour-là, tout était tranquille, comme un matin de dimanche. Par la fenêtre ouverte, je voyais mes camarades déjà rangés à leurs places, et M. Hamel, qui passait et repassait avec la terrible règle en fer sous le bras. Il fallut ouvrir la porte et entrer au milieu de ce grand calme. Vous pensez si j'étais rouge et si j'avais peur !

Eh bien ! non, M. Hamel me regarda sans colère et me dit très doucement :

« Va vite à ta place, mon petit Franz ; nous allions commencer sans toi. »

J'enjambai le banc et je m'assis tout de suite à mon pupitre. Alors seulement, un peu remis de ma frayeur, je remarquai que notre maître avait sa belle redingote verte, son jabot plissé fin et la calotte de soie noire brodée qu'il ne mettait que les jours d'inspection ou de distribution de prix. Du reste, toute la classe avait quelque chose d'extraordinaire et de solennel. Mais ce qui me surprit le plus, ce fut de voir au fond de la salle, sur les bancs qui restaient vides d'habitude, les gens du village assis et silencieux comme nous, le vieux Hauser et son tricorne, l'ancien maître, l'ancien facteur, et puis d'autres personnes encore. Tout ce monde-là paraissait triste ; et Hauser avait apporté un vieil abécédaire mangé aux bords qu'il tenait grand ouvert sur ses genoux, avec ses grosses lunettes posées en travers des pages.

Pendant que je m'étonnais de tout cela, M. Hamel était monté dans sa chaire, et de la même voix douce et grave dont il m'avait reçu, il nous dit :

« Mes enfants, c'est la dernière fois que je vous fais la classe. L'ordre est venu de Berlin de ne plus enseigner que l'allemand dans les écoles de l'Alsace et de la Lorraine... Le nouveau maître arrive demain. Aujourd'hui, c'est votre dernière leçon de français. Je vous prie d'être bien attentifs. »

Ces quelques paroles me bouleversèrent. Ah ! les misérables, voilà ce qu'ils avaient affiché à la mairie.

Ma dernière leçon de français !...

Et moi qui savais à peine écrire ! Je n'apprendrais donc jamais ! Il faudrait donc en rester là !... Comme je m'en voulais maintenant du temps perdu, des classes manquées à courir les nids ou à faire des glissades sur la Saar ! Mes livres que tout à l'heure encore je trouvais si ennuyeux, si lourds à porter, ma grammaire, mon histoire sainte me semblaient à présent de vieux amis qui me feraient beaucoup de peine à quitter. C'est comme M. Hamel. L'idée qu'il allait partir, que je ne le verrais plus, me faisait oublier les punitions, les coups de règle.

Pauvre homme !

C'est en l'honneur de cette dernière classe qu'il avait mis ses beaux habits du dimanche, et maintenant je comprenais pourquoi ces vieux du village étaient venus s'asseoir au bout de la salle. Cela semblait dire qu'ils regrettaient de ne pas y être venus plus souvent, à cette école. C'était aussi comme une façon de remercier notre maître de ses quarante ans de bons services, et de rendre leurs devoirs à la patrie qui s'en allait...

J'en étais là de mes réflexions quand j'entendis appeler mon nom. C'était mon tour de réciter. Que n'aurais-je pas donné pour pouvoir dire tout au long cette fameuse règle des participes, bien haut, bien clair, sans une faute ? Mais je m'embrouillai aux premiers mots, et je restai debout à me balancer dans mon banc, le cœur gros, sans oser lever la tête. J'entendais M. Hamel qui me parlait :

« Je ne te gronderai pas, mon petit Franz, tu dois être assez puni... voilà ce que c'est. Tous les jours on se dit : "Bah ! j'ai bien le temps... j'apprendrai demain." Et puis, tu vois ce qui arrive... Ah ! ç'a été le grand malheur de notre Alsace de toujours remettre son instruction à demain. Maintenant ces gens-là sont en droit de nous dire : "Comment ! Vous prétendiez être Français, et vous ne savez ni lire ni écrire votre langue !" Dans tout ça, mon pauvre Franz, ce n'est pas encore toi le plus coupable. Nous avons tous notre bonne part de reproches à nous faire.

« Vos parents n'ont pas assez tenu à vous voir instruits. Ils aimaient mieux vous envoyer travailler à la terre ou aux filatures pour avoir quelques sous de plus. Moi-même, n'ai-je rien à me reprocher ? Est-ce que je ne vous ai pas souvent fait arroser mon jardin au lieu de travailler ? Et quand je voulais aller pêcher des truites, est-ce que je me gênais pour vous donner congé ?... »

Alors, d'une chose à l'autre, M. Hamel se mit à nous parler de la langue française, disant que c'était la plus belle du monde, la plus claire, la plus solide ; qu'il fallait la garder entre nous et ne jamais l'oublier, parce que, quand un peuple tombe esclave, tant qu'il tient bien sa langue, c'est comme s'il tenait la clef de la prison *... Puis, il prit une grammaire

---

* « S'il tient sa langue, il tient la clef, qui, de ses chaînes, le délivre », Frédéric Mistral.

et nous lut notre leçon. J'étais étonné de voir comme je comprenais. Je crois aussi que je n'avais jamais si bien écouté et que lui non plus n'avait jamais mis autant de patience à ses explications. On aurait dit qu'avant de s'en aller le pauvre homme voulait nous donner tout son savoir, nous le faire entrer dans la tête d'un seul coup.

La leçon finie, on passa à l'écriture. Pour ce jour-là, M. Hamel nous avait préparé des exemples tout neufs, sur lesquels était écrit en belle ronde : *France, Alsace, France, Alsace.* Cela faisait comme des petits drapeaux qui flottaient tout autour de la classe, pendus à la tringle de nos pupitres. Il fallait voir comme chacun s'appliquait, et quel silence ! On n'entendait rien que le grincement des plumes sur le papier. Un moment des hannetons entrèrent ; mais personne n'y fit attention, pas même les tout-petits qui s'appliquaient à tracer leurs *bâtons*, avec un cœur, une conscience, comme si cela encore était du français... Sur la toiture de l'école, des pigeons roucoulaient tout bas, et je me disais en les écoutant :

« Est-ce qu'on ne va pas les obliger à chanter en allemand, eux aussi ? »

De temps en temps, quand je levais les yeux de dessus ma page, je voyais M. Hamel immobile dans sa chaire et fixant les objets autour de lui, comme s'il avait voulu emporter dans son regard toute sa petite maison d'école... Pensez ! depuis quarante ans, il était là à la même place, avec sa cour en face de lui et sa classe toute pareille. Seulement les bancs, les pupitres s'étaient polis, frottés par l'usage ; les noyers de la cour avaient grandi, et le houblon qu'il avait planté lui-même enguirlandait maintenant les fenêtres jusqu'au toit. Quel crève-cœur ça devait être pour ce pauvre homme de quitter toutes ces choses, et d'entendre sa sœur, qui allait, venait, dans la chambre au-dessus, en train de fermer leurs malles ! Car ils devraient partir le lendemain, s'en aller du pays pour toujours.

Tout de même, il eut le courage de nous faire la classe jusqu'au bout. Après l'écriture, nous eûmes la leçon d'histoire ; ensuite les petits chantèrent tous ensemble le BA BE BI BO BU. Là-bas, au fond de la salle, le vieux Hauser avait mis ses lunettes, et, tenant son abécédaire à deux mains, il épelait les lettres avec eux. On voyait qu'il s'appliquait lui aussi : sa voix tremblait d'émotion, et c'était si drôle de l'entendre, que nous avions tous envie de rire et de pleurer. Ah ! Je m'en souviendrai de cette dernière classe..

Tout à coup l'horloge de l'église sonna midi, puis l'angélus. Au même moment, les trompettes des Prussiens qui revenaient de l'exercice éclatèrent sous nos fenêtres... M. Hamel se leva, tout pâle, dans sa chaire. Jamais, il ne m'avait paru si grand.

« Mes amis, dit-il, mes, je... je... »

Mais quelque chose l'étouffait. Il ne pouvait pas achever sa phrase.

Alors il se tourna vers le tableau, prit un morceau de craie et, en appuyant de toutes ses forces, il écrivit aussi gros qu'il put :

« VIVE LA FRANCE ! »

Puis il resta là, la tête appuyée au mur, et, sans parler, avec sa main, il nous faisait signe :

« C'est fini... allez-vous-en[6]. »

28

La persévérance

FALLAIT-IL faire sa place, dans ce livre, à la persévérance ? Elle est souvent oubliée. Peut-être parce qu'on la confond trop avec l'obstination têtue. Peut-être parce qu'elle s'associe bien à la patience, dont nous venons de parler. Pourtant, davantage que la patience, elle souligne la volonté d'aboutir, en dépit des obstacles et des échecs. Ainsi Victor Hugo parle-t-il d'un homme qui avait « glissé, roulé, grimpé, cherché, marché, persévéré, voilà tout ». Et il ajoute : « Secret de tous les triomphes. »

Vincent Van Gogh y voyait le sens de la vie. Il écrivait à son frère :

> Je suis un artiste. Je ne retire pas cette affirmation, parce qu'il est évident qu'elle implique : toujours chercher, sans jamais trouver la perfection. C'est exactement le contraire de : oh ! je le sais déjà, j'ai trouvé une solution.
>
> [...]
>
> Je vis donc comme un ignorant qui sait une seule chose avec certitude : je dois achever en quelques années une tâche déterminée : point n'est besoin de me dépêcher outre mesure, car cela ne mène à rien, je dois me tenir à mon travail avec

calme et sérénité, aussi régulièrement et aussi ardemment que possible[1].

Van Gogh persévère, mais avec un objectif. Tout à l'opposé de l'allumeur de réverbères rencontré par le petit prince de Saint-Exupéry sur la cinquième planète qu'il visita, une toute petite planète, si minuscule qu'en tournant elle passait du matin au soir et du soir au matin en une seule minute. Et l'unique personnage qui l'habitait ne cessait d'allumer puis d'éteindre le réverbère à gaz, unique objet aussi à l'accompagner en ce monde étrange. « Je ne comprends pas », dit le petit prince. Et l'autre lui répondit : « Il n'y a rien à comprendre. »

Les chercheurs, les découvreurs, en revanche, persévèrent pour comprendre. Ainsi Charles Darwin, l'un des principaux auteurs de la théorie de l'évolution des espèces. Il avait voyagé cinq années durant sur un navire britannique, le *Beagle*, qui explorait les côtes d'Amérique du Sud pour en dresser les cartes. Le jeune Darwin y avait rencontré des plantes et des animaux qu'il n'avait jamais vus auparavant et dont les traits variaient parfois d'une île à l'autre. Il rassembla cinq volumes de notes. Quand il commença à en tirer des conclusions, à avancer l'hypothèse de l'évolution, il se heurta au scepticisme général, y compris celui de son vieux maître en sciences, Lyell, un géologue. Il dit même alors : « Ce serait une bonne chose si tous les hommes de science mouraient à soixante ans, car, plus tard, sans nul doute, ils s'opposeraient à toute nouvelle doctrine. » Darwin n'abandonna pas sa recherche pour autant. Il le conte lui-même : « Il m'apparut qu'en suivant l'exemple de Lyell en géologie et en réunissant tous les faits portant d'une manière ou d'une autre sur la variation des animaux et des plantes, domestiques ou sauvages, on pourrait peut-être jeter quelque lumière sur le sujet tout entier. C'est en juillet 1837 que j'ouvris mon premier cahier de notes. Je travaillai selon les vrais principes de Bacon et, sans aucune théorie, collectai les faits sur une grande échelle, notamment ceux relatifs aux productions acclimatées, par des enquêtes imprimées, par des conversations avec les éleveurs et les jardiniers habiles et par de nombreuses lectures. Lorsque je vois la liste des ouvrages de toutes sortes que j'ai lus et résumés, y compris des séries entières de *Journals* et de *Transactions* [journaux scientifiques], je m'étonne de mon propre zèle[2]. »

Ce n'était encore, pourtant, qu'un début. Darwin dut travailler pendant une vingtaine d'années encore, répondre à toutes les objections, prendre garde à toutes les contradictions, vérifier avec soin ses propres hypothèses, avant de publier son ouvrage fondamental sur l'origine des espèces. Il y consacra, en somme, toute sa vie.

Persévérer, c'est aussi ce que fit Magellan. Parti à la recherche d'un passage à travers l'Amérique du Sud pour gagner un autre océan, ensuite dénommé Pacifique, le navigateur portugais, qui finit par réussir, au XVIe siècle, le premier voyage autour du monde, avait d'abord atteint la gigantesque baie du Rio de la Plata. Il dut bientôt reconnaître qu'il s'agissait seulement de l'embouchure d'un fleuve. Il aurait pu s'arrêter là, rebrousser chemin. Il prit le risque de continuer, de chercher une route maritime plus au sud. Du côté de la Terre de Feu, il rencontra des glaces. Il ne se découragea pas pour autant. Il franchit le détroit qui porte aujourd'hui son nom. Il n'était pas encore au bout de ses peines. Les provisions de bord venaient à manquer. Il pouvait faire demi-tour. Il choisit d'affronter l'océan inconnu, le plus vaste du monde, qui s'étendait devant lui. Il espérait. Il persévérait.

Il s'agit seulement de persévérer raisonnablement. C'est ce qu'explique un autre marin qui, à bord d'un navire beaucoup plus léger, affronta lui aussi le Pacifique. En 1991, on s'en souvient, Gérard d'Aboville joignit, à la rame, le port japonais de Choshi à celui d'Ilwaco aux États-Unis. En 134 jours et plus d'un million de coups de rame. Son navire était spécialement équipé (un dessalinateur actionné par le siège pour fournir l'eau potable, trois ballasts permettant de redresser l'embarcation si elle chavirait, et ainsi de suite). En outre, il avait tout prévu. Écoutons-le :

> Je connais bien la mer. Par expérience, je sais quels sont les faux risques et les vrais dangers. Je sais les évaluer, les éviter, comment les affronter. Les faux risques ne m'impressionnant pas, c'est avec l'esprit libre que je me concentre sur les écueils réels et que j'imagine les parades. De parades tant de fois répétées avant le départ qu'elles sont devenues des automatismes. Parce que, avant de faire ce genre de traversée, en effet, je prends un grand cahier. Sur les pages de gauche, j'inscris tous les événements désagréables susceptibles de survenir. Puis, face à chaque ligne, sur la page de droite, doit correspondre la parade, soigneusement testée, qu'il m'a fallu trouver. C'est grâce à cela que mon bateau a pu chavirer trente-six fois dans le Pacifique et arriver indemne. Tous les cas de figure étaient prévus. Je les ai tous eus, terrifiants, mais prévus. Quelle passion ne faut-il pas pour faire ce travail de fourmi !

Gérard d'Aboville, dans cette aventure, n'avait pas persévéré pour rien, comme ça, par caprice, pour se faire plaisir. Il voulait, bien entendu, se prouver à lui-même ses propres possibilités. Il était conscient, aussi, de donner un exemple à des foules. Non par orgueil personnel. Mais pour démontrer ce que peut l'homme. Même seul. Persévérer est souvent, ainsi, rendre service aux autres, à l'autre. Anne Sylvestre le démontre, à sa manière, dans cette chanson où elle demande à l'autre de ne pas se courber, de se tenir droit :

Tiens-toi droit, si tu t'arrondis
T'auras l'air d'une arche
Tiens-toi droit, si tu t'arrondis
T'auras l'air de quoi
T'auras l'air d'un pont, même pas de pierre
L'air d'un pont de bois, l'air d'un pont d'acier
T'auras l'air d'un tronc par-dessus la rivière
T'auras l'air d'un rien sur quoi j'puis marcher.

L'air d'un trait d'union, l'air d'une passerelle
L'air de ce pourquoi, j'peux aller plus loin
L'air d'un pont sonor', l'air d'une ritournelle
L'air d'une musiqu' dont j'n'ai pas besoin
L'air d'un intermède, d'une récréation,
L'air d'un homme en pleurs d'bibliothèque rose
D'un soupirant pour représentation.

L'air d'un grand chemin comme tous les autres
Et l'air sous mes pas, d'un sol aplani
L'air d'un macadam, l'air d'un qui se vautre
Content, bien content de ses avanies

Et moi j'ne veux pas que tu t'arrondisses
Je veux contre toi toujours me heurter
Laisse-moi, laisse-moi tous les précipices
Que sur mes pas l'amour va susciter.

Je n'veux pas de pont, je veux des rivières
Je veux des torrents où tourbillonner
Je veux cette vie, je la veux entière
Même si mon cœur y doit suffoquer
Mais tiens-toi droit. Ne t'arrondis pas
Il faut que je marche
Tiens-toi droit
Si tu t'arrondis, j'aurai l'air de quoi[3] ?

29

La politesse

« AU FOND de la vraie politesse, disait Bergson, philosophe un peu oublié après un siècle, vous trouverez un sentiment qui est l'amour de l'égalité. » Égalité avec l'autre. La politesse, comme bien des vertus que nous avons rencontrées, a pour origine, pour justification, le respect de l'autre.

Apparemment, dans le genre vertu, il y a mieux. La politesse peut n'être qu'apparence, façade, hypocrisie. L'histoire du monde a vu défiler une suite de tortionnaires polis.

Reste que la politesse – façade ou non –, comme l'application des règles morales, est le résultat d'un dressage, d'une éducation : fais ceci, ne fais pas cela, tiens-toi bien, ne te tiens pas comme cela, cela ne se fait pas.

Elle montre le cap, la direction, l'objectif. Comme l'écrivait La Bruyère dans ses *Caractères* : « Elle n'inspire pas toujours la bonté, l'équité, la complaisance, la gratitude ; elle en donne du moins les apparences et fait apparaître l'homme au-dehors comme il devrait être intérieurement. » On semble peut-être trop poli pour être honnête, mais à force de se montrer poli on finit peut-être par rêver de devenir honnête. Enfin, espérons-le. Avec une bonne raison : le double jeu est fatigant.

Comme il nous est arrivé de la constater, on ne perçoit l'importance d'une vertu que si l'on considère son contraire. Le contraire de la politesse, c'est la grossièreté, assez répandue hélas. Et la muflerie qui ne l'est pas moins.

Un bel exemple, si l'on peut dire, de muflerie a été cité par Pierre Desproges, dans sa « Lettre ouverte à un chauffeur de taxi » :

> Monsieur le chauffeur du taxi 790 BRR 75.
>
> Je ne vous oublierai jamais. Aussi longtemps que Dieu me prêtera vie (merci mon Dieu de me laisser le cancer en sourdine), je reverrai avec une diabolique précision d'entomologiste la misérable configuration boursouflée de votre sale gueule de turfiste mou, la balourdise chafouine de votre regard borné, et la vulgarité indicible de vos traits grotesques, encadrés derrière votre pare-brise avec des grâces de tête de veau guettant la sauce ravigote à la vitrine du tripier bovin.
>
> Homère ou Ray Charles, je ne sais plus quel aveugle de naissance ose affirmer que l'habit ne fait pas le moine. Il y a pourtant des tronches qui sont des aveux, et la vôtre, monsieur le chauffeur du taxi 790 BRR 75, ne mérite pas le pardon.
>
> C'était par un de ces matins d'avril parisiens, tout frémissant de printemps sous les platanes vert tendre, où l'imbécile et le poète se prennent à trouver la vie belle.
>
> Ainsi allais-je, du pas crétin de ma démarche alexandrine, l'esprit bourgeonnant de pensées éclatantes quand vous parûtes, monsieur et m'assombrîtes soudain la tranquillité.
>
> Vous vous êtes rangé le long du trottoir à dix mètres devant moi. La porte arrière côté trottoir s'est entrouverte avec une

lenteur infinie, sous la pression désordonnée d'une main fébrile que prolongeait un bras nu décharné.

C'était une main effroyablement tordue par les rhumatismes, désespérément crochue pour ne pas lâcher la vie, une main translucide parsemée de ces étranges taches brunes et lisses qui dessinent parfois d'improbables mouches sur la peau des vieillards finissants. Au prix d'un effort pictural surhumain de sa main jumelle, cette main pitoyable rutilait par cinq fois de l'éclat saugrenu d'un vernis cerise, dérisoire coquetterie de la vieille dame qui devait constituer, à l'évidence, la partie cachée de ce membre à peine supérieur.

Je ne le dis pas à votre intention, monsieur le chauffeur du taxi 790 BRR 75, car il me plaît à penser que la sérénité de votre abrutissement global ne vous autorise pas à hisser votre entendement au-dessus d'une rumination céphalo-gastrique de base, mais il me semble que nous ne devrions pas sourire de cette ultime tentative de plaire qui incite les vieillards au bord du grabat à continuer à se peindre. C'est peut-être une expression de l'instinct de conservation. J'ai entendu un jour Mme Simone Veil faire observer que la plupart des rescapés des camps de la mort nazis avaient puisé la force morale et physique de survivre dans un souci quotidien de fragile dignité qui les poussait à continuer de se tailler la moustache ou de se tresser les nattes jusqu'au fond de leur enfer.

De la portière que la première main maintenait tant bien que mal entrouverte, la seconde a jailli, fébrilement cramponnée à une sobre canne blanche, qui battait l'air en tous sens à la recherche aveugle d'un bout de trottoir ou de caniveau. En même temps, la tête et la jambe gauche de votre cliente, monsieur le chauffeur, tentèrent une première sortie de l'habitacle enfumé de gauloises et tendu de Skaï craquelé qui vous tient lieu de gagne-pain automobile.

C'était une jambe vieille de vieille, autant dire un tibia décharné, avec un gros genou ridicule en haut et, à l'autre extrémité, un escarpin noir dont la boucle dorée tentait en vain d'apporter un éclair de gaieté pédonculaire à ce mollet posthume.

Incapable de s'extraire seule de votre taxi, cette si vieille dame lançait tant bien que mal, à petits coups comptés de sa nuque fripée, une tête ratatinée de tortue finissante dont les yeux usés appelaient à l'aide en vain, au-dessus d'un de ces sourires humbles des vieux dont Brel nous dit qu'ils s'excusent déjà de n'être pas plus loin.

Enfin elle apparut à la rue tout entière, en équilibre au bord de la banquette, hagarde, en détresse, les bras tendus vers rien, les jambes ballantes au-dessus du bitume, le corps brisé, péniblement fagoté dans un sombre froufrou passé, suranné, elle apparut, ridicule, enfin, comme la mouette emmazoutée qui ne sait plus descendre de son rocher.

Cette scène, d'une consternante banalité pour qui sait regarder la rue, ne dura pas plus d'un instant, et j'y mis fin moi-même en aidant la vieille dame à toucher le sol, mais cet instant me parut s'éterniser jusqu'à l'insoutenable à cause de vous, monsieur le chauffeur du taxi 790 BRR 75. Pendant tout le temps que cette dame semi-grabataire vécut en geignant son supplice ordinaire, vous ne bougeâtes pas d'une fesse votre gros cul content de crétin moyen populaire, et vos pattes velues d'haltérophile suffisant ne quittèrent pas une seconde le volant où vos doigts pianotaient d'impatience. Pas une fois votre tête épaisse de con jovial trentenaire ne quitta le rétroviseur où vos petits yeux durs de poulet d'élevage ne perdaient rien de ce qui se passait dans votre dos.

Dormez tranquille, monsieur le chauffeur du taxi 790 BRR 75. Il ne viendrait à personne l'idée de vous inculper, à partir de mon témoignage, de non-assistance à personne en danger. Vous n'avez strictement rien fait de mal ou d'illégal. Vous n'avez pas laissé un enfant se noyer. Vous n'avez pas regardé un piéton blessé se vider de son sang devant votre capot. Vous êtes irréprochable. L'infinie médiocrité de votre lâcheté, l'impalpable étroitesse de votre égoïsme sordide et l'inélégante mesquinerie de votre indifférence ne vous vaudront d'autre opprobre que celui du passant quelconque qui, dans l'espoir de vous voir un jour tomber de béquilles pour avoir l'honneur de vous ramasser par terre, vous prie d'agréer, monsieur le chauffeur du taxi 790 BRR 75, l'expression de ses sentiments distingués [1].

La politesse peut aider – un peu – à rendre moins insupportables les plus rudes conditions de vie. Le président africain Nelson Mandela, si longtemps détenu, évoque ainsi le climat de paix relative que créa dans son camp un gardien qui se montrait, tout simplement, poli :

> « Zithulele », le Tranquille, c'était ainsi que nous appelions le gardien tolérant et gentil qui nous surveillait à la carrière. Il se tenait ordinairement très loin de nous pendant que nous travaillions, ne semblait pas s'occuper de ce que nous faisions tant que nous restions tranquilles, et ne nous disait jamais rien quand il nous trouvait appuyés sur nos pelles en train de parler.
>
> Nous nous conduisions de la même façon avec lui. Un jour, en 1966, il vint nous dire : « Messieurs, la pluie a effacé toutes les lignes sur les routes, et nous avons besoin de vingt kilos de chaux aujourd'hui. Est-ce que vous pouvez m'aider ? » Nous travaillions très peu à l'époque, mais il s'était adressé à nous comme à des êtres humains et nous avons accepté de l'aider [2].

Le meilleur plaidoyer pour la politesse, c'est peut-être Guy Bedos qui l'a formulé :

> La politesse m'intéresse, alors que je passe pour être agressif et mal embouché. Au premier degré, on pourrait dire que je ne suis pas poli. Or, je milite pour la politesse dans la société. Par exemple, je suis un adepte de la politesse dans le couple. Avec la rouille du temps, les hommes et les femmes finissent quelquefois par ne plus avoir d'égards l'un pour l'autre. La politesse dans ce cas-là consiste à revenir toujours et toujours au moment où l'on s'est rencontrés et où l'on cherchait à séduire, bien sûr, mais aussi à avoir des relations plaisantes avec l'autre.
>
> Les gens qui se laissent aller à des excès de langage ou de comportement devraient se souvenir de leurs bonnes manières du début. Question de mémoire. Bien sûr, ce n'est pas toujours facile. Il y a un entraînement d'humeur, de dialogue. Un peu comme une altercation entre chauffards. Il faut bien répondre à l'autre dans son langage. Dans ce cas-là on ne choisit pas le ton de la pièce dans laquelle on joue. Il n'y a pas qu'un auteur. C'est une création collective, et quelquefois on se fait souffler un rôle qu'on n'a pas envie de tenir. Mais arrivé à un certain âge on peut décider « plus jamais ça », même si on sait le faire. Moi je me dispute très bien. Je sais très bien là où ça fait mal, et il fut un temps où je trouvais ce sport très excitant. Mais j'en ai épuisé les charmes et je peux dire tranquillement que dans mon couple actuel je ne me suis jamais disputé et ne me disputerai jamais avec ma femme.
>
> Je ne crois pas manquer de politesse avec le public. Il y a une sorte de recherche de complicité, de dialogue, c'est très mystérieux pour moi. Quand on est sur scène on ne contrôle

pas tout. Il y a une sorte de schizophrénie entre l'être privé et l'être public et donc dépassement de la personnalité. Je crois que si j'étais sur scène l'homme que je suis dans la vie, je risquerais d'ennuyer les gens. Dans la vie quotidienne, je n'ai pas autant le sens de l'humour qu'on peut le croire. Je suis assez susceptible et vaguement paranoïaque...

On m'a parfois reproché de prendre à partie méchamment des spectateurs. Ça fait partie du jeu. Généralement provoqué par un fait réel dans la salle. J'ai été dérangé. J'observe alors les règles de la commedia dell'arte : je récupère l'incident. Il faut bien se défendre ! Il y a des agressions qui peuvent venir du public. Au cirque d'Hiver, le soir de la première, j'étais en piste depuis quelques minutes avec le trac que vous imaginez, et dans le sketch d'entrée, je racontais un rêve où j'étais président de la République, etc. Il y a un type qui s'est mis soudain à beugler la Marseillaise... Il faut gérer ça, comme on dit. J'ai fait en sorte que les gens puissent croire que c'était dans le spectacle. Intérieurement, je me disais que ce connard allait tout foutre par terre. Je crevais de rage et d'angoisse. Mais politesse oblige... La politesse du cirque qui consiste à ne pas montrer l'accident. On met de la sciure sur le sang.

[...]

La politesse ne consiste pas à se contraindre à être un autre. Je me suis trouvé il y a quelque temps avec un animateur de télévision dont le moins qu'on puisse dire est que nous ne sommes pas tout à fait sur la même planète. Je lui ai dit : « Je te préviens, je vais te dire des choses qui vont te paraître agressives, mais je ne suis pas ton ennemi. Je ne viens pas là pour te faire la peau. Je te permets d'exister dans ta musique, permets-moi à moi de parler ma langue. » On a passé une sorte de contrat. Lui, il a fait son truc, premier degré, tout miel, tout « sympathique », et moi j'ai parlé aux gens tel que, je crois, ils ont envie que je leur parle.

Le contrat, il existe aussi avec le public. C'est une sorte de réflexe. Je crois savoir maintenant ce que les gens aiment en moi. Je ne veux pas les décevoir. Je ne suis pas assez méchant pour les priver de ce qu'ils attendent. Arlequin, on l'attend en Arlequin, et moi, Bedos, on m'attend en Bedos.

Dans la relation que j'ai avec mes enfants, je n'encourage pas du tout le laisser-aller verbal. Il y a la notion de respect. Je corrige mes enfants quand ils se laissent aller à dire des gros mots inutilement. Je ne trouve pas nécessaire de mettre con, couille, bite, merde à tout propos. Sur scène, mes gros mots les font rire. Mais il faut distinguer entre grossièreté et vulgarité. Mes enfants ne seront jamais vulgaires. En revanche ils sont assez orduriers parfois et j'essaye de corriger ça. Pourquoi ? Pour les protéger, les rendre sortables en société[3].

Voilà. La politesse protège. C'est un barrage contre la violence.

30

La progression

UNE FOIS DE PLUS, l'ordre alphabétique permet une rencontre heureuse : patienter, persévérer et maintenant progresser. Aller de l'avant.

Non pour dépasser l'autre. Mais pour *se* dépasser. C'est peut-être le seul moyen, en vérité, de ne pas s'attarder, s'endormir, reculer : être toujours tendu pour faire mieux.

Non par orgueil – encore que l'orgueil puisse y aider. Mais parce que l'on croit en un idéal, parce que l'on croit que l'homme, tout homme, même le pire salaud, a reçu bien des dons, bien des moyens, parce que l'on croit en la grandeur de l'homme (si l'on n'y croit pas, sur quoi fonder une morale ? Acceptons alors que la société ne soit qu'une jungle). Quand on croit à la grandeur de l'homme, on doit croire en soi, avoir confiance en soi et, pour se le prouver, essayer de se dépasser, même si l'on ne nourrit pas trop d'illusions sur ses propres capacités.

C'est ce que répondait Marguerite Yourcenar au journaliste-écrivain Matthieu Galey qui l'interrogeait sur l'idéal. Elle citait une phrase de Léon Bloy, « une des plus belles phrases de la littérature française », disait-elle : « Il n'y a qu'un malheur, c'est de ne pas être des saints. » Et elle ajoutait : « Le mot fait peur ; on a bien tort. Laissez-moi vous rappeler l'histoire des trois écoliers qui se rendirent au XIVe siècle en Flandre, chez Ruysbroeck l'Admirable, et qui lui dirent : "Nous voudrions être des saints, mais nous ne savons pas comment nous y prendre." Et Ruysbroeck, peu éloquent, réfléchit, sans doute en se grattant la tête, et répond : "Vous êtes des saints autant que vous voulez l'être" (*Vos estis tam sancti sicut vultis*). Il dépend de nous d'être plus saints, c'est-à-dire meilleurs que nous ne le sommes, comme il dépend de nous jusqu'à un certain point d'être plus intelligents et plus beaux que nous ne le sommes[1]. »

Son interlocuteur lui ayant demandé si elle était parvenue à cette forme de sainteté, Marguerite Yourcenar confessait : « Je le voudrais bien, parce que je crois que se perfectionner est le principal but de la vie. Mais mon attention fléchit, ou la volonté ou l'inertie reprend le dessus, ou la sottise, dont personne n'est dépourvu. Je ne suis pas à tout moment ce que je devrais être. Je fais de mon mieux, alors que très souvent je pourrais faire mieux que mon mieux[2]. »

« Je pourrais faire mieux que mon mieux. » Pour reprendre l'expression de Marguerite Yourcenar à propos de Léon Bloy, on pourrait dire aussi qu'il s'agit de l'une des plus belles phrases de la littérature française.

Dans un autre style, mais avec une forte capacité d'évocation, le romancier Guy Lagorce, qui fut lui-même champion de course à pied, évoque la volonté de dépassement, la quête de l'impossible des sportifs.

Son héros, Roger Champarnaud, est engagé dans le « 800 mètres de l'année », devant quarante mille spectateurs qui partagent leur temps entre cris enthousiastes pendant les compétitions et, dans les intervalles, dégustation de cacahuètes... Et lui, Champarnaud, il a la peur au ventre. Mille petites peurs plutôt. La peur du vent, la peur de son principal concurrent, l'Allemand Schwartz. La peur surtout de ne pas être à la hauteur en dépit des encouragements de son entraîneur, Simon.

Le départ est donné. Les premières centaines de mètres, menées par des outsiders, sont tactiques, faites de changements de rythme, destinées à « casser les jambes » ou à essouffler. Le jeune Roger s'en tire plutôt bien : « Je me sens fort comme une bête. » Il passe l'Allemand Schwartz. Le voilà en tête. Il reste deux cent trente mètres à courir :

> Et voilà le vent, oh le vent ! Je l'avais oublié. « M'sieur Simon, si y a du vent ? » Tant mieux petit si y a du vent ! Tant mieux ! » Je voudrais t'y voir, salaud, avec ta pipe, ton ventre, ton chrono et ton baratin... Le vent me fait chialer. Des larmes dans les yeux. Il n'arrivera donc jamais ce virage ! Le sang commence à cogner derrière ma tête. Plof ! Plof ! Le virage ! Presque plus de vent. Allez ! allez ! plus vite, plus vite ! Ne remue pas la tête, ne serre pas tes poings, souple, facile...
>
> J'ai mal ! D'un seul coup j'ai mal.
>
> « Non tu n'as pas mal, t'es entraîné pour ça, tu dois tenir, c'est mathématique. »
>
> Mathématique ! Ouais... L'air qui sort de ma poitrine commence à faire du bruit. Je respire de la glu, du feu, de la glu bouillante. Qu'est-ce qui peut bien se passer derrière ?
>
> « Ne te retourne pas. Jamais ! Souviens-toi de Moens à Rome... »
>
> Je ne me retournerai pas ! Je me fous de ce qui se passe derrière, je me fous de Moens à Rome, je me fous de tout.

Les jambes ! Oh ! mes jambes, ça y est ! Comme à ce cross où j'avais cru crever. Elles enflent, elles deviennent dures. À la sortie du virage les larmes brouillent ma vue et font tanguer le stade. Coup de rein. Je donne tout. Tout.

Cette fois, j'ai mal, m'sieur Simon, je vous le jure, j'ai mal ! Je ne peux pas faire plus. Je peux plus ! Peut-être qu'après tout je ne suis pas un vrai champion. Je vous jure, tant pis, j'ai trop mal, je voudrais n'importe quoi mais pas continuer. Je préférerais crever. Je vous le jure, m'sieur Simon, j'en peux plus... Clameur énorme de la foule. Je ne me retourne pas. Je garde l'œil fixé devant moi vers la ligne d'arrivée qui se rapproche. Derrière elle, les photographes. Je sais que c'est les photographes mais je ne distingue qu'un gros tas noir et brillant. Et les lignes blanches qui se croisent. Qui se croisent ? Oui, qui se croisent... La clameur de la foule augmente. Qu'est-ce qui se passe derrière ? Est-ce que je les ai largués ou bien est-ce que Schwartz revient et va me sauter dans les quinze mètres qui restent ? Je ne vois rien, je n'entends rien, je m'en fous ! Ça y est ! Je vois la ligne, mes yeux vont rouler par terre, j'ai mal aux jambes. Personne dans cette saloperie de stade ne sait combien j'ai mal partout... À ma droite apparaît Schwartz. Je ne le regarde pas mais je le vois. Son visage révulsé, il serre les dents, il arrive à ma hauteur. Exactement à ma hauteur, mais il ne passe pas... Je le sens en équilibre tout comme moi. Il ne peut pas aller plus vite. Moi non plus. C'est à celui qui ne craquera pas. Nous sommes si près l'un de l'autre que deux fois de suite nos épaules se frôlent. Je l'entends qui fait « Rrrah ! rrhah ! » comme s'il allait crever. Au moment où il va se jeter sur la ligne, je me jette aussi dans la lumière des flashes, je pique du nez et je tombe à plat ventre. Je vais tourner de l'œil. On m'attrape. On me soulève. On m'allonge dans l'herbe. Enfin de l'herbe ! Voilà de l'herbe ! Je crois que je vais mourir là. Je vomis un coup. De la bile. Infect. Je suis mort.

Une main... un bras très blanc... au bout du bras Schwartz ! frais comme l'œil. Il m'attrape, il me tire, il me redresse. Je m'appuie sur lui.

– Tu gagnes ? je lui demande.

Il rigole, me plante son index dans la poitrine et me dit :

– *Nein* ! tu gagnes !

Schwartz, mon vieux ! Tu te souviens de ces vingt derniers mètres ? Si tu m'avais dépassé d'un seul centimètre, je te laissais filer. Je te jure que je te laissais filer. Ça faisait un an que je ne pensais qu'à toi, qu'à cette course. Et maintenant...

Je t'ai battu mais c'est incroyable ! Je m'en fous complètement... Il me laisse seul, il parle devant un micro, il sourit, il écarte les bras, il les laisse retomber d'un geste las !

Schwartz ! Qu'est-ce que c'est dur avec ce vent dans la gueule ! Sous ma main brûle mon corps entier...

Je suis, paraît-il, un peu tombé dans les pommes. Pas longtemps. Ils m'ont quand même emmené à l'infirmerie. C'est là que j'ai revu Simon.

– Alors ? m'a-t-il dit, quand je te répétais que c'est le plus intelligent qui gagnerait !

Je suis peut-être pessimiste de nature, mais je n'arrive pas à croire que c'est parce que je suis plus intelligent que lui que j'ai battu Schwartz. J'aurais même tendance à croire que pour se faire mal comme on vient de se faire mal il faut être plutôt con sur les bords. Mais moi, au moins, j'ai une excuse : je suis plus jeune que lui. J'ai comme l'impression que lorsque j'aurai son âge on ne me verra plus me rendre malade sur les pistes. Je suis sûr que la course à pied m'emmerde, au fond.

Des larmes coulent sur mes joues. De vraies larmes, cette fois l'embrocation n'y est pour rien. Je ne les avais pas senties venir, je ne comprends pas.

– M'sieur Simon, je pleure !

– Mais non, tu ne pleures pas.

– Si, je vous dis que je pleure ! Regardez.

– Je te dis que tu pleures pas. C'est autre chose. C'est les nerfs.

– Moi je vous dis que je pleure.

– Mais non. Je te jure que non...

– Il est costaud, Schwartz ! J'ai eu du mal.

– Le costaud, petit, c'est toi maintenant !

– J'en suis pas sûr. Je ne pourrai plus jamais me défoncer comme ça.

– Si, je te jure que si !

– S'il m'avait dépassé d'un seul centimètre, je le laissais filer. Ça n'a tenu à rien.

– Ça a tenu à toi. C'est pas par hasard qu'il n'a pas pu passer.

– Vous croyez ?

– Je te le jure, petit.

Je laisse passer un silence et puis, tant pis, je me jette à l'eau :

– M'sieur Simon ?

– Oui.

– Vraiment, je crois que la course à pied, ça me fait chier...

– Mais non, petit, ça ne te fait pas chier du tout.

– Vous le savez mieux que moi peut-être ?

– Oui petit, je le sais. Mieux que toi[3]...

Il a raison, le vieux Simon, de jurer que son « poulain », comme disent les journalistes sportifs, pourra encore « se défoncer comme ça », le voudra même. Parce qu'il s'agit d'une aventure intérieure. Pour les sportifs, les vrais sportifs du moins, qui, les dents serrées comme Jacob dans la Bible, poursuivent leur combat avec l'Ange, un combat qui se livre la nuit parce que la nuit symbolise les forces obscures acharnées à détruire l'homme. Bien des héros de l'Antiquité, comme Jacob, ont ainsi dû franchir des épreuves, une sorte de parcours du combattant, pour maîtriser leur destin.

On trouve un thème voisin, exprimé très différemment bien sûr, chez un personnage des *Racines du ciel*, le roman qui, en 1956, valut à Romain Gary le prix Goncourt. Le livre raconte surtout l'histoire de Morel, un homme qui s'est installé au cœur de l'Afrique noire dans le seul but de défendre les éléphants que l'on extermine afin de récupérer l'ivoire de leurs défenses.

Romain Gary veut donner une leçon de tolérance : « L'humanité, dit-il, est assez généreuse pour s'encombrer des éléphants. » Afin de les défendre, Morel est contraint de violer les lois, de prendre en quelque sorte le maquis. Et il est rejoint dans son combat par des personnages au passé parfois lourd, et aux motivations diverses : Fields, un photographe américain, Forsythe, un GI rejeté pour avoir avoué sa participation à la guerre biologique, Habib, un trafiquant d'armes, et enfin Minna, une jeune prostituée berlinoise qui, après la guerre, a échoué à N'Djamena (alors nommé Fort-Lamy), la capitale du Tchad. C'est Minna qui va nous intéresser. Voilà une femme, en effet, qui a lutté contre le plus profond désespoir et pris tous les risques afin de pouvoir, elle aussi, croire en quelque chose. Progresser.

Lors du procès de Morel, accusé de terrorisme, personne ne prend vraiment au sérieux cette motivation. Les juges et le public sont persuadés qu'elle n'a suivi Morel que par amour ou par désir. Et c'est une scène pathétique :

> Ils refusaient tous de comprendre qu'elle pût être là pour son propre compte, qu'elle pût, elle aussi, croire à quelque chose, qu'elle pût mettre tant d'obstination et de fidélité à défendre une marge humaine où il y aurait de la place même pour les éléphants. Cela les faisait rire et le président lui-même, avec son pince-nez et sa sévérité morne, parut narquois et amusé. Avec sa peau parcheminée, il avait tout de même réussi à prendre l'air d'un monsieur qui avait assez vécu pour connaître les femmes et même les filles, et les mobiles, toujours les mêmes, qui peuvent les animer.
>
> – Allons, essayez de nous dire maintenant la vérité... Vous avez d'abord prétendu que lorsque vous l'aviez rejoint – avec des armes et des munitions, ne l'oublions pas –, vous n'aviez qu'une idée : le convaincre de se constituer prisonnier. Maintenant, vous avouez vous-même que vous êtes restée avec lui pour l'aider à poursuivre son activité terroriste... Si vous nous avez menti, avouez-le à présent, la Cour vous en saura gré...
>
> – Je n'ai pas menti. À Fort-Lamy, tout le monde disait qu'il détestait les hommes, que c'était un désespéré, un misanthrope... Je croyais que c'était vrai... Qu'il était très malheureux... Très... Très seul... Et que je pouvais peut-être...
>
> – Le faire changer d'avis ?
>
> – Oui.
>
> – Vous étiez amoureuse de lui ?
>
> – Ce n'est pas ça... Ça n'a rien à voir...
>
> – Il vous était... mettons, très sympathique ?
>
> – Oui.
>
> – Et vous n'avez plus essayé de le faire changer d'avis ?
>
> – Ce n'était pas vrai ce qu'on disait de lui. Il n'était pas comme ça...

– Pas comme ça ?

– Il n'était pas désespéré. Il ne détestait pas du tout les hommes... Au contraire, il leur faisait confiance, c'était un homme qui riait beaucoup, qui était gai... Il aimait la vie, et la nature ; et...

– Et les éléphants, je suppose ?

Elle ne répondit pas, mais son demi-sourire était une réponse.

– Donc, vous êtes restée tout simplement avec lui ?

Elle ne semblait pas avoir entendu. Ses yeux, son sourire allaient ailleurs, elle parlait rapidement.

– Il n'était pas découragé, même par l'échec de la conférence *. Il a dit tout de suite qu'il y en aura une autre et qu'ils prendront des mesures de préservation nécessaires. Mais il fallait continuer à manifester, parce que ces choses-là ne se font pas toutes seules. Il faut toujours se battre pour les obtenir, à cause de l'inertie, et surtout parce que les gens ont besoin d'être encouragés et renseignés. Voilà pourquoi il était tellement important pour lui de continuer, pour montrer que c'était possible, pour les réveiller, les empêcher de croire toujours au pire, qu'il n'y a rien à faire, alors qu'il suffit de ne pas se laisser décourager...

[...]

– Vous avez donc changé d'idée et pris la décision de l'aider ?

– Je ne pouvais pas l'aider, au contraire j'étais une gêne pour lui... Un encombrement... Je voulais rester avec lui jusqu'au bout.

– Vous saviez qu'il pouvait être arrêté d'un moment à l'autre ?

– Oui... On nous avait dit à Gola qu'il y avait un déta-

* Une conférence que Morel avait souhaitée pour la défense des éléphants.

chement militaire sur la route devant nous qui descendait des Oulès et venait à notre rencontre.

– Néanmoins, vous l'aviez suivi ?

– Oui.

– Vous étiez amoureuse de lui ?

– Ça n'a rien à voir.

– Vous étiez sa maîtresse ?

– Je vous dis que ça n'a rien à voir ! cria-t-elle.

– En somme, vous lui étiez dévouée... corps et âme ?

– Oui.

[...]

Elle se tut.

– À défendre les éléphants, je suppose ? dit le président, sardonique...

... Elle le voyait [Morel], avec une mine un peu satisfaite de lui-même, qu'il avait parfois, debout, solide sur ses pattes un peu courtes, en train de se rouler une cigarette, cet air malin que l'on pouvait bien trouver irritant et sa voix qui disait :

– Tu vois, même à l'école, on nous l'a pourtant appris... il y a certaines bêtes que l'on appelle : « les amis de l'homme »... il faut bien les défendre... on en a besoin. Les amis de l'homme... C'est dans tous les manuels de zoologie... Ça y était en tout cas de mon temps. Ça dit bien ce que ça veut dire...

Le public se demandait pourquoi elle souriait.

– Eh bien ! dit le président, il ne m'appartient pas de présumer du jugement qui sera rendu par cette Cour, mais j'espère que l'occasion ne vous sera plus donnée avant quelque temps de troubler l'ordre public...

Mais peut-être que ce qui l'aidait le plus à tenir, à continuer, lorsque les branches des arbres se mettaient à tourner au-dessus de sa tête et qu'elle devait fermer les yeux pour résister au vertige, c'était la crainte de lui déplaire, de ne pas paraître telle qu'il la croyait. Chaque fois qu'il l'interrogeait un peu anxieusement, alors que leurs chevaux marchaient côte à côte au même pas lent vers les collines, elle trouvait toujours assez de courage pour lui répondre avec un semblant de gaieté.

– Comment ça va ?

– Ne vous occupez pas de moi, monsieur Morel... Je suis une Allemande solide, d'une souche de paysans...

– Dans deux heures on sera dans les collines. Il y a une grotte ou deux dans la région, qu'on a repérées juste pour ce cas-là... Évidemment il n'y a pas de médicaments... ni rien. Mais on finira bien par s'en procurer.

– Ne vous faites pas de souci pour moi.

Il essayait de se dire qu'il avait besoin d'elle uniquement parce qu'elle était une Allemande et que sa présence dans cette affaire prouvait bien qu'il n'était pas possible de désespérer. C'était bien leur tour de faire quelque chose pour les éléphants. Il était temps qu'ils puissent manifester eux aussi leur amour de la nature, de se porter eux aussi au secours de la marge humaine, d'assurer la défense de cette marge que le progrès doit rendre de plus en plus large, et qui doit nous contenir tous, par-delà les races, les nations et les idéologies. Il avait toujours eu pour la nature une passion tenace et ses ennemis l'avaient toujours trouvé sur leur chemin. Quoi de plus normal qu'il se fût ainsi trouvé défendant la plus grande et la plus menacée de ses incarnations vivantes, et si la présence des éléphants anachroniques et encombrants rendait la construction d'un monde nouveau difficile, cela prouvait seulement que cette construction était une œuvre humaine. Et il se sentait sur le point d'aboutir, d'obtenir des résultats au moins partiels. Encore un peu de bruit, et il n'y avait aucune raison pour qu'une nouvelle conférence réunie sous la pression de l'opinion publique ne se mît enfin d'accord sur les mesures à prendre. Après... Il ne put s'empêcher de se tourner encore une fois vers elle...

– Regarde, on voit déjà les collines.

– Je vois.

– Encore un peu, l'on y sera. On pourra enfin se reposer[4].

Un repos provisoire. Car le combat, en vérité, ne cesse jamais.

31

La pudeur

NOTRE ÉPOQUE n'aime pas la pudeur. Ni ceux qu'elle nomme les « Pères-la pudeur » et qui lui paraissent « ringards ». Parce que les corps aujourd'hui se montrent, même s'ils ne sont pas parfaits, alors que voici quelques décennies ils se cachaient avec un soin, une affectation même, souvent ridicule : il suffit pour s'en convaincre de regarder les images amusantes de nos aïeules et de nos aïeux aux bains de mer.

Seulement, voici une première nuance : la pudeur ne concerne pas seulement les corps. C'est ce que montre bien un très célèbre passage de *Ruy Blas*, la pièce de Victor Hugo. On connaît l'histoire : Ruy Blas, le valet orphelin, est introduit à la cour d'Espagne alors que la monarchie de ce pays perd chaque jour un peu plus de son prestige et de son pouvoir. Et les aristocrates ne songent qu'à en tirer chacun le plus grand profit personnel. Dans la scène II du troisième acte, justement, Ruy Blas, devenu puissant, surgit au beau milieu des conseillers de Castille qui se disputent les richesses du pays. Et il les apostrophe, violent :

Bon appétit ! messieurs !
Ô ministres intègres !
Conseillers vertueux ! voilà votre façon
De servir, serviteurs qui pillez la maison !
Donc vous n'avez pas honte et vous choisissez l'heure,
L'heure sombre où l'Espagne agonisante pleure !
Donc vous n'avez ici pas d'autres intérêts
Que d'emplir votre poche et vous enfuir après !
Soyez flétris, devant votre pays qui tombe,
Fossoyeurs qui venez le voler dans sa tombe !
- Mais voyez, regardez, ayez quelque pudeur.
L'Espagne et sa vertu, l'Espagne et sa grandeur,
Tout s'en va.
[...]
Nous avons depuis Philippe-Quatre,
Perdu le Portugal, le Brésil, sans combattre ;
En Alsace Brisach, Steinfort en Luxembourg ;
Et toute la Comté jusqu'au dernier faubourg ;
Le Roussillon, Ormuz, Goa, cinq mille lieues
De côte, et Fernambouc, et les Montagnes-Bleues !
Mais voyez – Du ponant jusques à l'orient,
L'Europe, qui vous hait, vous regarde en riant.
Comme si votre roi n'était plus qu'un fantôme,
La Hollande et les Anglais partagent ce royaume ;
Une armée en Piémont, quoique pays ami ;
La Savoie et son duc sont pleins de précipices ;
La France, pour vous prendre, attend des jours propices ;
L'Autriche aussi vous guette. – Et l'infant bavarois
Se meurt, vous le savez. – Quant à vos vice-rois,
Médian, fou d'amour, emplit Naples d'esclandres,
Vaudémont vend Milan, Leganez perd les Flandres.

Quel remède à cela ? – L'état est indigent ;
L'état est épuisé de troupes et d'argent ;
Nous avons sur la mer, où Dieu met ses colères,
Perdu trois cents vaisseaux, sans compter les galères !
Et vous osez !... – Messieurs, en vingt ans, songez-y,
Le peuple – j'en ai fait le compte, et c'est ainsi ! –,
Portant sa charge énorme et sous laquelle il ploie,
Pour vous, pour vos plaisirs, pour vos filles de joie,
Le peuple misérable, et qu'on pressure encor,
A sué quatre cent trente millions d'or !
Et ce n'est pas assez ! Et vous voulez mes maîtres !...
Ah ! j'ai honte pour vous !

Au début de sa diatribe, il leur demandait d'avoir « quelque pudeur ». Et quelques instants plus tard, on le voit, il s'exclame : « Ah ! J'ai honte pour vous. » La honte est la sanction du manquement à la pudeur. On est honteux de ce que l'on a fait ; ou l'on est honteux pour l'autre – comme Ruy Blas – en raison de ce qu'il a fait.

La pudeur n'est donc pas seulement liée au corps, et au sexe. Par pudeur également on voile ses émotions, ses sentiments. Par respect pour l'autre. Pour ne pas le gêner, le troubler. Ainsi cache-t-on son chagrin. Ainsi dissimule-t-on la joie provoquée par un événement heureux si l'on vient à croiser quelqu'un qui est dans la peine.

Par pudeur, on s'abstient de certains actes, ceux qu'interdit la dignité. Les conseillers de Castille qui se disputent les dépouilles de l'Espagne ont évidemment une conduite indigne.

Enfin, par pudeur encore, dans un troisième sens, on refuse de se mettre en avant, d'exhiber ses bonnes actions et ses soucis, Jésus incitait ses disciples à ne pas faire grise mine quand ils jeûnaient, à ne pas annoncer « à coups de trompette » leurs aumônes.

Le problème, c'est qu'il existe beaucoup de fausses pudeurs. Jacques Esprit, cet académicien du XVIIe siècle que nous avons déjà rencontré, expliquait que « le principe de la pudeur est un orgueil caché[1] ». L'homme pudique veut qu'on « le croie incapable de faire les moindres fautes ». Ce n'est pas de les commettre qui le gêne, c'est que cela soit su. « Ceux qui rougissent de leurs fautes ne sont pas des hommes vertueux comme le croit le vulgaire, puisque c'est le mal qui les fait rougir, et que ceux qui font mal ne sont pas vertueux ». Jacques Esprit consent quand même à ajouter que les pudiques, ceux qui ont honte, « font voir par la confusion qu'ils ont de leurs crimes que leurs inclinations ne sont pas entièrement dépravées, qu'ils sont sensibles à tout ce qui peut faire tort à leur réputation [...] au lieu que les imprudents les méprisent et que rien ne les fait rougir ». Conclusion de Jacques Esprit : la pudeur n'est pas une vertu mais elle est « estimable dans ses effets » puisque la crainte d'être découvert détourne certains de commettre de mauvaises actions. Ce qui est mieux que rien.

La fausse pudeur est aussi, bien sûr, la feinte pudeur. On se montre modeste en espérant bien être contredit, on se met au dernier rang en souhaitant être appelé au premier. « Cette fausse pudeur cousue de fil blanc est – indirectement – une vraie ostentation, écrit Vladimir Jankélévitch. Le vaniteux tonitruant veut ressembler à la timide fleur des champs. » Et il met en garde contre ce qu'il appelle avec humour les « vertus déclamatoires »[2].

L'hypocrisie, enfin – le fameux « Cachez ce sein que je

ne saurais voir » du Tartuffe de Molière –, a beaucoup fait douter de la pudeur. Une scène de Victor Hugo, tirée cette fois de son célèbre *Notre-Dame de Paris* montre assez que la pudeur n'est pas toujours où on affecte de la placer.

Dans ses appartements situés sur la place du parvis de la cathédrale, Mme Aloïse de Gondelaurier a réuni quelques amies de sa fille, ainsi qu'un jeune capitaine, Phœbus, plutôt rustre, à qui celle-ci est presque fiancée. Un jeune homme, un groupe de jeunes filles, toutes pudiquement vêtues ; voici comme Hugo présente la scène :

> Les damoiselles étaient assises, partie dans la chambre, partie sur le balcon, les unes sur les carreaux de velours d'Utrecht à cornières d'or, les autres sur des escabeaux de bois de chêne sculpté à fleurs et à figures. Chacune d'elles tenait sur ses genoux un pan d'une grande tapisserie à l'aiguille, à laquelle elles travaillaient en commun et dont un bout traînait sur la natte qui recouvrait le plancher.
>
> Elles causaient entre elles avec cette voix chuchotante et ces demi-rires étouffés d'un conciliabule de jeunes filles au milieu desquelles il y a un jeune homme. Le jeune homme, dont la présence suffisait pour mettre en jeu tous ces amours-propres féminins, paraissait, lui, s'en soucier médiocrement ; et tandis que c'était parmi les belles filles à qui attirerait son attention, il paraissait surtout occupé à fourbir avec son gant de peau de daim, l'ardillon de son ceinturon.

Et voilà que l'on entend, venant de la place, sonner le tambourin d'une danseuse, Esmeralda, qu'elles appellent l'Égyptienne. Il prend à ces demoiselles la fantaisie de la faire monter jusqu'à elles. Le capitaine, qui la connaît vaguement, lui fait donc signe de venir.

La jeune fille le regarda encore, puis elle rougit comme si une flamme lui était montée dans les joues, et, prenant son tambourin sous son bras, elle se dirigea, à travers les spectateurs ébahis, vers la porte de la maison où Phœbus l'appelait ; à pas lents, chancelante, et avec le regard troublé d'un oiseau qui cède à la fascination d'un serpent.

Un moment après, la portière de tapisserie se souleva, et la bohémienne parut sur le seuil de la chambre, rouge, interdite, essoufflée, ses grands yeux baissés, et n'osant faire un pas de plus.

Bérangère battit des mains.

Cependant la danseuse restait immobile sur le seuil de la porte. Son apparition avait produit sur ce groupe de jeunes filles un effet singulier. Il est certain qu'un vague et indistinct désir de plaire au bel officier les animait toutes à la fois, que le splendide uniforme était le point de mire de toutes leurs coquetteries, et que, depuis qu'il était présent, il y avait entre elles une certaine rivalité secrète, sourde, qu'elles s'avouaient à peine à elles-mêmes, mais qui n'en éclatait pas moins à chaque instant dans leurs gestes et leurs propos. Néanmoins, comme elles étaient toutes à peu près dans la même mesure de beauté, elles luttaient à armes égales, et chacune pouvait espérer la victoire. L'arrivée de la bohémienne rompit brusquement cet équilibre. Elle était d'une beauté si rare que, au moment où elle parut à l'entrée de l'appartement, il sembla qu'elle y répandait une sorte de lumière qui lui était propre. Dans cette chambre resserrée, sous ce sombre encadrement de tentures et de boiseries, elle était incomparablement plus belle et plus rayonnante que dans la place publique. C'était comme un flambeau qu'on venait d'apporter du grand jour dans l'ombre. Les nobles damoiselles en furent malgré elles éblouies. Chacune se sentit en quelque sorte blessée dans sa beauté. Aussi leur front de bataille (qu'on nous passe l'expression) changea-t-il sur-le-champ, sans qu'elles se dissent un seul mot. Mais elles s'entendaient à merveille. Les instincts de femmes se comprennent et se répondent plus vite que les intelligences d'hommes. Il venait de leur arriver une ennemie : toutes le sentaient, toutes se ralliaient. Il suffit d'une goutte de vin pour rougir tout un verre d'eau ; pour teindre d'une certaine humeur toute une assemblée de jolies femmes, il suffit de la survenue d'une femme plus jolie – surtout lorsqu'il n'y a qu'un homme.

Aussi l'accueil fait à la bohémienne fut-il merveilleusement glacial. Elles la considérèrent du haut en bas, puis s'entre-regardèrent, et tout fut dit : elles s'étaient comprises.

Elles vont donc l'attaquer. Alors que Phœbus répète, « avec une grosse galanterie naïve et soldatesque », qu'Esmeralda est une belle fille, l'assaut commence. L'une d'elles riposte que la bohémienne est « assez sauvagement vêtue ».

Cette réflexion fut un trait de lumière pour les autres. Elle leur fit voir le côté attaquable de l'Égyptienne : ne pouvant mordre sur sa beauté, elles se jetèrent sur son costume.

– Mais cela est vrai, petite, dit la Montmichel ; où as-tu pris de courir ainsi par les rues sans guimpe ni gorgerette ?

– Voilà une jupe courte à faire trembler, ajouta la Gaillefontaine.

– Ma chère, poursuivit assez aigrement Fleur-de-Lys, vous vous ferez ramasser par les sergents de la douzaine pour votre ceinture dorée.

– Petite, petite, reprit la Christeuil avec un sourire implacable, si tu mettais honnêtement une manche sur ton bras, il serait moins brûlé par le soleil.

C'était vraiment un spectacle digne d'un spectateur plus intelligent que Phœbus, de voir comme ces belles filles, avec leurs langues envenimées et irritées, serpentaient, glissaient et se tordaient autour de la danseuse des rues ; elles étaient cruelles et gracieuses ; elles fouillaient ; elles furetaient malignement dans sa pauvre et folle toilette de paillettes et d'oripeaux. C'étaient des rires, des ironies, des humiliations sans fin.

Les sarcasmes pleuvaient sur l'Égyptienne, et la bienveillance hautaine, et les regards méchants. On eût cru voir de ces jeunes dames romaines qui s'amusaient à enfoncer des épingles d'or dans le sein d'une belle esclave. On eût dit d'élégantes levrettes chasseresses tournant, les narines ouvertes, les yeux ardents, autour d'une pauvre biche des bois que le regard du maître leur interdit de dévorer.

Qu'était-ce, après tout, devant ces filles de grande maison, qu'une misérable danseuse de place publique ? Elles ne semblaient tenir aucun compte de sa présence ; et parlaient d'elle, devant elle, à elle-même, à haute voix, comme de quelque chose d'assez malpropre, d'assez abject et d'assez joli.

La bohémienne n'était pas insensible à ces piqûres d'épingle. De temps en temps une pourpre de honte, un éclair de colère enflammaient ses yeux et ses joues ; une parole dédaigneuse semblait hésiter sur ses lèvres ; elle faisait avec mépris cette petite grimace que le lecteur lui connaît ; mais elle se tenait immobile.

Qui est la plus pudique dans cette histoire ? Évidemment celle qui a les bras nus, qui ne porte ni guimpe ni gorgerette et dont la jupe est « courte à faire trembler ».

La véritable pudeur tient donc moins à la longueur d'un vêtement qu'au comportement de la personne qui le porte.

La frontière entre la pudeur et l'impudeur ne peut être tracée. Tout est question de circonstances, de sensibilité. Chacun sait qu'un corps nu peut être pudique, un corps voilé impudique.

L'impudeur est une intimité exposée ou suggérée : elle est si fréquente aujourd'hui que, disent les psychiatres, elle met en péril la sexualité, que le nu de plus en plus exhibé, loin d'inciter à l'activité sexuelle, entraîne plutôt l'indifférence.

L'impudeur est aussi un regard qui viole l'intimité, celui des voyeurs, des « mateurs » comme le dit l'argot avec un mépris justifié.

Que la pudeur soit donc nécessaire, qu'elle soit une question de respect de soi et de l'autre, voilà qui est évident, comme l'explique Jacques de Bourbon-Busset : « Chaque être humain est dépositaire de quelque chose qui le dépasse, qui n'est pas vraiment de lui. Cette force ne peut être impunément exposée au grand jour. C'est une essence d'ombre qui supporte mal la lumière crue. Ce qui est le plus intime doit être protégé. Ce n'est pas un trésor, c'est beaucoup plus, c'est le ressort intérieur et il importe de le ménager, chez l'autre comme chez soi. » Mais Bourbon-Busset ajoute, très justement : « Ce qui est difficile à expliquer, c'est la distance à conserver »[3].

32

Le respect de l'environnement

VOILÀ une préoccupation assez neuve. Pour autant qu'on puisse le savoir, les premiers hommes considéraient la Nature à la fois comme une ennemie dont il fallait se protéger et comme un riche gisement où l'on pouvait puiser à volonté : ils exploitaient un bout de forêt, puis s'en allaient ailleurs, ils tuaient, s'ils le pouvaient, les animaux dont ils se nourrissaient sans se soucier de leur reproduction.

Les Grecs eux-mêmes considéraient la nature comme la fortune des êtres humains. Aristote l'énonça très clairement : « Les plantes sont faites pour les animaux et les animaux pour l'homme : les animaux domestiques servent à son usage et à sa nourriture ; les animaux sauvages, sinon tous, du moins la plupart, servent à sa nourriture et à ses autres besoins, pour qu'il en tire soit son habillement, soit divers instruments. Si donc la nature ne fait rien sans but ni en vain, il faut admettre que c'est pour l'homme que la nature a fait tout cela. »

Des siècles plus tard, Lamartine considérait la nature comme une mère : « Plonge-toi dans son sein qu'elle t'ouvre toujours », écrivait-il avec son habituel lyrisme.

Aujourd'hui – et c'est une révolution –, nous avons plutôt tendance à voir en elle un enfant fragile qu'il faut protéger. Quand je dis « nous », j'exagère bien entendu : trop d'hommes, par souci du profit immédiat, saccagent la nature sans souci du lendemain.

Pourquoi faut-il la protéger ? Pour l'avenir justement, pour les générations futures, pour que la terre soit encore vivable. Le philosophe Hans Jonas a formulé ce commandement : « Agir de telle façon que les effets de ton action soient compatibles avec la permanence d'une vie authentiquement humaine sur terre[1]. »

Cela ne signifie pas, évidemment, laisser la nature dans l'état où elle se trouve – et qui n'est pas naturel, qui est le fruit du travail de l'homme, sur une grande partie de la planète. Mais, en exploitant les richesses terrestres, il faut garder à l'esprit le souci de l'avenir. Ce qui pose de multiples problèmes, à résoudre cas par cas, en dressant une balance des avantages et des inconvénients. Ce que permet la lucidité, vertu primordiale que nous avons déjà évoquée.

Soulignons au passage que nous avons des devoirs envers les animaux, capables d'éprouver du plaisir ou de la douleur : ils ont le droit de ne pas subir d'inutiles violences, de ne pas être effrayés, ni enfermés dans des conditions pénibles, et ainsi de suite.

Et terminons par ce texte du chef indien Seattle à qui le président américain Cleveland proposait d'attribuer aux siens une « réserve » en échange de l'achat de tous leurs territoires :

> Nous savons que l'Homme Blanc ne comprend pas nos mœurs.

Pour lui une parcelle de terre ressemble à la suivante, car c'est un étranger qui arrive dans la nuit et prend à la terre ce dont il a besoin.

La terre n'est pas sa sœur, mais son ennemie et lorsqu'il l'a conquise, épuisée, il va plus loin.

Il abandonne même la tombe de ses aïeux et cela ne le tracasse pas. La tombe de ses aïeux et le patrimoine de ses enfants tombent dans l'oubli.

Il traite sa mère la terre, et son frère le ciel, comme des choses à acheter, piller, vendre comme les moutons ou les perles brillantes.

Son appétit dévorera la terre et ne laissera derrière lui qu'un désert.

Nos mœurs sont différentes des vôtres.

L'air est précieux à l'Homme Rouge, car toutes choses partagent le même souffle. La bête, l'arbre, l'homme, tous partagent le même souffle.

Le vent qui a donné à notre grand-père son premier souffle a aussi reçu son dernier soupir.

Et si nous vous vendons notre terre, vous devrez la garder à part et la tenir pour sacrée, comme un endroit où même l'Homme Blanc peut aller goûter le vent adouci par les fleurs des prés.

Nous considérons donc votre offre d'acheter notre terre. Mais si nous décidions de l'accepter, j'y mettrais une condition : l'Homme Blanc devra traiter les animaux de cette terre comme ses frères.

Si toutes les bêtes disparaissaient, l'homme mourrait d'une grande solitude de l'esprit. Car ce qui arrive aux bêtes arrive bientôt à l'homme.

Toutes les choses se tiennent.

Enseignez à vos enfants ce que nous avons toujours enseigné aux nôtres : que la terre est notre mère. Et que tout ce qui arrive à la terre arrive aux fils de la terre.

Si les hommes crachent sur le sol, ils crachent sur eux-mêmes.

Nous avons au moins ceci : la terre n'appartient pas à l'homme, l'homme appartient à la terre.

Cela nous le savons.

Toutes les choses se tiennent, comme le sang qui unit une même famille.

Il y a une chose que nous savons et que l'Homme Blanc découvrira peut-être un jour : c'est que notre Dieu est le même Dieu. Il se peut que vous pensiez maintenant le posséder comme vous voulez posséder notre terre, mais vous ne pouvez pas. Il est le Dieu de l'Homme. Et sa pitié est égale pour l'Homme Rouge et le Blanc.

Cette terre lui est précieuse, et nuire à la terre, c'est accabler de mépris son créateur.

Toutes les choses se tiennent et tout ce qui arrive à la terre arrive aux fils de la terre.

Ce n'est pas l'homme qui a tissé le fil de la vie. Il en est seulement un fil. Tout ce qu'il fait à la trame, il le fait à lui-même[2].

33

La responsabilité

« JE NE VEUX PAS LE SAVOIR ! » Cette phrase, si souvent reprochée aux bureaucrates, pourrait servir à ceux qui fuient leurs responsabilités.

Ceux qui se bouchent les oreilles pour ne pas entendre les cris des victimes des massacres.

Ceux qui trouvent des prétextes ou des excuses à leur inertie. Ils ne savaient pas que les nazis allaient persécuter, ils ne savaient pas que l'on transfusait du sang contaminé par le virus du Sida, ils ne savaient pas que... La plupart du temps, c'est parce qu'ils ne voulaient pas entendre, ou qu'ils ne cherchaient pas à savoir. Ils n'étaient certes pas coupables. Ils n'aidaient pas les nazis. Mais ils ne bougeaient pas. Ils laissaient faire. Donc ils étaient responsables. Pour une petite part, certes. Mais responsables. Tout comme étaient responsables, à un autre niveau, plus élevé, ceux qui laissaient transfuser à des malades des produits sanguins non chauffés qui pouvaient entraîner la mort.

Tous ne portent pas – heureusement – d'aussi lourdes responsabilités. Mais chacun de nous est responsable de sa vie, de ceux qui l'entourent, et – en partie, en très petite partie parfois – de ce qui se passe dans le monde où il vit.

Pour se disculper, nier leurs responsabilités, certains invoquent la fatalité, voire la place des planètes dans le ciel. Dans *Le Roi Lear*, Shakespeare mettait en lumière leur dérobade, dès la deuxième scène du premier acte. Il y a là le comte de Gloucester qui se lamente : « Ces récentes éclipses de soleil et de lune ne présagent rien de bon pour nous. La philosophie naturelle a beau en donner telle ou telle raison, la nature n'en est pas moins frappée par les effets qui s'ensuivent. L'amour se refroidit, l'amitié dépérit, les frères se brouillent. Dans les villes, c'est l'émeute, dans les campagnes la discorde, dans les palais la trahison, et les liens se brisent entre père et fils. »

À quoi son fils bâtard, Edmond, rétorque : « Voilà bien l'insigne sottise de ce monde : quand notre fortune est mal en point – et ce sont souvent les dérèglements de notre propre conduite – nous rendons coupables de nos désastres le soleil, la lune et les étoiles, comme si nous étions scélérats par fatalité, bêtes par contrainte du ciel, canailles, voleurs et perfides par prédominance astrale, ivrognes, menteurs et adultères par obéissance forcée à l'ascendant de quelque planète, et comme si tout le mal que nous faisons était dû à l'instigation des dieux. Admirable excuse de l'homme, ce gaillard, d'aller mettre ses instincts de bouc à la charge d'une étoile. Mon père et ma mère se sont accouplés sous la queue du Dragon et ma nativité fut sous la Grande Ourse : il s'ensuit que je suis dur et lubrique. Foutre ! J'aurais été ce que je suis si l'étoile la plus originale du firmament avait scintillé qu'on m'a fait bâtard ! »

D'autres s'abritent derrière la volonté de Dieu, ou des dieux, alors que les dieux de toutes les religions veulent les hommes actifs, responsables. Ignace de Loyola et les siens leur ont répondu, voici quelques siècles, par cette règle paradoxale : « Fie-toi à Dieu comme si le succès des choses dépendait tout entier de toi et en rien de Dieu. »

Ce qui ne signifie pas que chacun soit responsable de tout. Chacun porte une part de responsabilité, mais ne doit pas se charger inutilement la conscience. Chacun doit faire ce qu'il peut, et même un peu plus.

En ayant toujours à l'esprit la phrase de Raymond Aron – « Le choix en politique n'est pas entre le bien et le mal mais entre le préférable et le détestable » – qui ne vaut pas seulement pour la politique. D'ailleurs, il faut mettre la responsabilité – et à l'inverse, la culpabilité – à leur juste place. Nous ne pouvons affirmer que nous sommes maîtres de tout ce qui constitue notre vie. Une part de nos actes nous échappe. Et notre vie se conjugue avec d'autres vies. Notre histoire croise d'autres histoires. C'est ce que montre bien Émile Zola dans deux épisodes de *Germinal.*

Dans le premier, alors que les mineurs se sont mis en grève et que les oppositions se durcissent, la troupe vient occuper le caveau de la mine : un capitaine et sa compagnie qui se font insulter, rudoyer même. Ils sont une poignée, dit Zola, face à la « marée montante des mineurs ». On peut craindre le pire :

> Les violences ne cessaient pas, les poings tendus, les mots abominables, des pelletées d'accusations et de menaces qui les souffletaient au visage. Il fallait toute la force de la consigne pour les tenir ainsi, la face muette, dans le hautain et triste silence de la discipline militaire.
>
> Une collision semblait fatale, lorsqu'on vit sortir, derrière

la troupe, le porion Richomme, avec sa tête blanche de bon gendarme, bouleversée d'émotion. Il parlait tout haut.

« Nom de Dieu, c'est bête à la fin ! On ne peut pas permettre des bêtises pareilles. »

Et il se jeta entre les baïonnettes et les mineurs.

« Camarades, écoutez-moi... Vous savez que je suis un vieil ouvrier et que je n'ai jamais cessé d'être un des vôtres. Eh bien ! nom de Dieu ! Je vous promets que, si l'on n'est pas juste avec vous, ce sera moi qui dirai aux chefs leurs quatre vérités... Mais en voilà de trop, ça n'avance à rien de gueuler des mauvaises paroles à ces braves gens et de vouloir se faire trouer le ventre. »

On écoutait, on hésitait. En haut, malheureusement, reparut le profil aigu du petit Négrel [jeune ingénieur de la mine]. Il craignait sans doute qu'on ne l'accusât d'envoyer un porion, au lieu de se risquer lui-même ; et il tâcha de parler. Mais sa voix se perdit au milieu d'un tumulte si épouvantable, qu'il dut quitter de nouveau la fenêtre, après avoir simplement haussé les épaules. Richomme, dès lors, eut beau les supplier en son nom, répéter que cela devait se passer entre camarades ; on le repoussait, on le suspectait. Mais il s'entêta, il resta au milieu d'eux.

« Nom de Dieu ! qu'on me casse la tête avec vous, mais je ne vous lâche pas tant que vous serez si bêtes ! »

Étienne, qu'il suppliait de l'aider à leur faire entendre raison, eut un geste d'impuissance. Il était trop tard, leur nombre maintenant montait à plus de cinq cents.

Le pire se produira. La troupe finira par tirer, faisant morts et blessés. Le vieux porion Richomme, pourtant, aura fait tout ce qu'il pouvait, assumé entièrement ses responsabilités.

Un peu plus tard, alors que le travail a repris, une catastrophe se produit. Négrel, l'ingénieur, se précipite sur les lieux, interroge le maître porion, Dansaert :

> « Eh bien ! qu'arrive-t-il donc ? cria-t-il de loin.
>
> – La fosse est perdue », répondit le maître porion.
>
> Et il conta la catastrophe, en bégayant, tandis que l'ingénieur, incrédule, haussait les épaules : allons donc, est-ce qu'un cuvelage se démolissait comme ça ? On exagérait, il fallait voir.
>
> « Personne n'est resté au fond, n'est-ce pas ? »
>
> Dansaert se troublait. Non, personne. Il l'espérait du moins. Pourtant, des ouvriers avaient pu s'attarder.
>
> « Mais nom d'un chien ! dit Négrel, pourquoi êtes-vous sortis alors ? Est-ce qu'on lâche ses hommes ! »

On ne lâche pas ses hommes. Négrel, pendant des jours et des jours, participera, presque sans espoir, aux opérations de sauvetage. Car, dès les premières heures, on entend les appels – des bruits – que lancent les prisonniers de la mine.

> Négrel vivait au fond, avec ses ouvriers. On lui descendait son repas, il dormait parfois deux heures, sur une botte de paille, roulé dans un manteau. Ce qui soutenait les courages, c'était la supplication des misérables, là-bas, le rappel de plus en plus distinct qu'ils battaient pour qu'on se hâtât d'arriver. À présent, il sonnait très clair, avec une sonorité musicale, comme frappé sur les lames d'un harmonica. On se guidait grâce à lui, on marchait à ce bruit cristallin, ainsi qu'on marche au canon dans les batailles. Chaque fois qu'un haveur était relayé, Négrel descendait, tapait, puis collait son oreille ; et, chaque fois, jusqu'à présent, la réponse était venue, rapide,

pressante. Aucun doute ne lui restait. Il avançait dans la bonne direction ; mais quelle lenteur fatale. Jamais on n'arriverait assez tôt. En deux jours, d'abord, on avait bien abattu treize mètres ; seulement, le troisième jour, on était tombé à cinq ; puis, le quatrième, à trois. La houille se serrait, durcissait à un tel point que, maintenant, on fonçait de deux mètres, avec peine. Le neuvième jour, après des efforts surhumains, l'avancement était de trente-deux mètres, et l'on calculait qu'on en avait devant soi une vingtaine encore. Pour les prisonniers, c'était la douzième journée qui commençait, douze fois vingt-quatre heures sans pain, sans feu, dans ces ténèbres glaciales. Cette abominable idée mouillait les paupières, raidissait les bras à la besogne. Il semblait impossible que des chrétiens vécussent davantage, les coups lointains s'affaiblissaient depuis la veille, on tremblait à chaque instant de les entendre s'arrêter.

Le petit ingénieur et ses camarades échoueront. Du moins se seront-ils comportés, pleinement, en responsables. Ils n'ont pas jugé que c'était trop difficile, trop compliqué. Ils ont agi. Ils ont été à la hauteur. Ils ont eu du « répondant ». Responsable et réponse ont la même origine. On se montre responsable quand on sait répondre à une nécessité, à un appel.

Dans *La Sauvage*, une pièce de Jean Anouilh, l'héroïne laisse échapper ce cri : « Il y aura toujours un chien perdu quelque part qui m'empêchera d'être heureuse. » Elle a tort. Sa part de responsabilité, c'est ce qui dépend d'elle, ce qui est lié à ses choix. Elle ne peut pas répondre aux cris du chien perdu quelque part dans le monde. Parce qu'elle ne peut les entendre. Nous ne sommes pas tout-puissants. Prendre ses responsabilités est nécessaire. Les exagérer est succomber à l'orgueil.

34

La solidarité

LE MOT a bien du succès, ces temps-ci. Il convient de se méfier. La prudence s'impose quand un thème est revendiqué par tout le monde. Quelle réalité cache-t-il ?

Il faut d'abord constater que la solidarité, souvent invoquée, est moins souvent pratiquée. Le souci du prochain n'est pas si courant. Le philosophe Alain Etchegoyen le montre dans une de ses *Fables intempestives* qu'il a intitulée « L'ambulancier et la vieille dame ».

> La dame était vieille. Elle se remettait doucement d'un accident. À l'hôpital, on décida que sa convalescence pouvait s'achever au milieu des siens. L'ambulancier enfourna le brancard à roulettes par l'arrière de sa longue voiture. Mais il rabattit le hayon sans voir qu'il était mal fermé. Au premier feu passant au vert, l'accélération du véhicule produisit l'effet prévisible. Le hayon se souleva et le brancard glissa doucement vers le bitume. Par chance sa course fut arrêtée grâce au crochet qui aurait dû assurer la fermeture. La vieille dame restait, en déséquilibre, suspendue dans le vide. L'ambulancier, attiré par l'air qui s'engouffrait et le vacarme soudain des voitures, stoppa son véhicule pour se précipiter à l'arrière.

Voyant que le brancard roulant ne s'était pas abîmé sur la chaussée, il essuya le front d'un revers de la main pour dire à la vieille dame : « Ouf ! j'ai eu peur ! si vous étiez tombée, j'étais viré ! »

Sourions de ce trait. On le dira inconvenant. C'est pourtant ainsi que souvent les hommes raisonnent. La sanction du plus fort les convainc davantage que le souci du prochain [1].

Contrairement à une image volontiers répandue par les bonnes âmes, la solidarité ne se manifeste pas plus volontiers chez les pauvres. Un « zonard », comme on dit, un ancien professeur d'allemand devenu « sans domicile fixe », Yves Le Roux, en témoigne avec une amertume qui alourdit peut-être son propos :

L'autre jour, j'étais assis sur un banc, à la station Lamarck-Caulaincourt, dans le XVIIIe arrondissement. Simplement assis. Arrive un quatuor de zonards ivres. Je n'ai rien dit, rien fait. L'un d'eux s'est mis à me marteler superbement la gueule. Je n'étais pas en état de riposter ni de m'enfuir, trop fatigué.

Quelques jours plus tard, alors que je me reposais sur le quai de la station Gare Saint-Lazare (personne n'était venu me déloger), un homme a brusquement jailli d'un tunnel. Il m'a secoué et menacé d'un couteau :

– Donne-moi ton fric.

– Je n'ai que quelques sous.

– Je veux des billets.

– Tu crois que je dormirais là si j'avais des billets ?

L'homme a pris mes quelques pièces et ma carte de téléphone avant de disparaître, sans doute à la recherche d'une autre victime, sur un autre quai. J'étais heureux de m'en sortir sans balafre.

Je ne compte plus le nombre d'agressions dont j'ai été victime. J'ai été si souvent tabassé et dépouillé que je n'ai plus confiance en personne. Quand quelqu'un m'aborde, je me méfie. Des zonards en priorité, mais aussi de l'humanité entière.

Généralement, ce sont d'autres pauvres qui m'agressent. Autrefois, dans ma naïveté, je m'imaginais qu'il y avait une solidarité de la misère, que les miséreux se serraient les coudes. Eh bien, non ! La zone m'a fait découvrir la quintessence de l'égoïsme et j'ai compris pourquoi il n'y avait pas de solution pour les zonards : jamais ils ne sauraient s'organiser fraternellement. Ils ne se sentent pas un groupe, une force collective, malgré leur nombre croissant. S'ils étaient solidaires et voulaient se faire entendre, ils représenteraient une force monumentale. Parfois, j'imagine qu'un tribun débarque, un Robin des bois ou un Mandrin, et qu'il tente d'organiser cette troupe de gueux. Je suis persuadé qu'il échouerait dans son entreprise[2].

Une situation qui s'explique peut-être par des conditions de vie qui, poussant les zonards les uns sur les autres, en fait des rivaux, les jette les uns contre les autres. Qui veut réfléchir à la solidarité devrait méditer cette petite parabole du philosophe allemand Schopenhauer, parabole dont je n'ai pas retrouvé la source exacte : « Un jour d'hiver glacial, les porcs-épics d'un troupeau se serrèrent les uns contre les autres afin de se protéger contre le froid par leur chaleur réciproque. Mais douloureusement gênés par les piquants, ils ne tardèrent pas à s'écarter de nouveau les uns des autres. Obligés de se rapprocher de nouveau, en raison du froid persistant, ils éprouvèrent une fois de plus l'action désagréable des piquants, et ces alternatives de rapprochement et d'éloignement durèrent jusqu'à ce qu'ils aient trouvé une distance convenable où ils se sentirent à l'abri des maux. »

Faut-il en conclure que la solidarité n'est possible qu'entre personnes qui se trouvent à « distance convenable » les unes des autres ? Peut-être. Nous y reviendrons. Faut-il aussi penser qu'elle n'est concevable que lorsque l'on lutte contre un adversaire commun, comme dans ce beau « Chant des ouvriers » de 1848, époque d'une révolution généreuse, lesquels ouvriers étaient unis contre des tyrans ?

Nous dont la lampe, le matin,
Au clairon du coq se rallume,
Nous tous qu'un salaire incertain
Ramène avant l'aube à l'enclume,
Nous qui des bras, des pieds, des mains,
De tout le corps luttons sans cesse,
Sans abriter nos lendemains
Contre le froid et la vieillesse ;
Aimons-nous et quand nous pouvons
Nous unir pour boire à la ronde,
Que le canon se taise ou gronde,
Buvons, buvons, buvons
À l'indépendance du monde !

Nos bras sans relâche tendus,
Aux flots jaloux, au sol avare,
Ravissent leurs trésors perdus,
Ce qui nourrit et ce qui pare :
Perles, diamants et métaux,

Fruit du coteau et de la plaine ;
Pauvres moutons, quels bons manteaux
Il se tisse avec notre laine !
Aimons-nous, etc.

Quel fruit tirons-nous des labeurs
Qui courbent nos maigres échines ?
Où vont les flots de nos sueurs ?
Nous ne sommes que des machines.
Nos Babels montent jusqu'au ciel,
La terre nous doit ses merveilles :
Le maître chasse les abeilles.
Aimons-nous, etc.

Mal vêtus, logés dans des trous,
Sous les combles, dans les décombres,
Nous vivons avec les hiboux,
Et les larrons, amis des ombres ;
Cependant, notre sang vermeil
Coule impétueux dans nos veines ;
Nous nous plairions au grand soleil,
Et sous les rameaux verts des chênes.
Aimons-nous, etc.

À chaque fois que par torrents
Notre sang coule sur le monde,
C'est toujours pour quelques tyrans
Que cette rosée est féconde ;
Ménageons-le dorénavant,
L'amour est plus fort que la guerre ;
En attendant qu'un meilleur vent
Souffle du ciel ou de la terre,
Aimons-nous et quand nous pouvons
Nous unir pour boire à la ronde,

Que le canon se taise ou gronde,
Buvons, buvons, buvons
À l'indépendance du monde !

Déjà, pourtant, ce texte, signé Pierre Dupont, souligne que « l'amour est plus fort que la guerre ». L'aspiration à une véritable solidarité se manifeste là. Cette solidarité qui n'est dirigée contre personne, qui n'attend aucune réciprocité, nous allons en retrouver plusieurs traits.

Tout d'abord dans le récit, par Jean d'Ormesson, de la mort du lieutenant Aymard de V... qui avait rejoint le général de Gaulle à Londres en 1940 et qui fut le plus jeune aviateur des Forces françaises libres. Il fut envoyé combattre aux côtés des Soviétiques, dans l'escadrille Normandie-Niémen.

> Un jour où le lieutenant de V... devait accomplir une mission de routine entre Voronej et Tula, un mécanicien russe, qui bénéficiait d'une permission et qui voulait rejoindre sa famille, lui fit demander de l'emmener. C'était pratique courante dans l'aviation soviétique. Le trajet était court. Aymard accepta. L'avion du lieutenant de V... était un chasseur monoplace, muni d'une espèce de coffre où étaient entassés les outils, les munitions, les bagages. Selon la coutume, le mécanicien se glissa dans le coffre. Vingt minutes après le décollage, l'avion fut abattu par un chasseur allemand.
>
> Aucun des deux hommes, par miracle, n'avait été blessé. Aymard, bien entendu, disposait d'un parachute. Mais le mécanicien, dans son coffre, en était dépourvu. Pendant que l'avion tombait en vrille, le Russe, par ses cris, par ses gestes, supplia le lieutenant de sauter en parachute. Arc-bouté sur

son manche à balai. Aymard lançait des jurons et agitait sa main en signe de dénégation. Le mécanicien finit par ramper jusqu'au poste de pilotage et essaya de le pousser hors de l'avion. Aymard se cramponnait à son siège : il n'était pas question de se sauver tout seul. Dans les débris de l'appareil, on découvrit les deux corps, presque intacts, du vicomte Aymard de V..., lieutenant dans le groupe de chasse « Normandie-Niémen » et de Serguei Ouvlanov, originaire de Tula et tourneur à Voronej. Les deux hommes se connaissaient à peine. Ils se tenaient par la main[3].

À la même époque, des anonymes manifestaient leur solidarité avec les Juifs déportés. Lucien Lazare en donne plusieurs témoignages émouvants :

« Le 11 septembre 1942 au matin, écrit William Scharfman, aujourd'hui médecin à Marcq-en-Barœul (Nord), je fus arrêté avec ma mère et ma sœur Charlotte, âgée de 5 mois, à notre domicile à Lille. Ce jour-là tous les juifs arrêtés à Lille furent rassemblés dans la cour de la préfecture, et conduits par camions à la gare de Fives et massés sur le quai de la gare. La première action des cheminots de la SNCF fut de sauver les enfants. Je me rappelle que ma mère me donna à un homme, que par une fenêtre je passai du quai de la gare dans un bureau, que je passai par une autre fenêtre, et me retrouvai dans la rue. Je fus conduit dans un café où je retrouvai plein d'enfants. » Eva Durleman, âgée alors de 40 ans, donne une autre version de l'évasion. Elle dirigeait la clinique Ambroise Paré à Lille avant d'entrer dans la Résistance. Elle s'était rendue à la gare, en tenue d'infirmière : « Les gens de la ville avaient appris qu'on avait arrêté les juifs, ils étaient venus à l'entrée de la gare et avaient offert du vin aux sentinelles [allemandes], qui étaient passablement ivres.

Les gens de l'extérieur avaient même fait un trou dans le mur extérieur des WC, par où plusieurs enfants ont pu s'échapper. »

Le train est ensuite parti, au début de la soirée vraisemblablement, en direction de Malines. Il était composé de wagons d'un vieux modèle, dont chaque compartiment était équipé d'une porte vers l'extérieur. Le silence des passagers trahissait leur angoisse et leur abattement. Ceux qui avaient gardé leurs enfants auprès d'eux étaient obsédés par l'atroce question de savoir s'ils avaient bien fait.

Jacques Topaz, sept ans, aujourd'hui diplomate israélien, raconte : « Le train s'est arrêté en pleine campagne. La nuit était tombée. Alors, une rumeur circula : la locomotive était tombée en panne. Une voix étouffée surgit du ballast : vite, passez-moi les enfants, on les ramènera à Lille. Ma mère ouvrit la porte du compartiment. Elle m'ordonna de descendre, puis jeta précipitamment ma sœur Marianne, deux ans, dans les bras d'un cheminot. Plus tard, une seconde locomotive arriva, et le train repartit. Nous, les enfants, étions dans le tender de la locomotive “en panne”, dans le charbon. Elle est repartie dans le sens inverse et nous a ramenés à Lille. Plus tard, bien plus tard, je me suis dit que la panne avait été mise en scène par les cheminots. Nous étions une vingtaine d'enfants dans le tender. »

Ces témoignages résument à peu près toutes les données actuelles portant sur cette stupéfiante et admirable opération. On ne sait rien de l'identité des sauveteurs. Y a-t-il eu un « chef d'orchestre » ? Combien d'enfants exactement ont-ils échappé à la mort ? Comment a-t-on convaincu les parents de se séparer de leurs enfants ? Pourquoi les militaires allemands manifestèrent si peu de vigilance ? Soulevant plus de questions qu'il n'apporte de réponses, cet épisode témoigne peut-être pour toutes les actions du même type, accomplies par des cheminots français. Mais le cas de Fives-Malines, le seul qui ait été porté à notre connaissance, n'empêcha pas que près de 12 000 enfants juifs ont été déportés en France par le rail. Tous ont été gazés et brûlés[4].

Cette solidarité-là se manifesta en Allemagne également, comme le rapporte Marek Halter. L'histoire de *La Liste de Schindler* est bien connue. Il y en eut d'autres :

Pour Berthold Beitz, tout commence comme dans *Les Damnés* de Visconti. Au début de la guerre, il y a vingt-sept ans. Diplômé de l'université, spécialiste en énergétique, il travaille à Hambourg au sein de la Royal Dutch Shell.

Un soir, son grand-père, haut dignitaire nazi, l'emmène dîner chez les Krupp. Parmi les invités, un proche de Hitler, Heydrich, annonce que, à la suite de l'attaque de l'URSS le 22 juin 1941, l'armée allemande, qui disposait déjà du pétrole roumain, s'est emparée des puissantes raffineries de Boryslaw et de Drochobycz, lesquelles seront des plus utiles à l'industrie et à l'effort de guerre en faisant pencher en faveur de l'Allemagne le rapport des forces et les données stratégiques. Il faut envoyer là-bas des spécialistes de la production pétrolière. Berthold Beitz lève la main : il ira, accompagné de sa jeune épouse. Grâce au soutien de son influent grand-père, il sera nommé directeur de la toute nouvelle compagnie Karpaten Öl, qui siégera sur les lieux mêmes, à Boryslaw.

Berthold Beitz croit y aller pour trouver du pétrole : il y découvrira... des Juifs.

Boryslaw : 40 000 habitants, dont 18 000 Juifs.

Drochobycz : 35 000 habitants, dont 17 500 Juifs.

Lorsque Beitz s'installe dans le pays, les Juifs sont regroupés dans des camps de travail. À peine est-il en charge de ses nouvelles fonctions qu'il assiste aux premières déportations massives.

« Un jour, en 1942, à la gare de Boryslaw, j'ai vu quelques centaines de Juifs qui attendaient dans le froid d'être embarqués par le train de Belzec. Parmi eux, il y avait beaucoup d'enfants dans un état lamentable. Une femme serrait une petite fille contre elle. L'enfant toussait de manière inquiétante. J'ai dit à l'officier S.S. qui surveillait le groupe qu'il fallait trouver un médecin au plus vite. « Là où ils vont tous, plus besoin de médecin ! » m'a-t-il répondu en ricanant. »

La vision de trains entiers d'enfants juifs partant pour la mort bouleverse le jeune directeur de la Karpaten Öl et sa femme. Choqués et émus, ils décident d'agir.

« Je me suis rendu au siège de la Gestapo. Je leur ai dit que j'avais besoin, et d'urgence, de main-d'œuvre supplémentaire, que cela était d'une importance stratégique essentielle pour le Reich. C'est ainsi que j'ai pu obtenir l'autorisation d'employer autant de Juifs qu'il le fallait. Muni de ce pouvoir exceptionnel, je suis allé chaque jour à la gare pour arracher quelques jeunes gens à la mort. J'aurais pu choisir une main-d'œuvre plus qualifiée. Au lieu de ça, je recrutais des tailleurs, des coiffeurs, des étudiants des écoles talmudiques pour leur donner des cartes de techniciens du pétrole... J'ai même été amené à embaucher comme simple comptable, un homme, Erich Rosenberg, qui était un professeur d'économie !

– Combien en avez-vous ainsi employés ?

– Dans la compagnie, environ huit cents. La plupart ont survécu. Après la guerre, ils sont tous partis. En Amérique, en Israël, en Australie, partout. Je ne crois pas qu'un seul soit resté.

– Pourquoi avoir fait tout cela ? N'était-ce pas dangereux pour votre femme et vous ?

– Oui, mais... qu'auriez-vous fait à ma place ? Vous voyez un enfant, vous voyez comment, dans la rue, dans la gare, tout lui est refusé, sauf la mort – et dans la lumière rase du petit jour cet enfant qui vous regarde avec ses grands yeux, avec des yeux démesurés : que faites-vous ? Je l'ai fait, voilà tout[5]. »

Celui-là, Berthold Beitz, disposait de quelque pouvoir. Mais les femmes allemandes qu'évoque le cinéaste Willy Holt, résistant déporté, emmené du camp de concentration de Buchenwald à celui de Dora, n'avaient rien à donner. Rien que quelques pommes de terre. Et du pain :

Il doit être environ midi quand arrive un camion, débâché, tirant une remorque. Nous y sommes entassés. Quatre S.S. complètent l'effectif. Après avoir franchi les inévitables barbelés, le transport s'engage sur une route longue, droite, qui se perd dans la campagne. Le temps est froid mais clément, malgré un ciel de nuages sombres.

Les champs sont vides. Nous roulons une bonne demi-heure sans voir âme qui vive. Soudain, au-delà de la poussière que nous soulevons, j'aperçois, loin derrière, un point noir qui grandit, se précise : une camionnette nous rattrape. Plus elle approche, mieux je devine, à l'arrière, en plein vent, plusieurs silhouettes. Mais il faut attendre que ce véhicule vienne à notre hauteur pour comprendre. Quatre femmes en grand deuil, quatre Allemandes, ignorant les menaces et les armes braquées des gardes, nous distribuent, par-dessus les ridelles du camion, des pommes et du pain. C'est fantastique, irréel, totalement hors de l'univers auquel nous sommes depuis des mois accoutumés.

Leur camion nous dépasse, s'éloigne, ralentit un peu plus

> loin pour se laisser doubler et rester à notre hauter. Les SS, furieux, hésitent. Ces femmes, ils le savent, n'ont plus rien à perdre : elles ont tout perdu ! Elles essaient, par ce geste, d'absoudre, un peu, la faute de tout un peuple. Faute pour laquelle elles ont payé déjà le plus lourd tribut qui soit : leurs amours, maris ou fils, probablement disparus dans la tuerie de la guerre. Mais pour elles, ce n'est pas assez. Ce ne sera jamais assez. On le devine, à leur obstination à vouloir braver le danger, à nous secourir, à vouloir se prouver, nous prouver, que tout espoir n'est pas perdu, et qu'il faudra se souvenir, pour pardonner, pour ne pas confondre tout et tous dans une même haine. Il existe encore de l'amour, dans ce bain de fiel quotidien. Il existe encore, au fond de ce gouffre d'horreur, des lueurs d'espérance.
>
> Le message passe. Je m'en souviendrai, je me le jure. Ce message, je l'attendais, je l'espérais inconsciemment. Jamais je ne pourrai oublier l'image de ces quatre femmes vêtues de noir, dignes, qui disparaissaient à l'horizon, après avoir bravé la mort pour nous apporter un peu de rêve[6].

Ces gestes de solidarité sont de toutes les guerres, en dépit de toutes les haines. En témoigne l'histoire, racontée dans le journal *Libération* du 23 août 1997, de Marguerite Barankiste, dite Maggy-la-folle. Fille d'une grande famille tutsie du Burundi, elle avait suivi des études en Europe, était devenue professeur. Commencent, en octobre 1993, les massacres, le cycle infernal des représailles et des vengeances. De son bureau dans l'évêché où l'on a rassemblé femmes, enfants, vieillards, Maggy voit tout :

> On la fait sortir, avec Lætitia, sa fidèle amie d'enfance. Celle-ci raconte : « C'était terrible. Ceux qui tuaient étaient

de nos familles, de nos proches. » On demande aux deux femmes si elles savent où se cachent les derniers Hutus. Maggy refuse de répondre. On les fait asseoir sur un banc. « Ils se sont mis ensuite à tirer devant nous sur les gens qu'ils avaient enfermés dans la salle, poursuit Lætitia. Puis ils ont fermé la porte et mis le feu. 70 personnes sont mortes ainsi. »

Sous le cadavre d'une mère, Maggy et Lætitia trouvent un enfant miraculeusement vivant. Elles s'enfuient avec lui dans la maison d'un coopérant allemand. « Les gens se moquaient de nous, deux Tutsies avec un Hutu dans les bras, reprend Maggy. Mais petit à petit, pendant la nuit, on nous a déposé devant la porte, sans un mot, tous les enfants qu'on trouvait. » En moins d'un mois, ils sont 25. Sous ce ciel de drame, Maggy rayonne. Prend l'éclat des héros, des visionnaires ou des martyrs. « J'ai décidé alors de ne plus jamais la quitter, dit Lætitia. On ne savait pas comment survivre, mais pour moi, qui suis une simple personne, elle montrait la lumière. »

Dans le huis clos d'une ancienne école, prêtée par l'évêché, Maggy va organiser, avec ce peuple d'enfants, l'univers dont elle a toujours rêvé. « Je ne veux pas en faire des mannequins, comme ces enfants pris en charge par les organisations internationales. On les coupe de leur milieu, et ils finissent par croire qu'ils sont des fils d'Européens. Après ils sont incapables de se débrouiller au Burundi. Nous devons arrêter de singer les Occidentaux. » Maggy leur apprend à cultiver la terre. Promener les vaches. Soigner les chèvres. Lorsque la coopération belge propose de lui offrir des sacs de riz, elle refuse. « Mais je veux bien des haricots, les choses qu'on mange, nous. » Une association allemande lui envoie des jouets et des habits. Elle les a rangés pour les jours de fête : « Qu'est-ce qu'ils en feraient ? Ils viennent tous de familles très pauvres où ils ne portaient même pas la culotte. » Dans la chambre de Maggy, au-dessus de son lit, à côté du crucifix, elle a épinglé cette photo de Che Guevara, béret en arrière sur fond rouge. Il domine son panthéon personnel avec Gandhi, Sœur Thérèsa de Calcutta, l'abbé Pierre et Martin Luther King. « Ce sont eux qui ont voulu libérer leur peuple, résume Maggy. Je suis convaincue que j'ai été élue par Dieu. Tout le monde est choisi, mais moi, j'ai dit oui[7]. »

Dire oui. C'est ce que fait aussi Rose de Saron, dite aussi Rosasharn, la fille de pauvres fermiers de l'Oklahoma qui, dans *Les Raisins de la colère* de Steinbeck, ont quitté leur terre qui ne les nourrissait plus, croyant trouver du travail dans la riche Californie. Là, exploités, trompés, pourchassés, « Pa » et « Man » errent, comme des milliers d'émigrants durant la crise économique de 1929, avec leurs enfants. Parmi eux, Rose de Saron, enceinte, met au monde, dans un wagon, un enfant sans vie. Ils sont chassés par une inondation :

> À bout de souffle, ils atteignirent la grange et pénétrèrent en titubant sous l'auvent de la partie qui formait remise. Il n'y avait pas de porte de ce côté. Çà et là, gisaient quelques vieux outils rouillés : un soc de charrue, une herse brisée, une roue en fer. La pluie tambourinait avec violence sur le toit et formait un rideau qui cachait l'entrée. Pa déposa délicatement Rose de Saron sur une caisse graisseuse.
>
> – Dieu tout-puissant, fit-il.
>
> Man dit :
>
> – Il y a peut-être du foin, en dedans. Regarde, il y a une porte !
>
> Elle fit grincer la porte sur ses gonds rouillés. Un peu de lumière filtrait par les fentes du plancher.

– Couche-toi, Rosasharn, dit Man. Couche-toi et repose-toi. Je vais tâcher de trouver un moyen de te sécher.

Winfield [frère de Rosasharn] dit :

– Man !

Mais sa voix se perdit parmi les grondements de la pluie sur le toit.

– Man !

– Qu'est-ce qu'il y a ? Qu'est-ce que tu veux ?

– Regarde ! dans le coin.

Man regarda. Elle distingua deux formes dans la pénombre, celle d'un homme couché sur le dos et celle d'un jeune garçon assis près de lui et qui regardait les arrivants avec de grands yeux effarés. Voyant qu'elle l'observait, le jeune garçon se mit lentement debout et vint vers elle. Il dit d'une voix rauque :

– Elle est à vous, c'te grange ?

– Non, répondit Man. Nous venons juste de nous mettre à l'abri. Notre fille est malade. Vous n'auriez pas une couverture sèche à lui prêter, qu'elle puisse enlever ses affaires trempées ?

Le garçon retourna dans son coin et lui ramena un vieux châle crasseux qu'il tendit à Man.

– Merci bien, dit-elle. Qu'est-ce qu'il a, c't'homme-là ?

Le jeune garçon répondit d'une voix rauque et monocorde :

– Il a d'abord tombé malade, et maintenant il meurt de faim.

– Oui ?

– Oui, il meurt de faim. L'a tombé malade en ramassant le coton. L'a pas mangé pendant six jours.

Man s'avança jusqu'au coin et regarda l'homme. Il devait être âgé d'une cinquantaine d'années, avec un visage barbu et décharné et des yeux fixes, vides. Le jeune garçon se tenait debout à côté d'elle.

– Ton père ? interrogea-t-elle.

– Ouais ! disait qu'il avait pas faim, ou qu'il venait juste de manger. Me donnait toujours sa portion. Maintenant il est tout faible. Peut à peine bouger.

Le roulement de tonnerre de la pluie sur le toit s'atténua pour faire place à un chuchotement doux et reposant. L'homme au visage maigre remua les lèvres. Man s'agenouilla près de lui, approchant son oreille. Ses lèvres remuèrent de nouveau.

– Bien sûr ! dit Man. Ne vous faites pas de souci. On s'arrangera. Attendez seulement que j'aide ma fille à se déshabiller. Elle est toute trempée.

Man alla retrouver Rose de Saron.

– Ôte-moi tout ça, dit-elle en tendant le châle devant elle en guise de paravent.

Et lorsqu'elle fut nue, Man l'enveloppa dans le châle.

Le jeune garçon était de nouveau à ses côtés et continuait ses explications :

– Je ne savais pas. Il disait qu'il avait mangé, ou qu'il avait pas faim. Hier soir, j'ai cassé un carreau et j'ai volé du pain. Je l'ai forcé à le mâcher. Mais il a tout rendu et ça l'a encore affaibli. Lui faudrait de la soupe ou du lait. Vous avez de l'argent pour acheter du lait, vous aut' ?

– Chut, fit Man. Ne t'inquiète pas. On va s'arranger.

Soudain l'enfant s'écria :

– Il va mourir, j'vous dis ! Il est en train de mourir de faim !

– Chut, fit Man.

Ses yeux consultèrent Pa et l'oncle John ; tous deux étaient plantés devant le malade et le regardaient d'un air désemparé. Puis elle se tourna vers Rose de Saron, pelotonnée dans son châle. Ses yeux l'effleurèrent, la dépassèrent, puis revinrent se poser sur les yeux de sa fille. Et les deux femmes se regardèrent dans les yeux. La respiration de la jeune femme était courte et saccadée.

– Oui, dit-elle.

Man sourit.

– Je le savais que tu le ferais. Je le savais !

Elle considéra ses mains.

Rose de Saron murmura :

– Vous... vous voulez... sortir, tous ?

La pluie balayait doucement le toit.

Man se pencha ; de la paume de sa main elle ramena en arrière les cheveux emmêlés de sa fille, puis elle l'embrassa sur le front. Ensuite, elle se leva prestement.

– Venez tous, appela-t-elle. Venez dans le fournil.

Ruthie ouvrit la bouche, s'apprêtant à dire quelque chose.

– Chut, lui fit Man. Tais-toi et file.

Elle les fit passer devant, emmena le jeune garçon et referma la porte grinçante derrière elle.

Dans la grange pleine de chuchotements et de murmures, Rose de Saron resta un instant immobile. Puis elle se mit péniblement debout, serrant le châle autour de ses épaules. Lentement, elle gagna le coin de la grange et se tint plantée devant l'étranger, considérant la face ravagée, les grands yeux angoissés. Et lentement elle s'étendit près de lui. Il secoua faiblement la tête. Rose de Saron écarta un coin du châle, découvrant un sein.

– Si, il le faut, dit-elle.

Elle se pressa contre lui et attira sa tête vers elle.

– Là ! Là !

Sa main glissa derrière la tête et la soutint. Ses doigts caressaient doucement les cheveux de l'homme. Elle leva les yeux, puis les baissa et regarda autour d'elle, dans l'ombre de la grange. Alors ses lèvres se rejoignirent dans un mystérieux sourire[8].

35

La tolérance

LA TOLÉRANCE n'est pas une vertu très brillante. Elle semble se conjuguer avec une certaine mollesse, avec une certaine faiblesse, comme si tolérer était toujours laisser faire et laisser dire. Céder la place.

Seulement voilà : le hasard a voulu que, feuilletant un dictionnaire pour y chercher la définition de la tolérance, j'ai d'abord aperçu le mot « terrorisme ». Qui était suivi de trois définitions. Voici la troisième : « Attitude d'intimidation. Exemple : terrorisme intellectuel. »

Il en est de la tolérance comme de bien d'autres vertus : on ne découvre son intérêt qu'en observant son contraire. Qui est l'intolérance, le terrorisme. L'intolérance, Voltaire l'appelait « l'infâme ». Et il écrivait : « Il ne faut pas brûler ses compatriotes pour des arguments[1]. » Il savait de quoi il parlait. Au long des siècles et des siècles, avant lui – et, hélas, après lui –, on avait massacré, torturé, brûlé, violé par intolérance parce que l'on n'admettait pas les idées de l'autre, parce que l'on n'admettait pas que l'autre fût différent.

Ce qui fonde la tolérance, c'est le respect de l'autre.

Ce fut difficile à admettre pour les religions puisqu'elles

sont toutes assurées de détenir la vérité. Tolérer une autre croyance, c'est tolérer l'erreur, laisser d'autres hommes vivre dans l'erreur. L'intolérance trouve donc une justification : c'est pour *leur bien* que l'on va ramener, de force au besoin, les hommes vers la *vraie* religion, la vraie doctrine. Tous les intolérants, religieux, fascistes, communistes, ont ainsi cru ou prétendu que s'ils voulaient limiter la liberté des autres, c'était dans le seul but de faire le bonheur de l'humanité. Ce qui, notait Georges Brassens dans sa chanson « Mourir pour des idées », n'est jamais arrivé.

Encor s'il suffisait de quelques hécatombes
Pour qu'enfin tout changeât, qu'enfin tout s'arrangeât !
Depuis tant de « grands soirs » que tant de têtes tombent,
Au paradis sur terre on y serait déjà.
Mais l'âge d'or sans cesse est remis aux Calendes,
Ces dieux ont toujours soif, n'en ont jamais assez
Et c'est la mort, la mort toujours recommencée...[2]

La mort est le fruit de l'intolérance. Quelques siècles avant Georges Brassens, alors que s'allumaient en France les premiers conflits entre catholiques et protestants, un certain Nicolas Cop, plus connu sous le nom de Calvin, s'exclamait : « Plût à Dieu que dans notre siècle malheureux nous établissions la paix dans l'Église sur le fondement de la parole plutôt que sur celui du glaive[3]. »

Et comme en écho, Michel de L'Hospital, catholique, Chancelier de France, demande en 1561 à la régente Catherine de Médicis : « Qu'y a-t-il besoin de tant de bûchers et de tortures ? C'est avec les armes de la charité qu'il faut aller à tel combat. Ce couteau vaut peu contre l'esprit. »

Ce qui ne mettra pas un terme à de sanglantes et pitoyables batailles. Ni n'empêchera, quelques années plus tard, le massacre de la Saint-Barthélemy.

Il serait possible de remplir des bibliothèques avec tous les livres qui suent l'intolérance, qui puent l'intolérance. Écartons-nous. Ils sont trop nauséabonds.

Mais, du coup, la tolérance prend des couleurs plus réjouissantes. Comme le constate, sans enthousiasme, Vladimir Jankélévitch : « En attendant le beau jour où la tolérance deviendra aimante, nous dirons que la tolérance, la prosaïque tolérance est ce qu'on peut faire de mieux ! La tolérance – si peu exaltant que soit ce mot – est donc une solution passable : en attendant mieux, c'est-à-dire en attendant que les hommes puissent aimer ou simplement se connaître ou se comprendre, estimons-nous heureux qu'ils commencent par se supporter. La tolérance est donc un moment provisoire [...] Elle permet à ceux qui ne s'aiment pas de se supporter mutuellement, en attendant de pouvoir s'aimer[4]. »

Très bien. Mais il y a des limites à la tolérance. Il existe, évidemment, de l'intolérable. Il n'est pas question de tolérer la barbarie, les appels à la haine. Peut-on tolérer les intolérants ? Le révolutionnaire Saint-Just posait la question autrement et la résolvait aussitôt : « Pas de liberté pour les ennemis de la liberté », disait-il. On leur coupait donc la tête. Ce qui ne manifestait ni grand libéralisme, ni grande tolérance.

La question n'est pas simple et a suscité de multiples (et souvent ennuyeuses) dissertations.

Si l'on tolère l'intolérance, on accepte l'injustice, la haine, le mépris de groupes humains tout entiers, l'exclusion (voire le massacre) d'enfants, d'hommes, de femmes, pour la seule raison qu'ils sont nés ou qu'ils pensent autrement.

Comment résoudre ce problème ?

On peut, au moins, semble-t-il, formuler trois règles :

– « Tolérer la souffrance des autres, écrit André Comte-Sponville, tolérer l'injustice dont on n'est pas soi-même victime, tolérer l'horreur qui vous épargne, ce n'est plus de la tolérance : c'est de l'égoïsme, c'est de l'indifférence, ou pire [...] Une tolérance universelle serait tolérance de l'atroce : atroce intolérance[5] ! »

– Chacun doit toujours, comme l'indiquait un autre philosophe, Paul Ricœur, pratiquer une « autocritique de ses propres convictions ». Même s'il est très difficile d'admettre que la vérité, ou une part de vérité, existe chez les autres.

– Le combat contre l'intolérance doit être mené avec les seules armes de la raison (ce qui n'interdit pas la combativité dans le débat, bien au contraire) et de la loi.

Reste que le problème ne sera jamais tout à fait résolu. Comme l'écrivait le philosophe britannique d'origine autrichienne Karl Popper, il existe un paradoxe de la tolérance. « Si l'on est d'une tolérance absolue, même envers les intolérants et qu'on ne défende pas la société tolérante contre les assauts, les tolérants seront anéantis, et avec eux la tolérance[6]. »

Comme souvent en morale, il n'est possible de répondre qu'au cas par cas. En faisant appel à la lucidité. Et sans jamais être certain de ne pas violer les lois de la saine tolérance.

36

La vérité

TERMINER ce recueil et ces réflexions, en évoquant le respect dû à la vérité, quoi de plus naturel ?

Au plus fort de la Terreur, le 26 juillet 1794, le Conventionnel Louis-Joseph Charlier (qui n'était pas lui-même la morale incarnée) s'en prenait à Robespierre en invoquant la vérité. Robespierre venait de dénoncer publiquement une « poignée de fripons » rejetant sur eux les excès de la Terreur (il s'agissait de Tallien et de son épouse, de Fouché et de Barras notamment, de véritables fripons, en effet, qui allaient bien vite s'unir pour le renverser). Mais il n'osait pas les nommer. Et Charlier l'apostropha ainsi : « Quand on se vante d'avoir le courage de la vertu, il faut avoir le courage de la vérité. Nommez ceux que vous accusez ! » Deux jours plus tard, Robespierre et vingt et un de ses amis seraient guillotinés sans jugement.

Oublions les circonstances, mais retenons l'apostrophe : le courage de la vertu suppose celui de la vérité.

La vérité, pourtant, éveille le soupçon. Il est de bon ton de ne pas y croire. Les sceptiques sont légion :

Ceux qui nient son existence. Ainsi Pilate quand il interroge Jésus. Celui-ci lui dit : « Je suis né et suis venu dans le monde pour rendre témoignage à la vérité. Quiconque est de la vérité écoute ma voix. » Alors Pilate : « Qu'est-ce que la vérité ? » (Jean 18, 37-38.) Ainsi Montaigne, ce qui n'est pas surprenant : « Vérité dans un temps, erreur dans un autre[1]. » Ou Clemenceau, ce qui n'étonne pas davantage : « Ce que nous dénommons vérité n'est qu'une élimination d'erreurs. »

Ceux qui la jugent inaccessible. Ainsi Chateaubriand : « Les systèmes succéderont éternellement au système et la vérité restera toujours inconnue[2]. » Il est vrai qu'il parle, lui, de la vérité première, essentielle, de la Vérité avec un grand V. Car il ne faut pas confondre, comme le soulignait, plus d'un siècle plus tard, Jean Guéhenno : « La vérité ? Les vérités auxquelles nous accédons ne méritent pas la majuscule[3]. »

Ceux qui la jugent nuisible. Ainsi Sainte-Beuve : « Si l'on se mettait à dire tout haut les vérités, la société ne tiendrait pas un instant ; elle croulerait de fond en comble avec un épouvantable fracas, comme ces galeries souterraines des mines ou ces passages périlleux des montagnes, dans lesquels il ne faut pas, dit-on, élever la voix[4]. »

Il faut pourtant aimer la vérité. Lors de l'affaire Dreyfus, avant de publier dans *L'Aurore* son célèbre « J'accuse », le 13 janvier 1898, Zola avait dénoncé, dans *Le Figaro* du 25 novembre 1897, les mensonges qui avaient permis d'accuser le capitaine de trahison. Il eut une formule devenue célèbre : « La vérité est en marche ; rien ne peut l'arrêter. » Bien des sceptiques ricanèrent alors. Jules Méline, alors président du Conseil des ministres, osa même déclarer : « Il n'y a pas d'affaire Dreyfus. » Quelques semaines plus tard, Émile Zola fut condamné pour diffamation. Il dit alors : « Tout semble être contre moi, les deux chambres, le pouvoir civil, le pouvoir militaire, les journaux à grand tirage, l'opinion publique qu'ils ont empoisonnée. Et je n'ai pour moi que l'idée, un idéal de justice et de vérité. Et je suis bien tranquille, je vaincrai ! »

Il l'emporta, en effet, comme on le sait.

La vérité, pourtant, grande ou petite, n'est pas si facile à découvrir. Romain Rolland n'avait pas tort d'écrire : « La vérité, c'est de toujours chercher la vérité[5]. » Et Descartes, dans son *Discours de la méthode*, de s'engager à « ne recevoir jamais aucune chose pour vraie, que je la connaisse évidemment être telle : c'est-à-dire d'éviter la précipitation et la prévention ». Il faut toujours, en effet, dans cette quête, rester sur ses gardes. L'erreur guette à chaque détour du chemin. La vérité, en outre, n'est pas l'apanage de la majorité. La majorité peut se tromper : être démocrate, c'est admettre d'être gouverné par une majorité que l'on croit dans l'erreur, tout en persistant, bien sûr, à lutter pour ce que l'on croit être la vérité.

La vérité ne se situe pas, non plus, au centre, entre deux opinions opposées. Un de mes amis aimait à raconter cette histoire : « Dans un pays lointain et isolé, tout le monde était persuadé que deux et deux font quatre. Jusqu'au jour où débarqua un personnage très distingué, très habile et très bon orateur, qui annonça que deux et deux faisaient cinq en réalité. La population commença par en rire. Mais l'homme était convaincant. Une partie des femmes et des hommes de ce pays finit par se laisser convaincre. Le peuple était donc divisé : deux et deux font-ils quatre ? Ou font-ils cinq ? On s'interrogeait, on se disputait, beaucoup étaient troublés. On décida d'aller consulter un ermite, un vieux sage qui vivait dans une grotte, à l'écart. Il réfléchit longtemps, délivra enfin son verdict. "Deux et deux, dit-il, font quatre et demi." On l'acclama et on s'embrassa, soulagés. » On avait tort bien sûr ; la vérité n'est pas un compromis, ne souffre pas de compromis.

Ce qui ne signifie pas qu'il faille l'assener. Vauvenargues, marquis et écrivain du XVIIIe siècle, l'écrivait peu avant de mourir : « L'on ne fait rien que par la vérité ; mais il faut de la retenue, de la douceur, de l'adresse et de la délicatesse ; de toutes les grossièretés, le mensonge est la plus vicieuse ; mais toute vérité n'est pas simple, ni naïve. » Et Voltaire, que l'on n'a pas toujours connu aussi tendre, donnait, à peu près à la même époque, ce conseil : « Aime la vérité, mais pardonne à l'erreur. »

Il faut aussi, parfois, laisser rêver son interlocuteur. Ne pas le sortir du mensonge où il se complaît, si celui-ci n'entraîne de malheurs pour personne. C'est ce que laisse entendre une autre histoire, contée par Jean-Claude Carrière dans *Le Cercle des menteurs* :

> Deux petits tailleurs juifs, dans un quartier pauvre de Londres, travaillaient l'un en face de l'autre depuis la fin de la Deuxième Guerre mondiale. Ils coupaient et cousaient inlassablement, en parlant de temps en temps de choses et d'autres.
>
> L'un des deux dit à l'autre :
>
> – Tu prendras des vacances cette année ?
>
> – Non, répondit le second, après un moment de réflexion.
>
> Ils retournèrent au silence. Plus tard, le second tailleur dit soudain :
>
> – J'ai pris des vacances en 1964.

– Tu as pris des vacances en 1964 ? demanda le premier, très étonné.

– Oui.

Le premier tailleur, qui n'avait aucun souvenir d'une absence de son compagnon, lui dit alors :

– Et où as-tu pris des vacances ?

– En Inde.

– En Inde ?

– Oui. Je suis allé chasser le tigre du Bengale.

– Tu es allé chasser le tigre du Bengale ? Toi ?

Les deux hommes s'étaient arrêtés de travailler et se regardaient. Le second tailleur, qui semblait parfaitement calme, reprit alors la parole pour raconter ceci :

– Je partis à l'aube sur un éléphant magnifique que m'avait prêté un grand prince. Armé de quatre fusils aux crosses d'argent, et accompagné de toute une escorte de rabatteurs, je m'aventurai dans une montagne solitaire. Soudain un tigre énorme se dressa devant ma monture en rugissant, le plus gros tigre qu'on ait jamais vu dans cette région du Bengale. Mon éléphant épouvanté bascula en arrière, je tombai dans les broussailles épineuses, le tigre se jeta sur moi et me dévora.

– Il te dévora ? demanda le premier tailleur, qui avait écouté avec stupéfaction.

– Il me dévora entièrement, jusqu'au dernier morceau de ma chair.

– Mais enfin, que me racontes-tu ? Aucun tigre ne t'a mangé ! Tu es encore en vie !

Alors le deuxième tailleur reprit son fil, reprit son aiguille et dit au premier :

– Tu appelles ça une vie[6] ?

La tradition populaire a toujours moqué le mensonge,

en s'en accommodant. Comme dans cette chanson ancienne, qui eut plusieurs versions :

> Écoutez tous une chanson
> Qu'est pleine de mensonges,
> Si y a un mot de vrai dedans,
> Je veux que l'on me rompe.
> Farluronon, farluronette,
> Farluronon, voilà c'qu'est bon.
> Je me levai de bon matin,
> Avant que l'soleil couche ;
> J'ai pris ma charrue sur mon dos,
> Mes deux bœufs dans ma poche.
>
> De là, tout en me promenant
> le long de la rivière,
> J'm'en fus labourer dans un champ
> Où n'y avait pas de terre.
>
> Dans mon chemin, j'ai rencontré
> Un pommier chargé d'poires.
> J'ai lancé mon bâton dedans,
> Il tombait des cerises.
>
> Il m'en tomba un'dessus l'pied,
> Qui m'fit saigner l'oreille.
> Je m'en allais chez l'médecin
> Qu'est rempailleur de chaises.
>
> Tout en rentrant dans ma maison
> Le chat r'passait sa chemise,
> La poule qu'était au coin du feu,
> Qu'écumait la marmite,
>
> Le cochon la queue retroussée

Qui coulait la lessive,
Les mouches qu'étaient au plancher,
Qui s'étouffaient de rire.

Y en a un' qu'est tombée sus l'lit,
Ell' s'est cassé la cuisse.
On l'a mené' à l'hôpital
Avecque des béquilles.

Mais rire ainsi du mensonge n'est-ce pas une manière de se libérer de l'angoisse, de la peur des maux qu'il provoque ? L'une des meilleures nouvelles de Guy de Maupassant montre jusqu'où peuvent mener l'absence de vérité, le soupçon, la médisance, le mensonge répandu :

Sur toutes les routes autour de Goderville, les paysans et leurs femmes s'en venaient vers le bourg ; car c'était jour de marché. Les mâles allaient à pas tranquilles, tout le corps en avant à chaque mouvement de leurs longues jambes torses, déformées par les rudes travaux, par la pesée sur la charrue qui fait en même temps monter l'épaule gauche et dévier la taille, par le fauchage des blés qui fait écarter les genoux pour prendre un aplomb solide, par toutes les besognes lentes et pénibles de la campagne. Leur blouse bleue, empesée, brillante, comme vernie, ornée au col et aux poignets d'un petit dessin de fil blanc, gonflée autour de leur torse osseux, semblait un ballon prêt à s'envoler, d'où sortaient une tête, deux bras et deux pieds.

Les uns tiraient au bout d'une corde une vache, un veau. Et leurs femmes, derrière l'animal, lui fouettaient les reins d'une branche encore garnie de feuilles, pour hâter sa marche. Elles portaient au bras de larges paniers d'où sortaient des têtes de poulets par-ci, des têtes de canards par-là. Et elles marchaient, d'un pas plus court et plus vif que leurs hommes, la taille sèche, droite et drapée dans un petit châle étriqué, épinglé sur leur poitrine plate, la tête enveloppée d'un linge blanc collé sur les cheveux et surmonté d'un bonnet.

Puis, un char à bancs passait, au trot saccadé d'un bidet, secouant étrangement deux hommes assis côte à côte et une femme dans le fond du véhicule, dont elle tenait le bord pour atténuer les durs cahots.

Sur la place de Goderville, c'était une foule, une cohue d'humains et de bêtes mélangés. Les cornes des bœufs, les hauts chapeaux à longs poils des paysans riches et les coiffes des paysannes émergeaient à la surface de l'assemblée. Et les voix criardes, aiguës, glapissantes, formaient une clameur continue et sauvage que dominait parfois un grand éclat poussé par la robuste poitrine d'un campagnard en gaieté, ou le long meuglement d'une vache attachée au mur d'une maison.

Tout cela sentait l'étable, le lait et le fumier, le foin et sa sueur, dégageait cette saveur aigre, affreuse, humaine et bestiale, particulière aux gens des champs.

Maître Hauchecorne, de Bréauté, venait d'arriver à Goderville, et il se dirigeait vers la place, quand il aperçut par terre un petit bout de ficelle. Maître Hauchecorne, économe en vrai Normand, pensa que tout était bon à ramasser qui peut servir ; et il se baissa péniblement, car il souffrait de rhumatismes. Il prit, par terre, le morceau de corde mince, et il se disposait à le rouler avec soin, quand il remarqua, sur le seuil de sa porte, maître Malandain, le bourrelier, qui le regardait. Ils avaient eu des affaires ensemble au sujet d'un licol, autrefois, et ils étaient restés fâchés, étant rancuniers tous deux. Maître Hauchecorne fut pris d'une sorte de honte d'être vu ainsi, par son ennemi, cherchant dans la crotte un bout de ficelle. Il cacha brusquement sa trouvaille sous sa blouse, puis dans la poche de sa culotte, puis il fit semblant de chercher encore par terre quelque chose qu'il ne trouvait point, et il s'en alla vers le marché, la tête en avant, courbé en deux par ses douleurs.

Il se perdit aussitôt dans la foule criarde et lente, agitée par les interminables marchandages. Les paysans tâtaient les vaches, s'en allaient, revenaient, perplexes, toujours dans la crainte d'être mis dedans, n'osant jamais se décider, épiant l'œil de l'homme et le défaut de la bête.

Les femmes, ayant posé à leurs pieds leurs grands paniers, en avaient tiré leurs volailles qui gisaient par terre, liées par les pattes, l'œil effaré, la crête écarlate.

Elles écoutaient les propositions, maintenaient leurs prix, l'air sec, le visage impassible, ou bien tout à coup, se décidant au rabais proposé, criaient au client qui s'éloignait lentement :

– C'est dit, mait' Anthime ! J'vous l'donne !

Puis, peu à peu, la place se dépeupla, et l'angélus sonnant midi, ceux qui demeuraient trop loin se répandirent dans les auberges.

Chez Jourdain, la grande salle était pleine de mangeurs, comme la vaste cour était pleine de véhicules de toute race, charrettes, cabriolets, chars à bancs, tilburys, carrioles innombrables, jaunes de crotte, déformées, rapiécées, levant au ciel, comme deux bras, leurs brancards, ou bien le nez par terre et le derrière en l'air.

Tout contre les dîneurs attablés, l'immense cheminée, pleine de flamme claire, jetait une chaleur vive dans le dos de la rangée de droite. Trois broches tournaient, chargées de poulets, de pigeons et de gigots ; et une délectable odeur de viande rôtie et de jus ruisselant sur la peau rissolée s'envolait de l'âtre, allumait les gaietés, mouillait les bouches.

Toute l'aristocratie de la charrue mangeait là, chez

mait'Jourdain, aubergiste et maquignon, un malin qui avait des écus.

Les plats passaient, se vidaient comme les brocs de cidre jaune. Chacun racontait ses affaires, ses achats et ses ventes. On prenait des nouvelles des récoltes, le temps était bon pour les verts, mais un peu moins pour les blés.

Tout à coup, le tambour roula dans la cour, devant la maison. Tout le monde aussitôt fut debout, sauf quelques indifférents, et on courut à la porte, aux fenêtres, la bouche encore pleine et la serviette à la main.

Après qu'il eut terminé son roulement, le crieur public lança d'une voix saccadée, scandant ses phrases à contre-temps :

– Il est fait assavoir aux habitants de Goderville, et en générale à toutes – les personnes présentes au marché, qu'il a été perdu ce matin, sur la route de Beuzeville, entre – neuf heures et dix heures, un portefeuille en cuir noir, contenant cinq cents francs et des papiers d'affaires. On est prié de le rapporter – à la mairie, incontinent, ou chez maître Fortune Houlbrèque, de Manneville. Il y aura vingt francs de récompense.

Puis l'homme s'en alla. On entendit encore une fois au loin des battements sourds de l'instrument et la voix affaiblie du crieur.

Alors on se mit à parler de cet événement, en énumérant les chances qu'avait maître Houlbrèque de retrouver ou de ne pas retrouver son portefeuille.

Et le repas s'acheva.

On finissait le café, quand le brigadier de gendarmerie parut sur le seuil.

Il demanda :

– Maître Hauchecorne, de Bréauté, est-il ici ?

Maître Hauchecorne, assis à l'autre bout de la table, répondit :

– Me v'là.

Et le brigadier reprit :

– Maître Hauchecorne, voulez-vous avoir la complaisance de m'accompagner à la mairie ? M. le maire voudrait vous parler.

Le paysan, surpris, inquiet, avala d'un coup son petit verre, se leva, et plus courbé encore que le matin, car les premiers pas après chaque repos étaient particulièrement difficiles, il se mit en route en répétant :

– Me v'là, me v'là.

Et il suivit le brigadier.

Le maire l'attendait, assis dans un fauteuil. C'était le notaire de l'endroit, homme gros, grave, à phrases pompeuses.

– Maître Hauchecorne, dit-il, on vous a vu ce matin ramasser, sur la route de Beuzeville, le portefeuille perdu par maître Houlbrèque, de Manneville.

Le campagnard, interdit, regardait le maire, apeuré déjà par ce soupçon qui pesait sur lui, sans qu'il comprît pourquoi.

– Mé, mé, j'ai ramassé çu portafeuille ?

– Oui, vous-même.

– Parole d'honneur, je n'en ai seulement point eu connaissance.

– On vous a vu.

– On m'a vu, mé ? Qui ça qui m'a vu ?

– M. Malandain, le bourrelier.

Alors, le vieux se rappela, comprit et, rougissant de colère :

– Ah ! i m'a vu, çu manant ! I m'a vu ramasser c'te ficelle-là, m'sieu le maire.

Et, fouillant au fond de sa poche, il en retira le petit bout de corde.

Mais le maire, incrédule, remuait la tête.

– Vous ne me ferez pas accroire, maître Hauchecorne, que M. Malandain, qui est un homme digne de foi, a pris ce fil pour un portefeuille.

Le paysan, furieux, leva la main, cracha de côté pour attester son honneur, répétant :

– C'est pourtant la vérité du bon Dieu, la sainte vérité, m'sieu le maire. Là, sur mon âme et mon salut, je l'répète.

Le maire reprit :

– Après avoir ramassé l'objet, vous avez même encore cherché longtemps dans la boue, si quelque pièce de monnaie ne s'en était pas échappée.

Le bonhomme suffoquait d'indignation et de peur.

– Si on peut dire !... si on peut dire... des menteries comme ça pour dénaturer un honnête homme ! Si on peut dire !...

Il eut beau protester, on ne le crut pas.

Il fut confronté avec M. Malandain, qui répéta et soutint son affirmation. Ils s'injurièrent une heure durant. On fouilla, sur sa demande, maître Hauchecorne. On ne trouva rien sur lui.

Enfin, le maire, fort perplexe, le renvoya, en le prévenant qu'il allait aviser le parquet et demander des ordres.

La nouvelle s'était répandue. À sa sortie de la mairie, le vieux fut entouré, interrogé avec une curiosité sérieuse ou goguenarde, mais où n'entrait aucune indignation. Et il se mit à raconter l'histoire de la ficelle. On ne le crut pas. On riait.

Il allait, arrêté par tous, arrêtant ses connaissances, recommençant sans fin son récit et ses protestations, montrant ses poches retournées, pour prouver qu'il n'avait rien.

On lui disait :

– Vieux malin, va !

Et il se fâchait, s'exaspérant, enfiévré, désolé de n'être pas cru, ne sachant que faire, et contant toujours son histoire.

La nuit vint. Il fallait partir. Il se mit en route avec trois voisins à qui il montra la place où il avait ramassé le bout de corde ; et tout le long du chemin il parla de son aventure.

Le soir, il fit une tournée dans le village de Bréauté, afin de la dire à tout le monde. Il ne rencontra que des incrédules.

Il en fut malade toute la nuit.

Le lendemain, vers une heure de l'après-midi, Marius Paumelle, valet de ferme de maître Breton, cultivateur à Ymauville, rendait le portefeuille et son contenu à maître Houlbrèque, de Manneville.

Cet homme prétendait avoir, en effet, trouvé l'objet sur la route ; mais, ne sachant pas lire, il l'avait rapporté à la maison et donné à son patron.

La nouvelle se répandit aux environs. Maître Hauchecorne en fut informé. Il se mit aussitôt en tournée et commença à narrer son histoire complétée du dénouement. Il triomphait.

– C'qui m'faisait deuil, disait-il, c'est point tant la chose, comprenez-vous : mais la menterie. Y a rien qui vous nuit comme d'être en réprobation pour une menterie.

Tout le jour il parlait de son aventure, il la contait sur les routes aux gens qui passaient, au cabaret aux gens qui buvaient, à la sortie de l'église le dimanche suivant. Il arrêtait des inconnus pour la leur dire. Maintenant, il était tranquille, et pourtant quelque chose le gênait sans qu'il sût au juste ce que c'était. On avait l'air de plaisanter en l'écoutant. On ne paraissait pas convaincu. Il lui semblait sentir des propos derrière son dos.

Le mardi de l'autre semaine, il se rendit au marché de Goderville, uniquement poussé par le besoin de conter son cas.

Malandain, debout sur sa porte, se mit à rire en le voyant passer. Pourquoi ?

Il aborda un fermier de Criquetot, qui ne la laissa pas achever et, lui jetant une tape dans le creux de son ventre, lui cria par la figure :

– Gros malin, va !

Puis il tourna les talons.

Maître Hauchecorne demeura interdit et de plus en plus inquiet. Pourquoi l'avait-on appelé « gros malin » ?

Quand il fut assis à la table, dans l'auberge de Jourdain, il se remit à expliquer l'affaire.

Un maquignon de Montivilliers lui cria :

– Allons, allons vieille pratique, je la connais, ta ficelle !

Hauchecorne balbutia :

– Puisqu'on l'a retrouvé çu portafeuille !

Mais l'autre reprit :

– Tais-té, mon pé, y en a un qui trouve, et y en a un qui r'porte. Ni vu ni connu, je t'embrouille.

Le paysan resta suffoqué. Il comprenait enfin. On l'accusait d'avoir fait reporter le portefeuille par un complice.

Il voulut protester. Toute la table se mit à rire.

Il ne put achever son dîner et s'en alla, au milieu des moqueries.

Il rentra chez lui, honteux et indigné, étranglé par la colère, par la confusion, d'autant plus atterré qu'il était capable, avec sa finauderie de Normand, de faire ce dont on l'accusait, et même de s'en vanter comme d'un bon tour. Son innocence lui apparaissait confusément comme impossible à prouver, sa malice étant connue. Et il se sentait frappé au cœur par l'injustice du soupçon.

Alors, il recommença à conter l'aventure, en allongeant chaque jour son récit, ajoutant chaque fois des raisons nouvelles, des protestations plus énergiques, des serments plus solennels qu'il imaginait, qu'il préparait dans ses heures de solitude, l'esprit uniquement occupé de l'histoire de la ficelle. On le croyait d'autant moins que sa défense était plus compliquée et son argumentation plus subtile.

– Ça, c'est des raisons d'menteux, disait-on derrière son dos.

Il le sentait, se rongeait les sangs, s'épuisait en efforts inutiles.

Il dépérissait à vue d'œil.

Les plaisants maintenant lui faisaient conter « la Ficelle » pour s'amuser, comme on fait conter sa bataille au soldat qui a fait campagne. Son esprit, atteint à fond, s'affaiblissait.

Vers la fin de décembre, il s'alita.

Il mourut dans les premiers jours de janvier, et, dans le délire de l'agonie, il attestait son innocence, répétant :

– Une 'tite ficelle... une 'tite ficelle... t'nez, la voilà, m'sieu le maire[7].

Deux citations pour conclure.

L'une de Lewis Carroll dans une lettre qui se rapporte bien à la nouvelle de Maupassant : « Ne soyez pas si pressée de croire tout ce qu'on vous raconte [...] Si vous vous efforcez de tout croire, [...] vous deviendrez incapable de croire les vérités les plus simples[8]. »

L'autre, de Mark Twain, parce que les humoristes ont souvent raison : « Dans le doute, dites la vérité. »

Cette vérité que nous n'avons cessé, tout au long de ce livre, de chercher.

Les greniers sont des coffres débordant de trésors, on le sait. Je venais tout juste de terminer la collecte de ces textes et la rédaction de ces réflexions quand j'ai retrouvé dans le mien, quelque peu jaunis et froissés, les deux volumes de mon vieux « Cuvillier ».

« Cuvillier », presque oublié aujourd'hui – bien qu'il ait été réédité en « Livre de poche » –, fut pour des générations « le » livre de philosophie, l'équivalent du Mallet-Isaac en histoire ou de ce que fut pour d'autres, plus jeunes, le « Bled » en français.

J'ai eu la curiosité d'y chercher ce qu'il disait de la Morale – qui occupait avec la psychologie, autant qu'il m'en souvienne, une bonne partie des cours que l'on nous donnait dans les classes non encore appelées terminales. Et qui, je l'avoue, m'ennuyait beaucoup.

J'y ai trouvé de longues dissertations, intelligentes et claires, sur le fondement de l'action. Pour diriger nos actes, dit en somme Armand Cuvillier, nous sommes guidés par la conscience, laquelle nous permet de distinguer le bien du mal, de connaître nos devoirs, et ainsi de suite. Quels instruments utilise la conscience pour effectuer ces distinguos ? Les valeurs morales, bien sûr. Mais voilà la difficulté : sur quelles bases s'appuient les valeurs ? La foi en Dieu, la foi en l'homme, l'intérêt bien compris de l'individu et de la société ? Respectueux de la laïcité, notre auteur se garde de conclure.

Il écrivait pourtant dans une société moins éclatée que la nôtre, encore rassemblée, pour l'essentiel, sur les mêmes principes, les mêmes conceptions du bien et du mal. Les hommes et les groupes qui la composaient divergeaient, certes, sur leur application, se heurtaient même à leur propos, les violaient aussi très volontiers mais n'en discutaient pas les fondements.

Les religions, ou ce qu'il en restait, avaient joué un grand rôle dans cette unanimité, réelle ou de façade. Leur héritage est aujourd'hui, pour beaucoup, dilapidé. Ou seulement accepté sous bénéfice d'inventaire. Certains s'en réjouissent. On peut aussi le regretter. Mais c'est ainsi : il n'est plus possible de justifier les valeurs morales, aux yeux de beaucoup, sur l'existence et les recommandations d'un Dieu juste et bon. Même si l'on estime devoir le faire, on risque de ne pas être entendu.

Comment, dès lors, justifier le respect des valeurs morales ? Sur le pragmatisme, sur l'intérêt de chacun, sur les sentiments d'amitié, d'amour, qu'il porte à ceux qui l'entourent, sur l'intelligence qui peut l'amener à comprendre, à admettre que d'autres éprouvent les mêmes sentiments, sont amenés à protéger d'autres intérêts. Sur l'établissement d'une sorte de contrat de société, dont chacun doit respecter les clauses. Faute de quoi n'existe plus que la jungle. Et dans la jungle, même le plus fort, ou celui qui se croit tel, n'est pas assuré de gagner.

Il est possible, ainsi, de présenter la morale de manière positive. C'est même de plus en plus nécessaire dans un monde où n'existe plus la peur de l'enfer.

À feuilleter les vieux livres de morale on constate par exemple que la prudence et la tempérance sont rangées parmi les vertus cardinales ! Mais qui ne voit ce que ces mots ont de frileux, de restrictif, de négatif ? Pourquoi ne pas prêcher, à l'inverse de la prudence, l'audace lucide, intelligente ? Pourquoi dresser les barrières de la tempérance ? Il vaut mieux célébrer l'amour de la vie, qui suppose, qui entraîne le respect de soi et des autres.

À trop insister sur ce type de vertus, on a brossé de la morale le portrait d'une enquiquineuse, d'un pion terrifiant. Ce qui a fait conclure par beaucoup que la morale ressemble aux régimes alimentaires : elle interdit tout ce qui est bon. Alors qu'elle est faite, répétons-le, pour aider, non pour gêner.

Concluons plutôt avec ce propos de Marc-Aurèle : « Ne plus discuter sur ce sujet : que doit être un homme de bien ? Mais l'être. »

Notes

Introduction

1. Albert Camus, *Le Premier Homme*, Gallimard.
2. Francesco Alberoni, *La Morale*, Plon.

1. L'amour de la vie

1. Françoise Mallet-Joris, *Lettre à moi-même*, Julliard.
2. Andrée Chedid, *Par-delà les mots*, Flammarion.
3. Claude Roy, *Poèmes à pas de loup, 1992-1996*, Gallimard.
4. Erich Segal, *Love Story*, J'ai lu et Flammarion.

2. L'amour des siens

1. Hervé Bazin, *Au nom du fils*, Grasset.
2. Maurice Genevoix, *Marcheloup*, Plon.
3. Albert Cohen, *Le Livre de ma mère*, Gallimard.
4. Alain-Fournier, *Le Grand Meaulnes*, 1913.
5. Georges Brassens, « Papa maman », Éditions Musicales Ray Ventura, © Warner Chappell Music France.
6. Dans *Le Regard éloigné*, Plon.

3. L'amour de soi

1. Jacques Esprit, *La Fausseté des vertus humaines*, rééd. Aubier, 1996.
2. Françoise Giroud, *Ce que je crois*, Grasset.
3. Andrée Chedid, *Les Saisons de passage*, Flammarion.
4. Jacques Prévert, *Histoires*, Gallimard.

4. L'amour de l'autre

1. Jean-Claude Guillebaud, *La Tyrannie du plaisir*, Seuil.
2. Guillaume Apollinaire, « Mutation », *Œuvres complètes*, Bibliothèque de la Pléiade, Gallimard.
3. Édith Piaf/Louiguy, « La vie en rose », chanson reproduite avec l'aimable autorisation des Éditions Paul Beuscher.
4. Rainer Maria Rilke, *Lettre à un jeune poète*, Grasset.
5. Han Suyin, *Multiple Splendeur*, Stock.
6. Revue *Panorama*, février 1989.
7. Anne Philipe, *Le Temps d'un sourire*, Julliard.
8. Émile Verhaeren, *Les Heures d'après-midi*, 1910.
9. William Faulkner, *Tandis que j'agonise*, Gallimard.
10. Suzanne Plon, *La Maison des champs*, Grasset.

5. L'amour des autres

1. André Comte-Sponville, *Petit Traité des grandes vertus*, Presses universitaires de France.
2. Dans *Vie et Destin*, Julliard/L'Âge d'homme.

6. L'amitié

1. Montesquieu, *Mes pensées*, 1738.
2. Alexandre Dumas, *Thérésa*, 1899.
3. *Essais*, 1580-1595.
4. Antoine de Saint-Exupéry, *Le Petit Prince*, Gallimard.

5. *Ibid.*
6. Mathieu Lindon, *Champion du monde*, P.O.L.
7. Geneviève Jurgensen, *La Disparition*, Calmann-Lévy.
8. Jacques Brel, « Jef », © Éditions musicales Pouchenel, Bruxelles.
9. Edith Piaf, « Mon vieux Lucien », © SEMI.
10. Gilbert Bécaud, « L'enterrement de Cornélius », © EMA/BMG Music Publishing France.

7. Le courage

1. Kant, *Anthropologie du point de vue pragmatique*, 1798.
2. Dans son livre *Mourir à Verdun*, Tallandier.
3. Erich Maria Remarque, *À l'Ouest, rien de nouveau*, Stock.
4. Tim O'Brien, *À propos de courage*, Plon.
5. Bernard Clavel, *Écrit sur la neige*, entretiens avec Maurice Chavardès, Stock.
6. Jules Renard, « Les poules », *Poil de Carotte*, 1894.

8. La création du beau

1. Albert Cohen, *Le Livre de ma mère*, *op. cit.*
2. Roger Pérot, *L'Âge de créer*, Le Centurion.
3. Géo Norge, *Les Oignons*, Flammarion.
4. Rainer Maria Rilke, *Lettres sur Cézanne*, Seuil.
5. Jacques Prévert, *Fatras*, Gallimard.
6. *La Roseraie de Dom Helder*, Desclée de Brouwer.

9. La désobéissance

1. Robert Paxton, *La France de Vichy*, Seuil.
2. Jean-Marie Muller, *Désobéir à Vichy*, Presses universitaires de Nancy.
3. Revue *Fêtes et saisons*, mai 1997.
4. Henry Thoreau, cité par Peter Singer, *Questions d'éthique pratique*, Bayard.
5. John Rawls, *Théorie de la justice*, Seuil.
6. Albert Camus, *L'Homme révolté*, Gallimard.

7. Jacques Brel, « Jaurès », © Éditions musicales Pouchenel, Bruxelles.
8. Jean Anouilh, *Antigone*, *Nouvelles pièces noires*, La Table Ronde.
9. *Ibid.*
10. Jean-Claude Renard, *Ce puits que rien n'épuise*, Seuil.

10. La dignité

1. Paul Claudel, *Œuvres complètes*, Bibliothèque de la Pléiade, Gallimard.
2. Antoine Blondin, *Sur le Tour de France*, La Table Ronde.
3. André Malraux, *La Condition humaine*, Gallimard.
4. Alexandre Soljenitsyne, *Une journée d'Ivan Denissovitch*, Julliard.
5. Primo Levi, *Les Naufragés et les Rescapés*, Gallimard.

11. La discrétion

1. Marcel Jouhandeau, *Bréviaire*, Gallimard.
2. Tchoung-Tzeu, « Traité du maître transcendant de Nan Hoa », *Sagesse égoïste*, France-Loisirs.

12. La disponibilité

1. Patrick Renaudot, *La Tentation du bien*, récit, Le Rocher.

13. Le don

1. Boris Vian, *Textes et chansons*, Julliard.
2. Colette, *La Naissance du jour*, Flammarion.
3. Edgar Schaper, *La Légende du quatrième roi*, Casterman.
4. Selma Lagerlöf, *Des trolls et des hommes*, Actes Sud.

14. L'engagement

1. Czeslaw Milosz, *Traité moral. Enfant d'Europe et autres poèmes*, L'Âge d'homme.
2. Jean-Claude Casadesus, *Le plus court chemin d'un cœur à un autre*, Stock.
3. Père Louis-Joseph Lebret, *Appel au Seigneur*, éditions de l'Atelier.
4. Martin Luther King, *Je fais le rêve*, Bayard.

15. L'espérance

1. André Malraux, *Les chênes qu'on abat*, Gallimard.
2. Abdellatif Laâbi, *Le Spleen de Casablanca*, La Différence.
3. Charles Péguy, *Œuvres complètes*, Bibliothèque de la Pléiade, Gallimard.

16. La fidélité

1. Louis Nucera, *Ils s'aimaient*, Grasset.
2. Vladimir Jankélévitch, *Traité des vertus*, Flammarion.
3. Marie-Paule Belle, « Que tu ne m'aimes plus », paroles de Françoise Mallet-Joris et Michel Grisolia, avec l'aimable autorisation de Emma Productions.
4. Françoise Chandernagor, *La Première Épouse*, éditions de Fallois.
5. Louis Nucera, *Ils s'aimaient*, *op. cit.*

17. L'honneur

1. *Horace*, II, 3.
2. *Sganarelle*, 17.
3. Léon Bloy, *Exégèse des lieux communs*, Mercure de France.
4. Michel Verret, *La Culture ouvrière*, éditions ACL.
5. Francis Picabia, *Écrits complets*, Belfond.
6. Henri Barbusse, *Clarté*, Flammarion.

18. L'humilité

1. Henry de Montherlant, *Carnets, 1930-1944*, Gallimard.
2. Ce conte est tiré de *L'Oiseau-Tonnerre et autres histoires*, par Richard Erdoes et Alfonso Ortiz, Albin Michel. Il a été recueilli par Frank Russell en 1908.
3. Antoine de Saint-Exupéry, *Le Petit Prince*, *op. cit.*
4. *Ibid.*

19. L'humour

1. André Comte-Sponville, *Petit Traité des grandes vertus*, Presses universitaires de France.
2. Claude Roy, *Les Rencontres des jours*, 1992-1993, Gallimard.
3. Pedro de Meca, *Contrebandiers de l'espoir*, Grasset.
4. Betty N., « À saute-maton », dans *L'Humour*, Autrement.
5. André Comte-Sponville, *op. cit.*
6. Dominique Noguez, « Structure du langage humoristique », in *Revue d'esthétique*, 22, 1969.

20. La joie

1. Spinoza, *Éthique*, Garnier-Flammarion.
2. Jean-Claude Guillebaud, *La Tyrannie du plaisir*, *op. cit.*
3. Montesquieu, *Mes pensées*, 1738.
4. Albert Memmi, *Bonheurs*, Arléa.
5. Tagore, *Sadhana*, Albin Michel.
6. Charles Trenet, « Y a d'la joie », © Éditions Raoul Breton.
7. Jean-Marc Perrin, *Évangile de la Joie*, Aubier.
8. Jean, 16, 21-24.

21. La justice

1. Kant, *Doctrine du Droit*, II, 1.
2. Aristote, *Éthique à Nicomaque*, V, 2.

3. Alain, *81 chapitres sur l'esprit et les passions*, Bibliothèque de la Pléiade, Gallimard.
4. Malebranche, *Traité de morale*, 1683.
5. Pascal, *Pensées*, 1670.
6. Françoise Giroud, *Ce que je crois*, *op. cit.*
7. Jean-Claude Carrière, *Le Cercle des menteurs*, *op. cit.*

22. La liberté

1. Jean-Paul Sartre, *Situations I*, Gallimard.
2. Jean-Paul Sartre, *Situations III*, Gallimard.
3. Armando Valladares, *Mémoires de prison*, Albin Michel.

23. La lucidité

1. E.M. Cioran, *Syllogismes de l'amertume*, Gallimard.
2. Léo Ferré, *Testament phonographe*, Plasma.
3. Descartes, *Méditations métaphysiques*, 1641.
4. *Bibliothèque de la Sagesse*, France-Loisirs.

24. La mémoire

1. Albert Camus, *La Peste*, Gallimard.
2. Jacqueline de Romilly, *Le Figaro*, 26 mars 1998.
3. *Ibid.*
4. Bertolt Brecht, *Chansons et poèmes*, Seghers.
5. Mark Twain, *Contes choisis*, Nelson.

25. Le pardon

1. Miguel Angel Estrella, « Tu es des milliers », dans *Le Pardon*, Autrement.
2. *Ecclésiastique*, XXVII, I-II.

26. La patience

1. Pierre-Jakez Hélias, *Le Cheval d'orgueil*, Plon.
2. Noëlle Châtelet, *La Dame en bleu*, Stock.
3. Ferdinand Alquié, *Le Désir d'éternité*, Presses universitaires de France.
4. Anne-Marie Debarbieux, « Mot par mot, la vie », dans *La Patience*, Autrement.

27. Le patriotisme

1. Charles Vildrac, *Chants du désespéré*, Gallimard.
2. Jean-Marie Domenach, *Ce que je crois*, Grasset.
3. Jean-Marie Domenach, *L'Amour*, éditions de Bartillat.
4. Flora Groult, *Ce que je crois*, *op. cit.*
5. Louis Aragon, « La rose et le réséda », *La Diane française*, Seghers.
6. Alphonse Daudet, « La dernière classe. Récit d'un petit Alsacien », *Les Contes du lundi.*

28. La persévérance

1. Vincent Van Gogh, *Lettres à Théo*, Gallimard.
2. Charles Darwin, *Voyage d'un naturaliste autour du monde*, 1832-1860.
3. Anne Sylvestre, « Tiens-toi droit », Société nouvelle des Éditions musicales Tutti, © Warner Chappell Music France.

29. La politesse

1. Pierre Desproges, *Vivons heureux en attendant la mort*, Le Seuil.
2. Nelson Mandela, *Un long chemin vers la liberté*, Fayard.
3. Entretien avec Régine Dhoquois, dans *La Politesse*, Autrement.

30. La progression

1. Marguerite Yourcenar, *Les Yeux ouverts*, Bayard.
2. *Ibid.*

3. Guy Lagorce, *Les Héroïques*, Julliard.
4. Romain Gary, *Les Racines du ciel*, Gallimard.

31. La pudeur

1. Jacques Esprit, *La Fausseté des vertus humaines*, Aubier.
2. Vladimir Jankélévitch, *Le Je-ne-sais-quoi et le Presque-rien*, 2, Le Seuil.
3. Jacques de Bourbon-Busset, *Lettre à Laurence*, Gallimard.

32. Le respect de l'environnement

1. Hans Jonas, *Le Principe responsabilité*, Le Cerf.
2. *Bibliothèque de la Sagesse*, France-Loisirs.

34. La solidarité

1. Alain Etchegoyen, *Fables intempestives*, Stock.
2. Yves Le Roux, *Le Cachalot*, Ramsay, 1998.
3. Jean d'Ormesson, *La Douane de mer*, Gallimard.
4. Lucien Lazare, *Le Livre des Justes*, J.-C. Lattès.
5. Marek Halter, *La Force du bien*, Robert Laffont.
6. Willy Holt, *Femmes en deuil sur un camion*, NiL.
7. « La folle Ruyigi », par Florence Aubenas, *Libération*.
8. John Steinbeck, *Les Raisins de la colère*, traduction de Marcel Duhamel et M.E. Coindreau, Gallimard.

35. La tolérance

1. Voltaire, Lettre du 17 juin 1773.
2. Georges Brassens, « Mourir pour des idées », © Éditions Musicales, 1957.
3. *Discours du recteur de l'Université de Paris*, novembre 1533. Ce texte signé Nicolas Cop est attribué à un jeune étudiant en hébreu, grec et théologie du Collège Royal, Jean Cauvin, qui passera à la postérité sous le nom de Calvin.

4. Vladimir Jankélévitch, *Traité des vertus, op. cit.*
5. André Comte-Sponville, *Petit Traité des grandes vertus, op. cit.*
6. Karl Popper, *La Société ouverte et ses ennemis*, Le Seuil.

36. La vérité

1. Montaigne, *Essais*, 1580.
2. Chateaubriand, *Génie du christianisme*, 1802.
3. Jean Guéhenno, *Ce que je crois*, Grasset.
4. Sainte-Beuve, *Pensées et maximes.*
5. Romain Rolland, *Clérambault*, Albin Michel.
6. Jean-Claude Carrière, *Le Cercle des menteurs, op. cit.*
7. Guy de Maupassant, « La ficelle », *Contes.*
8. Citée dans *Lewis Carroll*, par Henri Parisot, Seghers, p. 124.

Index

La composition de cet ouvrage
a été réalisée par I.G.S. Charente Photogravure,
à l'Isle-d'Espagnac,
l'impression et le brochage ont été effectués
sur presse Cameron dans les ateliers
de ***Bussière Camedan Imprimeries***
à Saint-Amand-Montrond (Cher),
pour le compte des Éditions Albin Michel.

Achevé d'imprimer en décembre 1998.
N° d'édition : 17832. N° d'impression : 985833/4.
Dépôt légal : décembre 1998.